HISTOIRE DV ROYAVME DE TVNQVIN,

ET

DES GRANDS PROGREZ QVE LA PREDICATION DE L'EVANGILE Y A FAITS en la conuersion des Infidelles.

Depuis l'Année 1627. iusques à l'Année 1646.

COMPOSÉE EN LATIN

Par le R. P. ALEXANDRE DE RHODES, de la Compagnie de IESVS.

ET TRADVITE EN FRANÇOIS

Par le R. P. HENRY ALBI, de la mesme Compagnie.

A LYON,

Chez IEAN BAPTISTE DEVENET, en ruë Merciere, à la Croix d'Or.

M. DC. LI.

AVEC PRIVILEGE, ET APPROBATION.

AV ROY.

SIRE,

C'EST vne couſtume receuë parmy les Peuples de la Nation Tunquinoiſe (de qui i'ay entrepris de publier les habitudes & les mœurs) d'offrir tous les ans à leur Roy vn preſent des fruicts nouueaux de la ſaiſon, qu'ils ont recueillis de la terre; pour luy témoigner par cét effet de leur reconnoiſſance, que c'eſt ſous ſa protection qu'ils viuẽt, & qu'ils joüiſſent en liberté,

non ſeulement des biens que la Fortune a voulu qu'ils euſſent, mais encore des preſens qu'ils ont receus des liberalitez communes de la Nature. Et i'ay moins de ſujet de me diſpenſer de l'obligation, à laquelle toute ſorte de droicts, & de deuoirs me condamnent, de preſenter à voſtre Majeſté vn fruict nouueau de cette meſme terre ; ie veux dire la nouuelle Hiſtoire de ces Païs reculez dans les derniers confins du monde, qui commẽce à paroiſtre en France, & à luy faire connoiſtre les mœurs & les qualitez des peuples, dont à peine elle auoit appris le nom. I'ay creu meſme n'eſtre point deſauoüé de ceux d'entre ces Peuples qui ont receu
la

la Foy,si ie me declarois d'apporter à leur nom,&de leur part à Vostre Majesté ce present nouueau,comme vn iuste hommage qu'ils rendent au premier Roy Chrestien,& au Fils Aisné de l'Eglise; dans le sein de laquelle ils tiennent tous à gloire & à grand heur d'estre entrez,& de se dire ses enfans. Apres cela, SIRE, ie me suis voulu flatter d'esperãce que cét Ouurage(quelque petit qu'il soit) ne seroit point desagreable à V. Majesté,quand ce ne seroit que parce qu'il est nouueau; La nouueauté estant celle qui preste des graces aux Soleils naissans,aux fleurs printannieres,à la tendresse begayante des enfans, & à tout ce qui est de productions

 de

de la Nature, ou de l'Art ; & qui fera aussi (comme i'espere) agréer à V. Majesté cette nouuelle Histoire ; en laquelle non seulement est décrit l'estat temporel du Royaume de Tunquin que tant de Terres, & de Mers separent des connoissances de la France ; mais encore l'estat spirituel de l'Eglise naissante que les trauaux des ouuriers de nostre Compagnie y ont establie, composée aujourd'huy de plus de deux cents mille Chrestiẽs, qui apres auoir renoncé à la vanité de leurs superstitions, seruent Dieu fidelement, & l'adorent en verité au milieu d'vne Nation qui depuis cinq mille ans n'auoit reconnu que le Demons pour Maistres.

C'est

C'est aussi (comme ie me le suis figuré) ce qui seruira d'agreable entretien à la pieté de Vostre Majesté, quand elle y verra si notablement aggrandy le Royaume des cœurs, que le Sauueur s'est acquis par le merite de son sang; & son sainct Euangile entrer tous les jours en possession des terres neuues, que le Soleil en se leuant, & en se couchant luy découure.

Ie prie Dieu, qui pour asseurer la France de son amour, a donné Vostre Majesté à l'ardeur de ses vœux, qu'il fasse de l'Orient de vostre Regne, vn Midy, & vn plein jour de gloire, & de prosperitez,

& qu'acheuant l'ouurage de sa faueur qu'il a commencé, il nous laisse à faire plus de remerciemens, que de vœux à sa Prouidence.

De Vostre Majesté,

Tres-humble, tres-obeïssant, & tres-fidelle sujet & seruiteur,
ALEXANDRE DE RHODES,
de la Compagnie de IESVS.

ADVIS AV LECTEVR.

CE qui a eſté dit en general des nouueautez (qu'il eſt d'elles comme des Eſtrangers) qui ſont ordinairement plus admirez, que fauoriſez ; ſe dira peut-eſtre de cette Hiſtoire, que i'ay receuë Latine du R. P. Alexandre De Rhodes ; à laquelle il eſt à craindre que pluſieurs refuſent la faueur de leur approbation, pour eſtre les choſes qui y ſont rapportées, & nouuelles & eſtrangeres. Veu meſme qu'il eſt quelquesfois arriué qu'en de ſemblables Hiſtoires des Païs eſtrangers, & principalement de ceux du monde nouueau, il a eſté reconnu, des recits menſongers de choſes rapportées ſur la foy d'autruy, qui ont trompé la credulité des lecteurs. Ie puis neantmoins tenir aſſeurez ceux qui ſe voudront diuertir à la lecture de cette Hiſtoire, qu'il n'y a nul ſujet d'auoir pour ſuſpect d'aucune infidelité celuy qui nous a donné la connoiſſance de l'eſtat temporel, & ſpirituel qui ſe trouue aujourd'huy dans le Royaume de Tunquin. Car pour l'eſtat & les affaires temporelles de ce Royaume, il proteſte de ne rapporter rien, dont ſes yeux n'ayent eſté les témoins : Et pour ce qui eſt raconté de l'établiſſement, & du progrez de la Religion Chreſtienne, il l'a extrait fidellement, ou des memoires qu'il auoit luy meſme dreſſez ſur les lieux, des choses qui arriuoient durant le temps qu'il trauailloit en cette Mission ; ou des letres, & des aduis qu'il a receus des ouuriers qui luy ont succedé en la culture de cette Vigne.

Il fut tiré de la Mission de la Cocinchine où il auoit residé l'espace de deux ans, pour aller commencer celle de Tunquin, où le P. Iulien Baldinotti de nostre Compagnie s'estant joint aux Marchands Portugais qui commencerent de trafiquer en ce Royaume, auoit penetré le premier, & decouuert de grands champs propres à labourer, & des grandes dispositions pour receuoir les semences de la Foy, & de la Religion Chrestienne. Le P. Alexandre y entra l'an 1627. & commença heureusement d'y publier l'Euangile, auec tant de succez qu'il sembloit que le Ciel, & la terre fussent d'intelligence pour assister, & fauoriser ses trauaux en la conuersion de ces peuples ; & que l'Enfer qui leur auoit durant tant de siecles fermé les auenuës du salut, fut alors sans effort, & sans pouuoir d'y rien empescher. Neantmoins apres quelque temps, les Demons piquez d'enuie, & de rage, de se voir chassez de leur Empire, & qu'vne grande partie de leurs anciens sujets les quittoient, armerent contre luy tous les supposts de leur party, qui luy susciterent diuerses persecutions, & firent tant par beaucoup de calomnieuses imputations, auec lesquelles ils tascherent de noircir sa reputation, & l'honneur de l'Euangile qu'il preschoit, & entr'autres publians qu'il estoit

sorcier,

ſorcier, & qu'il enchantoit, & tuoit les gens de ſon ſouffle, que le Roy meſme qui luy auoit auparauant fait beaucoup de careſſes, & témoigné toutes ſortes de bien-vueillance, conceut quelque auerſion de luy, & de ſon miniſtere, & le bannit enfin du Royaume en l'an 1629. & depuis encore, comme le Pere y fuſt rentré à la faueur d'vn Vaiſſeau Portugais qui y eſtoit allé pour traffiquer, il le fit pour la seconde-fois ſortir de tout le Tunquin ſans eſperance de retour, en l'an 1630. apres y auoir trauaillé infatigablement l'eſpace de trois ans, auec dés ſuccez, & des accidens fort diuers; & laiſsé en diuerſes Prouinces cinq mille Chreſtiens conuertys, & par tout le Royaume les ſemences d'vne abondante moiſſon arrosée de ſes ſueurs, que les Catechiſtes qu'il auoit eſtablys recueillirent à ſon abſence.

La mauuaiſe opinion que les ennemys de la Foy auoient imprimée de luy dans l'eſprit du Roy, fut cauſe que les Superieurs de la Compagnie (pour luy oſter tout pretexte d'apporter de la reſiſtance à la publication, & au progrés de l'Euangile) deſtinerent d'autres ouuriers à cette miſſion, comme il ſe verra dans la ſuite de cette Hiſtoire, leſquels entrans dans les trauaux de ceux qui les auoient deuancez, & employans leur zele à auancer le grand ouurage de la conuerſion de ces peuples, ont fait monter le nombre des nouueaux conuertys à vne ſi haute creuë, que l'on compte aujourd'huy dans le Tunquin plus de deux cents mille Chreſtiens, deux cents grandes

 Egliſes,

Eglises, outre vne inestimable quantité de Chappelles, & d'Oratoires, & six residences fixes des Peres de la Compagnie. Il est à esperer de la bonté de Dieu, qui interesse sa Prouidence en l'accomplissement des desseins de sa gloire; qu'il donnera enfin vne benediction pleine & entiere à cét ouurage; & que tous ces Peuples Leuantins, non seulement de Tunquin, mais encore des autres Royaumes circonuoisins, de la Cocinchine, de Ciampa, de Siam, de Laos, de Camboya, où les ouuriers de l'Euangile trauaillent aujourd'huy, s'assujettiront à l'Empire de IESVS-CHRIST, à qui toutes les nations de la terre doiuent enfin rendre hommage.

PRIVILEGE.

IE souz-signé Prouincial de la Compagnie de IESVS, en la Prouince de Lyon, suiuant le Priuilege octroyé à ladite Compagnie par les Roys tres-Chrestiens, permets à IEAN BAPTISTE DEVENET, Marchand Libraire à Lyon, de faire imprimer & debiter le Liure qui porte pour tiltre, *Histoire du Royaume de Tunquin, & des progrez que la Predication du sainct Euangile y a faits depuis quelques années en la conuersion des Infideles*, composé par le P. ALEXANDRE DE RHODES, & reueu par les Peres de la mesme Compagnie; & ce pour le terme de six ans, auec deffences à tous autres de l'Imprimer, ou faire Imprimer, sur les peines contenuës audit Priuilege. Donné à Auignon le premier iour de Mars, de l'An mil six cens cinquante & vn.

IEAN GAYET.

TABLE DES CHAPITRES CONTENVS EN CETTE Histoire.

LIVRE PREMIER.

De l'Estat temporel du Royaume de Tunquin.

TABLE DES CHAPITRES du Liure second.

XXX.

DE L'ESTAT

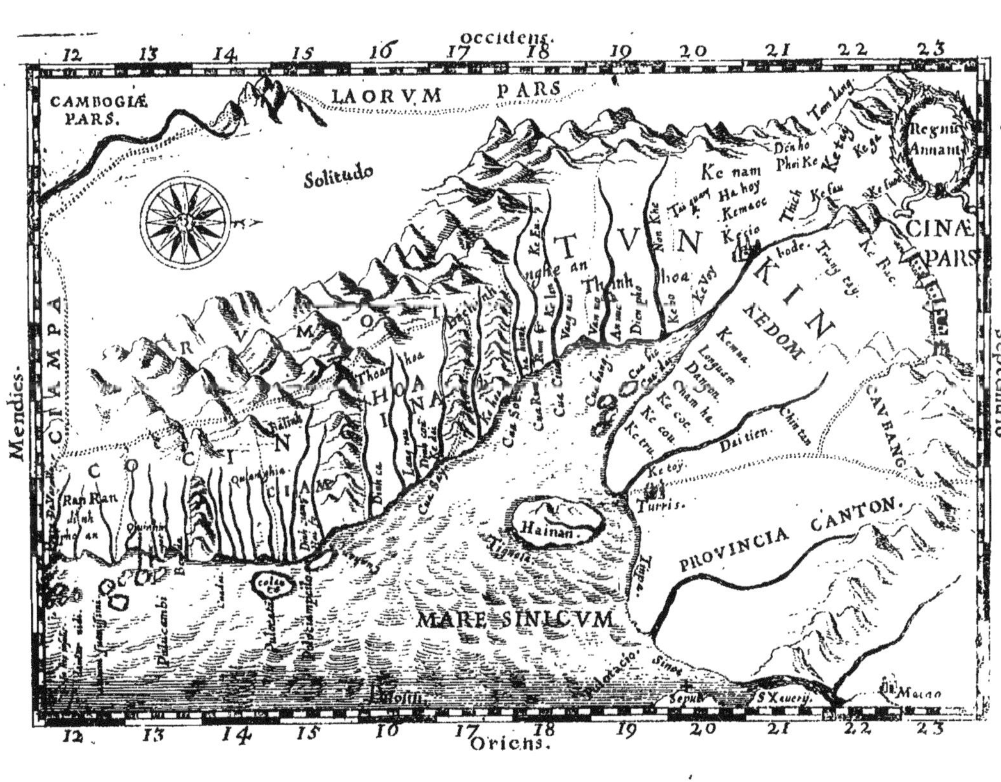
occidens.
CAMBOGIÆ PARS.
LAORVM PARS
Solitudo
Regnũ Annam
CINÆ PARS
CIAMPA
Mendies.
Septentrio
TVNKIN
KIN KEDOM
CAVBANG
PROVINCIA CANTON.
Hainan
MARE SINICVM
Turris.
Ke nam
Ha hoy
Kemaoc
Ke ſau
Ke Rac
Trung cay
Kemua
Longuam
Dangon
Cham ha
Ke coc
Ke con
Ke tru
Dai tien
Chin tan
Ke toy
nghe an
Thanh hoa
Thoan hoa
COCIN CIAM
Ran Ran
Pulocambi
Pulociampello
Orichs.
12 13 14 15 16 17 18 19 20 21 22 23

DE L'ESTAT TEMPOREL DV ROYAVME DE TVNQVIN.

LIVRE PREMIER.

Du Nom, & de la situation de ce Royaume.

CHAPITRE I.

VE le Royaume de Tunquin ayt esté autrefois l'vne des principales Prouinces du grand Empire de la Chine, nous l'apprenons du nom qu'il a retenu: Car comme Pequin (qui est aujourd'huy la plus florissante ville de la Chine, & le sejour ordinaire des Roys) signifie la Cour ou la Ville Royale du Septentrion; & Nanquin

quin la Cour, ou la ville Royalle du Midy; Aussi Tunquin ne veut dire autre chose, que la Cour du Leuant; *Tun*, signifiant en langue Chinoise le quartier, ou le costé du Leuant, & *quin*, le lieu où le Roy tient sa Cour. Encore qu'à vray dire, le Tunquin dont nous parlons, ne soit point au Leuant de la Chine, si l'on ne considere que les droicts confins de sa situation, mais à son Midy. Toutefois parce qu'anciennement l'Empire des Chinois s'estendoit bien loin au delà des Royaumes de Laos, & de Siam, où estoit son vray Couchant; la Cour de Tunquin pour estre Orientale à leur regard, estoit nommée la Cour du Leuant, où ressortissoient pour la commodité, toutes les Prouinces situées au Couchant de la Chine; ausquelles il eust falu faire des voyages de plus de six mois; si elles eussent esté obligées d'aller plaider les causes d'appel aux Villes de Pequin, & de Nanquin, où le Roy changeoit sa Cour comme il luy plaisoit. Mais depuis que ces Royaumes d'Occident furent eclypsez du grand Empire de la Chine, la Prouince de Tunquin demeurant sous son obeïssance, fut appellée *Annan*, c'est à dire, *repos du Midy*; qui est vn nom aujourd'huy commun aux Royaumes de Tunquin, & de la Cocinchine, qui ne font qu'vne Nation, pour la Communauté qui est entr'eux, de mœurs, de coûtumes, & de langage; & qui n'ont fait autrefois qu'vn Royaume, quoy qu'ils ayent esté depuis diuisez en deux, à l'occasion que ie deduiray cy apres.

Et pour adjoûter icy quelque chose du nom qui a esté donné au Royaume de la Cocinchine, separé aujourd'huy de celuy de Tunquin: il faut sçauoir que le

nom

nom de la Ville capitale de tout le Royaume d'Annan, estant *Che ce*; & les Marchands Iaponois qui auoient commerce dans cette Ville, en corrompant son nom, l'ayant appellée *Coci*; il arriua que les Portugais qui traittoient auec eux, pour distinguer ce *Coci*, du Cocin qui est en l'Inde Orientale, non loin de Goa, composerent le nom de Cocinchine, comme s'ils eussent voulu dire, Cocin prés de la Chine. Et ce nom n'est pas si nouueau, que le Païs n'en ayt esté appellé déja depuis vn Siecle passé: Comme nous l'apprenons des epistres de S. François Xauier, où il décrit vne furieuse tempeste qu'il souffrit vers la plage de ce Païs, en son voyage du Iapon. Mesme que le Royaume que nous appellons aujourd'huy de Tunquin, estoit en ce temps-là compris sans distinction sous ce nom. Dont il ne faut pas s'estonner si dans plusieurs cartes Geographiques, voire les plus recentes, le Royaume de Tunquin se trouue enfermé sous le nom, & dans l'enclos du Royaume de la Cocinchine, ou (comme ils dériuent) de la Cauchinchine. Toutefois parce que déja depuis quelque nombre d'années ces deux Estats sont diuisez, nous ne parlerons icy que du Royaume de Tunquin, comme separé de celuy de la Cocinchine: Encore que où le discours nous portera à dire quelque chose de commun à l'vn & à l'autre, cela se fera sous le nom du Royaume d'Annan, qui leur est encore commun. Et voilà quant au nom.

Maintenant pour ce qui est de la situation, tout le Royaume d'Annan s'étend vers le Nord, depuis enuiron le douziéme degré, iusqu'au vingt-troisiéme inclusiuement: En sorte que tout ce qui est contenu depuis le douziéme degré, iusqu'au dixseptiéme, appartient à la Cocinchine moderne, le reste à Tunquin. Neantmoins auec cette difference qu'y font les habitans de ces Païs-là, qui comparent Tunquin à vne robbe, & la Cocinchine à la ceinture : A cause que le Royaume de Tunquin est comme déployé dans vne assiette égale & vnie, & de figure quarrée ; Et celuy la Cocinchine tellement resserré dans vne enceinte de montagnes, qu'à peine trouue-t'on vingt-& vne lieuës Françoises à l'endroit le plus étrecy, qui prend depuis le riuage, iusqu'aux montagnes qui sont aujourd'huy habitées de peuples sauuages, qu'ils nomment Remoy; noirs de teint, & differens de langage d'auec le reste des peuples du Royaume d'Annan : quoy que dans sa plus grande étenduë, qui est du Midy vers le Nord, il contienne enuiron cent quarante six lieuës Françoises. Il y en a qui ont voulu dire que la Cocinchine a esté autrefois sujette au Roy de Ciampa, duquel les peuples d'Annan secoüerent le joug, & chasserent de ce Pays les Ciampains qui l'habitoient ; à quoy a donné quelque fondement le voisinage de ces deux Royaumes qui se confinent l'vn l'autre.

Bref pour conclure tout ce qui est de la situation du Royaume d'Annan : Il a pour ses confins certains, du Nord le Royaume de la Chine, & les montagnes qui la separent, tenuës par le *Ciüa Cauh*, de qui il sera parlé plus bas: Du Midy le Royaume de Ciampa : Du Leuant, partie de la Mer de la Chine (que les Portugais apppellent le Golfe d'Ainan) qui le laue de ce costé-là ; & partie les terres du *Ciüa Cauh* : Du Ponant, il regarde en partie le Royaume de Laos, duquel il est ſeparé par vne vaſte Solitude, ſeiche, & ſterile de tout ce qui peut ſeruir à l'entretien de la vie humaine ; Ce qui oblige les Voyageurs à faire porter par des beufs où par les Elephans qui ſont à leur ſeruice, toute l'eau & les viures qui leur ſont neceſſaires. De l'autre partie, il eſt borné des Montagnes habitées par les Sauuages Remoy, dont nous auons déja parlé.

De l'Origine du Royaume de Tunquin.

CHAPITRE II.

CE Royaume commença à eſtre ſeparé de celuy de la Chine depuis plus de huict cents ans ; quand les Tunquinois ne pouuant plus ſupporter l'outrageuſe domination des Chinois, la ſecouërent, apres auoir maſſacré le Gouuerneur de la Prouince. Et pour tranſmettre à la poſterité la memoire de cette entrepriſe, & éterniſer par quelques marques l'acte de leur rebellion, ils ordonnerent que deſormais les Tunquinois ne ramaſſeroient plus auec vn filé leurs cheueux longs au ſommet de la teſte, couuerts d'vn bonnet, à la mode Chinoiſe; mais qu'en ſigne de liberté ils les laiſſeroient flotter à l'abandon en longues treſſes ſur les eſpaules. De plus, qu'ils ne porteroient plus des bottines, comme ils auoient accouſtumé, pour raiſon des bouës qui ſont tres-grandes, & frequentes en leur païs : mais qu'ils iroient toûjours à la campagne, les pieds nuds, & ſans chauſſure, pour eſtre plus libres à la course, & aux combats contre les Chinois, quand il en seroit besoin. Neantmoins il arriua aprés quelques années, que pour assoupir toutes les quereles qui les entretenoient en continuelle guerre, les Tunquinois traitterent par composition auec les Chinois, & s'obligerent d'aller de trois en trois ans à la Cour de Pequin, reconnoistre le Roy de la Chine auec des presens, & luy protester de leurs redeuances, ce qu'ils obseruent encore aujourd'huy. Et eux mesmes à leur tour, (apres s'estre rebellez contre les Chinois) ont veu dans leur Estat des reuoltes, & des factions intestines qui l'ont partagé, en sorte qu'aujourd'huy le Royaume d'Annan qui ne faisoit qu'vne Nation bien vnie, se trouue diuisé sous la domination de diuers Princes, qui le gouuernent chacun, sa part.

La premiere, & principale reuolte se forma dans la Cour mesme du Roy, & dans sa ville capitale de *Che ce*, il y a enuiron deux cents ans. Car le Roy s'estant allé diuertir pour quelques iours à la campagne, celuy à qui il auoit confié la garde de la Porte, & du Palais Royal, s'en saisit, & par le moyen des intelligences qu'il auoit sourdement pratiquées dedans, & dehors la Cour, donna la chasse au Roy, qu'il surprit dépourueu de forces pour luy resister ; & à qui il ne laissa que trois Prouinces, de sept qui estoient alors dans le Royaume ; ayant soûmis au ioug de sa tyrannie les quatre principales, auec la ville Royale, qu'il posseda depuis sans contredit, & apres luy les siens, qui ont ioüy durant prés de cent ans du fruict de sa perfidie. Tellement que le Roy se voyant exclus de la plus belle & plus cõsiderable portion de son Royaume, sans moyen de tirer raison de l'outrage de son seruiteur rebelle ; & sans esperance de retirer de son pouuoir les Prouinces qu'il luy auoit volées, il fit dessein d'estendre les confins des terres qui luy estoient demeurées, vers le Midy sur le Royaume de Ciampa ; ce qui luy succeda si heureusement, qu'il occupa par la force des armes toutes les Prouinces estrangeres, voisines des siennes, qui ont depuis gardé le nom de la Cocinchine. Apres cela ayant suffisamment satisfait à son ambition, tout ioyeux,& glorieux de voir son Estat aggrandy au delà de ses anciennes bornes, sans se soucier de pousser plus auant ses victoires, & de seconder de sa perseuerance le bon-heur qui luy preparoit l'entiere conqueste du Royaume de Ciampa, il resolut de s'aller reposer des trauaux de la guerre, & joüir du repos dans la Prouince de *Thin hoa*, laissant la conduite de son armée à son Lieutenant General, sur lequel il se voulut reposer de tous les soins de la guerre.

Mais celuy-cy voyant toutes les forces de l'armée à son pouuoir, poussé autant de son ambition particuliere, que du zele de la Iustice, quittant la nouuelle conqueste de Ciampa, dans laquelle il laissa de bonnes garnisons, tourna ses armes contre le Rebelle qui auoit traistrement enuahy la plus noble partie du Royaume de Tunquin, cõtre lequel il donna diuerses batailles,où la Victoire partageant ses faueurs fut tantost d'vn costé,& tantost d'vn autre. Cependant,quoy que son dessein secret fust de regagner ces Prouinces perduës, non tant pour le Roy, lequel il voyoit desormais peu capable des soins du gouuernement, & des fatigues du corps, & de l'esprit qu'il auoit noyez

dans

dans les delices, que pour soy, & pour ses Enfans; comme il se monstroit ouuertement porté au bien public, aussi estoit-il singulierement estimé, & chery, tant du peuple qui fauorisa toûjours sa vertu, que du Roy qui commença à luy confier la conduite, & le gouuernement non seulement de l'armée, mais encore de toutes les affaires du Royaume.

D'où il arriua que la charge du General des armes fut si considerée en sa personne, que toutes les affaires de l'Estat, tant de la guerre, que de la police demeurerent en sa pleine disposition, auec pouuoir de transmettre la charge à son fils, du consentement mesme du Roy; ce que la force de la coustume, & des armes ont depuis tellement authorisé, que ne demeurant presque rien que le nom au Souuerain du Royaume qu'ils appellent *Bua*, toute la puissance se treuue jointe à l'espée du General des armes du païs.

Il y a desia cent ans que celuy qui auoit recueilly cette charge, & estoit Bisayeul du Roy de la Cocinchine regnant, ayant liuré vne bataille au Rebelle dont nous auons parlé cy-dessus, dans la plaine deserte déja mentionnée qui est entre Tunquin, & Laos, & se voyant pressé de l'ennemy, & en extreme peril de sa vie, promit hautement de donner sa fille en mariage à qui l'en deliureroit: ce qu'ayant entendu vn vaillant, & courageux soldat qui estoit monté sur vn Elephant, le poussa auec tant d'ardeur contre les ennemys, ou la foule estoit la plus espaisse & auancée, auec grand auantage sur l'escadron affoibly qui couuroit le General, qu'il les fit reculer, retira son General de la presse, & du peril, le ramena sur son Elephant

en

en lieu d'asseurance, & luy donna moyen de r'allier ses trouppes, & de renouueller plus heureusement le combat. Dequoy le General se sentit si obligé à ce braue soldat, que ne se contentant pas de luy donner sa fille comme il l'auoit promise, luy donna encore la conduite d'vne partie de l'armée. Ce qui luy seruit de degré pour monter au plus haut de l'honneur que sa bonne fortune luy auoit preparé. Car estant arriué peu apres au General de mourir, sans que son fils qui estoit encore en bas âge peust succeder au gouuernement de l'armée que son Pere luy laissoit par sa mort, par le pouuoir qu'il en auoit du Roy : son Gendre déja signalé pour ses belles actions, & recommandable pour les Espousailles de sa fille vnique, prit à sa place tout le gouuernement, & l'intendance des armes. Toutefois à peine eust-il pris possession (du consentement mesme du Roy) de ces nouueaux honneurs, qu'il s'en rendit jaloux, & commença d'entrer en ombrage de son petit Beau-frere, lequel estant doüé d'vn excellent naturel, & se monstrant fort sensible, à mesure qu'il croissoit en âge, aux pointes de l'honneste ambition, le fit entrer en apprehension qu'il ne recherchast auec le temps d'auoir la charge à laquelle sa naissance luy donnoit droict, & de laquelle la seule consideration de son âge l'auoit reculé. Dont il prit vne cruelle resolution de luy oster la vie, deuant qu'il eust le moyen de luy oster la charge. Mais ce dessein estant venu (ie ne sçay comment) à la connoissance de sa femme, qui n'auoit pas despoüillé l'amour de sœur enuers son Frere, elle s'aduisa de le deliurer de ce peril, & son Mary du crime qu'il meditoit, par vn sage conseil qu'elle luy donna, qui fut de releguer ce ieune homme à la Cocinchine, auec le tiltre de Gouuerneur du Païs, sous pretexte de la guerre prochaine, dont il se faisoit bruit, pour conseruer les terres de la nouuelle conqueste. Ce qu'ayant esté executé, le jeune homme qui auoit le sens, & l'esprit fort bon, s'estant assés apperceu des artifices de son Beau-frere, du dessein qu'il auoit de le perdre, se porta dans son Gouuernement auec tant de sagesse, & de conduite, qu'apres s'estre acquis la bien-vueillance de tous ceux du Païs, & par vne preuention pleine d'addresse, fait mourir ceux qu'il découurit auoir entrepris sur sa vie ; il fit du lieu de son exil, sa patrie, & d'vne terre estrangere, son heritage, & sa possession ; s'estant en peu de temps rendu Maistre absolu des places de son Gouuernement, & de toute la Cocinchine, de laquelle il prit le tiltre de Roy, sous le Nom de *Ciua ou*, qui veut dire Roy Seigneur; se soûmettant neantmoins pour achepter la paix, de la tenir à foy & hommage, & d'en payer tribut au Roy de Tunquin. Ainsi le conseil de cette sage Dame fut tellement profitable à son Frere, qu'il ne nuisit point à son Mary, lequel tournant dés lors sa pensée, & ses armes contre les descendans du Rebelle, qui auoit vsurpé la plus belle portion du Royaume, & les ayant chassez par la force des armes, & acheué vne guerre commencée depuis tant d'années, auec beaucoup de gloire, s'acquit & à son Fils (qu'il laissa heritier de sa Charge) le Nom de *Ciua bang*, c'est à dire *Roy Iuste*, auec de tres-ample pouuoirs, n'ayant laisé au Souuerain du Païs, qu'ils nomment *Bua*, que quelques prerogatiues d'honneur, dont nous parlerons au Chapitre suiuant.

Cependant

Cependant le Rebelle vaincu par les armes de *Ciua bang*, s'estant retiré auec toute sa famille sur les Montagnes voisines de la Chine, & y ayant occupé les lieux les plus auantageux d'assiette, y retint ambitieusement le Nom Royal de *Ciua Cauh*, qu'il auoit auparauant porté ; & y reprenant (par le loisir qu'on luy laissa) quelques forces, n'a cessé depuis de trauailler les Tunquinois par des courses frequentes, & par les voleries qu'il a faites sur le plat Païs : Et quoy qu'il ayt esté souuentefois repoussé, & battu par les Tunquinois, si n'a-t'il iamais esté encore mis en estat de ne les plus inquieter.

Quels sont les honneurs que rendent les Tunquinois à leur souuerain Seigneur, qu'ils appellent Bua.

CHAPITRE III.

ENTRE les autres coustumes qui sont religieusement obseruées au Royaume de Tunquin, l'vne des principales est celle qui se prattique à l'entrée, & au renouueau de chaque année, pour faire la premiere ouuerture de la Terre, & commencer solennellement l'exercice du labourage. Car sur le commencement de l'année, qui se prend parmy ces Peuples, comme parmy les Chinois, entre le Solstice d'Hyuer, & l'equinoxe du Printemps, à la nouuelle Lune la plus proche du cinquiéme jour de Feurier, selon nostre supputation, au iour marqué par les Mathematiciens, ou par les Magiciens (car en ces Païs on défere beaucoup à la superstition.) qui est ordinairement le troisiéme iour apres le premier de leur An ; Tous ceux qui ont quelque Charge, Office, ou dignité dans la profession des armes, ou des lettres, se doiuent rendre au Palais Royal auec les marques, & les liureés de leur Charge, pour accompagner le *Bua*, ou le Roy Souuerain, qui est porté de là en Pompe par toute la ville, iusques dans la Campagne, en la façon, & auec le train que ie vay décrire.

Les soldats ramassez de tout le Royaume marchent deuant, en bel Ordre, & en nombre prodigieux, car ils montent à plusieurs milliers, tous armez à leur mode, les vns d'arc, & de flesches ; les autres de jauelines, ou de lance, & de fusils. Apres eux suiuent les Capitaines des Regimens, & toute la Noblesse montée à l'auantage, partie sur des cheuaux de parade, & partie des Elephans, au nombre de plus de trois cents, couuerts de precieux tapis & bien dressez au frein, & à l'obeyssance. Le General de la milice qui gouuerne le Royaume en qualité de Roy subalterne, appellé *Ciüa thanh do VVang* fait la closture du train de la Noblesse, trainé sur vn Chariot bas, mais doré ; suiuy d'vn Elephant couuert d'vne riche vesture, qu'on luy mene en main, sur lequel il monte quand bon luy semble, & le manie de differens airs pour le plaisir du peuple, qui le regarde auec respect, & admiration. Suit à pied vne troupe inestimable de Docteurs, de Licenciez, & de Bacheliers, vestus de robbes longues de soye, & d'autres étoffes precieuses de violet obscur, chacun auec la marque de son Office, ou de son degré. Et au bout paroist le Bua, ou le Roy Souuerain, porté sur les espaules de

plusieurs

plusieurs hommes, sur vn trône éclattant, paré d'vne precieuse couuerture chamarrée d'or, & verte, qui est la couleur dont l'vsage est reserué à luy seul. Auec ce train, & cét équipage le Bua sort de son Palais appellé *Den*, comparable en estenduë de circuit à vne grande Ville, & passant par les principales ruës de sa Ville Royale appellé *Che ce*, se va rendre à vne grande plaine distante prés d'vne lieuë de la Ville, où il est attendu de tout le train qui la precedé, & d'vne multitude inombrable de Peuple; & où estant descendu de son trône, apres auoir rendu ses Vœux, & fait ses libations solennelles au Ciel, il prend le manche d'vne Charruë embellie de couleurs, & d'ouurages exquis, auec laquelle il laboure vn peu de temps, & ouure vn seillon dans le Champ, pour apprendre au Peuple qu'il faut trauailler, quitter le repos, & exercer la terre. Ce qu'ayant fait le *Ciüa*, qui gouuerne tout l'Estat auec vne pleine puissance, & vne authorité éminente par dessus le reste des sujets, s'approche le premier, pour faire la reuerence au Roy, le corps abbaisé jusqu'à terre: Et apres luy de mesme les Princes, les Capitaines, & toute la Noblesse; & finalement l'armée, & tout le Peuple prosterné qui benit le Roy auec de hautes acclamations. Et c'est le plus grand honneur, & la plus solemnelle reconnoissance qui est renduë au Bua vne fois, & au commencent de chaque année.

De plus, deux fois chaque mois, à la nouuelle, & à la pleine Lune, les principaux d'entre les Docteurs, & de ceux qui font profession des lettres, viennent faire la reuerence au Bua dans son Palais, & luy rendre leurs respects, non seulement comme à leur Souuerain,

 mais

mais encore comme à celuy duquel ils prennent leurs degrez, apres les Examens dont nous parlerons plus bas. Voire c'est du Bua que tous les Princes, & les Grands du Royaume reçoiuent les tiltres qui les releuent sur le commun de la Noblesse ; quoy que ce soit tousiours du gré, & de l'aduis du Ciüa, qui a toute l'Intendance de l'Estat. On compte aussi les années, & on datte les Patentes, les Edicts, & toutes les Escritures tant publiques, que priuées depuis le jour auquel le Bua fut crée, & receut l'inuestiture Royale des droicts de la Couronne, & du nouueau Nom qu'il prit à tel jour (selon la coûtume) duquel apres il est communement appellé. Que si dans le cours de l'année il arriue quelque desolation publique dans le Royaume, comme de sterilité, de famine, de peste, ou autre semblable ; au renouueau de l'année qui suit, le Nom est changé au Bua, afin que le malheur auenu cesse auec le vieux Nom qu'il portoit: & on commence dés le iour qu'il a changé de Nom, à compter les années de son Regne, comme si vn nouueau Bua auoit esté crée. Et pour ce qui est de la creation du Bua, encore qu'il doiue toûjours estre pris dans vne certaine famille de la plus ancienne Noblesse bien connuë dans le Païs, neantmoins l'election en depend aujourd'huy absolument du iugement du Ciüa, que nous appellerons desormais en cette Histoire, le Roy du Païs; qui a mesme le pouuoir (tant il a empietté d'authorité) de le changer s'il est expedient pour le bien du public, & d'en prendre vn autre dans la mesme famille. Or la famille Royale dans laquelle le Bua est aujourd'huy choisi, qui est la quatriéme depuis enuiron huict cents ans

ans que le Royame de Tunchin a eu commencement, est nommée la Maison de *Lé*, celebre, & reconnuë des Chinois, vers lesquels le Bua de trois en trois ans enuoye ses Ambassadeurs, qui sont nommez au choix du Ciüa. Et ce que nous auons dit du Bua des Tunchinois a beaucoup de rapport auec ce que l'on raconte du Dairy des Iaponois.

Du Ciüa, ou du Roy subalterne qui gouuerne le Royaume de Tunquin, & de sa Puissance.

CHAPITRE IV.

APRES que *Ciüa bang*, duquel nous auons parlé cy-dessus, par sa genereuse conduite, & par la force des armes, auec vne longue patience, & d'extremes fatigues de guerre qu'il prit durant quarante ans, eust enfin chassé du Royaume les descendans du Rebelle, qui en auoit enuahy les quatre plus belles Prouinces, & abbatu la Tyrannie qui s'y estoit esleué vn trône Souuerain ; il s'acquit vne si haute reputation, & obligea si fort toute la Nation Tunchinoise, qu'elle luy donna d'vn commun consentement le Nom de *VVan*, qui en langage Chinois signifie le mesme que *Bua* en Tunchinois ; & luy defera-t'on, tant auec l'acquiescement mesme du Bua qui regnoit alors, qu'il luy fut permis auec le Nom de Roy, d'en exercer encore la charge, & les pouuoirs. Dequoy il s'aquitta auec grande satisfaction de tout le Monde ; iusqu'à jusqu'à ce qu'estant arriué à vne extreme vieillesse, & trauaillé d'vne maladie de laquelle il mourut, son Fils aisné impatient d'attendre le decez de son Pere, s'estant ingeré bien auant dans le gouuernement auec demonstration de quelques violences, où l'auoit emporté l'insolence de son Esprit ; son Pere qui en fut aduerty conceut vn si sensible déplaisir, de ce qu'il ne le laissoit pas mourir en paix, qu'à son commandement, dont il pressa l'execution, on luy osta la vie, apres luy auoir couppé le nerf des cuisses. Ainsi ce Ieune Ambitieux estant tombé, pour s'estre trop precipité, son Cadet, apres sa mort, & celle du Pere (de qui il auoit esté toûsiours fort aymé pour la douceur, & bonté de ses mœurs) recueillit la succession du Gouuernement, non seulement auec le Nom de *Cüa thanh do*, comme Lieutenant du Prince Souuerain, mais auec celuy-là mesme de *VVan*, & de Roy, que son Pere auoit porté deuant luy, auec beaucoup de merite, & sans enuie de personne ; chacun se promettant beaucoup des loüables qualitez d'esprit, & de vertu qui paroissoient en ce jeune Prince.

La premiere action de conduite, & de courage qu'il entreprit à l'entrée de son Gouuernement fut d'establir vne Paix ferme, & durable dans les Prouinces du Royaume, & d'oster à tous les Esprits remuans le moyen d'y susciter iamais aucune reuolte. Ce qu'il executa heureusement, ayant fait vne leuée de cinquante mille hommes, dans les trois Prouinces qui auoient esté toûjours fidelles, & obeïssantes au Roy, qui deuoient estre entretenus dans la Cour, & la Ville Royale de *Che ce*, aux despens des quatre Prouinces

reunies,

reünies, & qui auoient esté auparauant rebelles, pour assister le Roy en ses desseins, garder sa Personne, & veiller au repos du Royaume. Car cette Ville estant au milieu, & comme au cœur de tout l'Estat, il ne pouuoit se soûleuer de mouuement dans aucune Prouince, qui ne fust aussi-tost estouffé par la force, & le grand nombre de Soldats qui y accouroient, enuoyez du Prince. De plus, comme il n'ignoroit pas, que tout le Royaume est tranché de grandes & profondes riuieres, desquelles ceux qui par le passé ont voulu remuer, se sont seruis toûjours pour jetter le desordre dans les Prouinces; s'estant à la fois trouué des flottes de deux cents Galiottes armées, auec lesquelles les Rebelles ont couru, & rauagé le Royaume; Il resolut de dresser dans les principaux Ports du Royaume, des nombreuses flottes de Galeres, & de Vaisseaux de course, & de guerre, fournies de Soldats, & de gens de Marine, pour rendre le Prince plus fort, & formidable à tous les rebelles.

Et pour dire icy quelque chose de leurs Vaisseaux, & de leurs Galeres; Elles sont longues, & de bas bord, comme les nostres; voire quelques-vnes plus longues, estant ordinairement à vingt-cinq, ou à trente, & quelquesfois à trente-cinq,& à quarante rames de chaque bande. Leurs rames toutefois sont beaucoup plus legeres, & déchargées de bois; en sorte qu'vn ou deux hommes peuuent suffire à vne rame : Ce qu'ils ne font pas en tirant à eux l'auiron, comme font nos Galiots: mais le poussant deuant eux de toute leur force, & se tenant debout. Et ce mestier encore n'est point si auily, & ignominieux, comme il est parmy nous; la

Chiorme dans les Vaisseaux de combat n'estant ordinairement composée que de Soldats ; & n'étant personne dans l'armée, lequel (sur tout si le Roy se trouue present dans la Galere) ne tienne à honneur de pousser à la rame. Et leurs Galeres encore ne manquent point de tout l'armement, & de l'artillerie qui est necessaire pour la guerre ; n'y en ayant aucune qui n'ayt pour le moins vn Coursier, ou vne piece moyenne à la Proue, & deux à la Pouppe. Pour les Soldats, ils s'y seruent habilement de toutes armes ; voire de fusils, & de harquebuses qu'ils tirent d'vne admirable adresse. Sur quoy on raconte qu'vn Fuselier Portugais, fort adroit en ce mestier, ayant esté prouoqué par vn Soldat Tunquinois, de s'essayer auec luy au blanc ; & le Tunquinois qui tira le premier ayant percé de sa bale le centre du rondeau ; le Portugais se defiant auec raison de le gaigner, s'aduisa (pour sauuer son honneur) de tirer sans bale ; & comme l'on cherchoit l'endroit où il auoit touché dans le rondeau, qui ne paroissoit nulle part entamé ; C'est, dit-il, iustement dans le poinct, & au mesme trou par où a passé la balle de l'autre.

***

De

De la force des Galeres de Tunquin, & de la Cocinchine.

CHAPITRE V.

LEs Galeres de Tunquin sont de mesme façon que celles de la Cocinchine, auec cette difference neantmoins, que celles de Tunquin sont en plus grand nombre, plus capables, & mieux embellies, pour la commodité de l'or, que les Tunquinois tirent de la Chine. Toutefois les vnes, & les autres sont lestes, & fort propres pour la guerre; Ce que nous pouuons apprendre de l'histoire que ie vais raconter.

Le Roy de Tunquin ayant liuré la guerre au Roy de la Cocinchine, pour le sujet que ie diray cy aprés, & ayant par trois fois attaqué la frontiere auec peu de succez; il se resolut de mandier quelque secours des Marchands Hollandois, qui auoient occupé vn Port vers la Iaua majeure, appellé Iaquetra, ou la nouuelle Hollande. Il deputa donc deuers eux auec des presens, pour leur demander quelques-vns de leurs Vaisseaux ronds, à l'ayde desquels il se promettoit de ruiner la flotte des Cocinchinois. Ce que les Hollandois luy accorderent volontiers, sçachans que c'estoit contre le Roy de la Cocinchine, qui s'estoit declaré depuis quelques années ennemy de leur nation.

Ils enuoyerent donc au Roy de Tunquin trois Vaisseaux ronds, bien équipez, & montez de plusieurs pieces d'artillerie : Lesquels s'estans approchez sans dessein, en costoyant vn peu de vent qu'ils auoyent, d'vn Port de la Cocinchine, où le Roy se trouuoit de hazard auec quelques-vnes de ses Galeres : & le Roy ayant reconnu que c'estoit le secours que les Hollandois enuoyoient au Roy de Tunquin pour luy faire la guerre ; piqué de leur audace (comme s'ils le venoient brauer sur sa frontiere) entra d'abord en deliberation, s'il les deuoit faire poursuiure par ses Galeres: Dequoy ayant demandé aduis à vn Hollandois, qui depuis quelques années s'estoit échappé d'vn naufrage, & seruoit le Roy à la guerre; & ce Soldat luy ayant répondu auec vn orgueilleux dédain, que ces Vaisseaux ne craignoient que la puissance, & la colere armée du Ciel; le Roy irrité de ce mépris insolent, sans luy fa[illegible]e autre repartie, commanda sur le champ aux Capitaines de ses Galeres, de les détacher du Port & de les mener en diligence à l'attaque des Nauires Hollandois, qui estoient à leur veuë. Ce qu'ils firent si à propos à la faueur du calme de la Mer, qui n'estoit alors que legerement ébranlée du vent, qu'il n'y eust que le plus petit des Vaisseaux Hollandois qui ménageant bien le peu de vent qui soufloit, hasta sa fuite, & se sauua: l'autre fuyant les Galeres qui le poursuiuoient vertement, apres auoir perdu sa route, se laissa pousser contre vn écueil, où il s'ouurit, & fut englouty des ondes : Et le troisiéme qui estoit le plus grand des trois, & qui pour estre plus pesant, & lourd, donnoit plus de peine au vent qui le poussoit, ayant esté attaint, & inuesty de quatre Galeres, apres quelque deffense qu'il rendit, & la decharge inutile qu'il fit de son artille-

rie

rie contre les Galeres de bas-bord qui estoient deja attachées à ses flancs, & qui luy auoient brisé le gouuernail, & le grand mast, se treuua reduit à telle extremité, quele Capitaine, & les Soldats Hollandois ayant perdu toute esperance de se sauuer en pleine Mer, mirent le feu aux poudres, qui brûla auec le Vaisseau, la Chiorme, & tous les Soldats qui estoient dedans, au nombre de deux cents; à la reserue de sept, qui pour se garantir de la cruauté des flammes, se ietterent dans la Mer à la mercy des vagues, & furent recueillis dans les Galeres Cocinchinoises pour estre presentez au Roy, qui attendoit sur le quay le retour de ses Galeres victorieuses & lequel ayant veu à ses pieds les sept Hollandois échappez du feu, & du naufrage de guerre, se tourna vers cét insolent qui luy auoit vanté les Nauires de sa Nation inuincibles, & luy dit en se mocquant; Hola, Compagnon, demande à ces Soldats de ta Nation d'où ils viennent? Et luy, tout confus, ayant répondu d'vne voix basse, & craintiue, qu'ils s'estoient sauuez du malheur, où la valeur des Galeres Royales auoit ietté les Vaisseaux Hollandois: Donc, repartit le Roy, il ne falloit pas attendre la puissance armée du Ciel pour les vaincre, puis que celle de mes Galeres a esté suffisante à cét effet. Puis s'addressant aux Soldats de sa Compagnie; Hola, Soldats, leur dit-il, allez coupper tout maintenant cette teste orgueilleuse, & defaites le monde de toute cette vermine de gens qui est indigne d'y viure. Ce qu'ils allerent executer sur le champ. Et le Roy ayant de plus commandé que l'on couppast les extremitez du Nez, non seulement à ces huict Soldats qu'il auoit fait decapiter, mais encore à tous les autres,dont on pourroit retrouuer les corps restez de l'embrasement, ou du naufrage : Il les enuo a dans vn Panier au Roy de Tunquin, auec vn message aigre, & picquant ; par lequel il luy disoit, de receuoir cette partie de l'armée qu'il auoit preparée pour le battre,& de se pouruoir vne autrefois d'vn meilleur secours. Ce qui toucha si fort au vif le Roy de Tunquin, qu'il ne voulut point receuoir dans les ports le premier Vaisseau Hollandois qui auoit pris la fuite, & s'y estoit conduit à la faueur du vent ; refusant mesme de luy faire donner les prouisions necessaires pour viure, qu'il fut contraint d'aller chercher iusqu'à la Chine, à six cents milles loin de là. Et de cette histoire il appert de quelle force sont pour le combat de mer les Galeres Tunquinoises, & Cocinchinoises, qui sont semblables, comme i'ay dit, & de mesme façon.

Du nombre, & de la façon des Galeres de Tunquin.

CHAPITRE VI.

ENCORE qu'il soit difficile de sçauoir precisement le nombre des Galeres de Port, & de combat, qui sont entretenuës par le Roy de Tunquin : neantmoins il est certain qu'elles surpassent de beaucoup en nombre celles de la Cocinchine. Or sçait-on à peu prés combien il y en a dans les trois ports de la Cocinchine ; Dont l'vn est à l'emboucheure du grand fleuue, oú l'on a compté souuent iusqu'à soixante

xante huict Galeres. L'autre qui est beaucoup plus capable, & est au milieu du Royaume, nommé par eux *Che ciam*, se trouue encore fourny d'vn plus grand nombre de Galeres, qui seruent à la garde du Royaume, & au traffiq que les Cocinchinois ont auec les Chinois qui frequentent ce Port. Et le troisiéme est sur les confins du Royaume de Ciampa pour y garder les terres de conqueste, que les Tunquinois ont autrefois gaignées par leurs armes sur les Ciampains; qui ont fait à diuerses fois de grands efforts sur les frontieres qui les separent aujourdhuy des Cocinchinois, pour regagner les terres que la violence des armes étrangeres leur a rauies, mais toûjours; inutilement, ayant esté repoussez auec perte, & dommage à l'ayde du grand nombre de Galeres que les Cocinchinois y entretiennent à ce dessein. Tellement que le tout bien compté le nombre des Galeres du Roy de la Cocinchine monte pour le moins à deux cents:& estant vray, comme chacun l'auouë, que le Roy de Tunquin en entretient trois ou quatre fois plus, personne aussi ne doute que le nombre des Galeres Tunquinoises n'aille iusqu'à cinq ou six cents, ausquelles les Cocinchinoises cedent encore, & pour la grandeur, & pour l'armaison, & pour les ornemens.

Et pour adjouster icy quelque chose de ce qui appartient à la structure, & à l'ornement de ces Galeres La prouë (au rebours des nostres) y est le lieu le plus considerable; d'où se releue vne Chambre ou vne loge ornée, & enjoliuée au dedans de riches peintures, sans que l'or y soit épargné. Le bois de la Pouppe est semblablement peint, doré marqueté, & enrichy

richy de beaux ouurages, par tout ce qui se peut voir au dehors : & il n'est pas iusques aux rames, & aux Antennes qui n'ayent de particuliers embellissemens. Quand elles font voyages de compagnie, sur le bruit du signal qui se donne auec vn instrument composé de bastons qui s'entrechoquans font vn certain accord, de sons graues, & aigus; Ceux qui voguent au partir, le font auec tant de dexterité, & de promptitude, qu'encore que les Galeres aillent ordinairement, trois, cinq, ou sept de front, l'vne cependant n'auance iamais d'vn pied deuant l'autre ; & s'il faut s'arrester, contourner, biaiser, reculer, elles le font auec tant de mesure, & de correspondance, comme si elles estoient toutes d'vne piece, & poussées d'vn mesme mouuement.

Quand le Roy fait voyage sur mer, il y en a vingt-trois destinées pour accompagner la Royale qui marche au milieu de toutes, dont la Chambre de Prouë est au dedans reuestuë de lames d'or; la Pouppe embellie, & enrichie d'ouurages tres-exquis; les voiles ondées & façonnées de diuers agréements; tous les cordages & le tendal de soye. Elles vont comme les nostres, à voiles deployées quand elles ont bon vent; & quelquefois à voiles & à rames, quand on veut auancer chemin. Et il arriue souuent qu'elles s'exercent à la course,& disputent de la vistesse,en la presence du Roy, allans à rame ou à la voile à la faueur du vent,ou mesme contre vẽt, ou costoyant le vent;de laquelle dispute les vainqueurs remportent toûjours(outre l'honneur) des beaux prix de la liberalité du Roy Que s'il arriue en ce combat d'honneur, que quelqu'vn des vogueurs en

poussant

poussant la rame l'ayt rompuë, pourueu que ç'ayt esté en s'accordant auec les autres, & à la mesure cadencée des bastons, il a toûjours la preference sur eux en la distribution des prix. Et c'est merueille (pour dire encore cecy auant que de sortir de ce discours) auec qu'elle promptitude toutes les Galeres du Port, quand le signe d'en partir est donné auec vne clochette, se mettent en deuoir de prendre leur rang, de se mettre à flot, & de faire chemin. Car encore que sur le Port, chacune y ait sa loge separée, & comme son estuy couuert, pour la guarantir des injures du temps: si est-ce que depuis le signal donné iusqu'au partir, qui ne fait pas le temps d'vn petit quart d'heure, il ny en a pas vne qui se treuue hors de son rang, & qui ne soit au second signe déja auancée dans l'eau, & en estat de voguer.

Du grand nombre des sujets, & des Soldats du Roy de Tunquin.

CHAPITRE VII.

CE qui rend le Roy de Tunquin puissant, & redoutable à tous les Roys ses voisins, c'est la grande & inestimable multitude de sujets qui viuent dans les sept Prouinces qui sont soûmises à sa Couronne: dequoy il est aisé de prendre quelque conjecture, consideré seulement le grand nombre de personnes qui resident ordinairement en la Ville de *Che ce*, où il tient sa Cour. Car encore que cette Ville ayt plus de six mille pas de longueur, & autant de largeur, & que ses ruës soient si larges, & si capables que dix, & douze cheuaux y peuuent commodement aller de front: Neantmoins deux fois le mois, c'est à sçauoir à la nouuelle, & à la pleine Lune, auquel temps ils chomment leurs festes, on y void vne si grande foule de Peuple, allant & venant, épanduë par toutes les ruës, que l'on s'y entre-heurte par tout à la rencontre; De sorte qu'vn chacun s'y trouuant pressé, & arresté de toutes parts, est contraint de faire fort peu de chemin en beaucoup de temps. Sur quoy, joint quelques autres conjectures, est fondée l'opinion commune, que le nombre des habitans de cette populeuse Ville, monte à vn Million de personnes. Et il y a encore vn grand argument (pour laisser les autres) d'où l'on peut comprendre la grande multitude du monde qui reside en ce lieu. Car comme les Tunquinois ont l'vsage fort frequent d'vn certain boucon, bon à la santé, & agreable au goust, qu'ils appellent *Blau cau*, fait d'vne fueille, & d'vn fruict dont nous parlerons plus bas: & que c'est la coustume parmy eux d'en porter toûjours vn sachet, ou vne bourse pleine, attachée à la ceinture, qu'ils tiennent ouuerte allant par les ruës à la rencontre de leurs amys, lesquels apres s'estre ciuilement entre-saluez, prennent chacun d'eux vne bouchée de ce fruict preparé, dans la bourse ouuerte de son amy. Delà vient que tous ceux qui ont quelques commoditez dans la Ville, font preparer à leurs seruans dedans leurs maisons, ces petits presens, qu'ils s'entredonnent en témoignage d'amitié: Mais pour en fournir au reste du Peuple qui s'en sert communément, & qui n'a pas des personnes à son

seruice

seruice qui les luy prepare commodément au logis. On compte iusqu'à cinquante mille reuandeurs qui en tiennent à vendre à bas prix, en diuers endroits de la Ville d'où il est à conclurre que le nombre du peuple qui en achepte, est inestimablement grand.

Et de cette grande multitude de peuple, & de sujets, le Roy tire deux grands auantages. Le premier est, qu'il en compose au besoin de formidables armées au nombre des Soldats qu'il veut. Car outre ceux qui sont en garnison ordinaire dans sa Ville Royale, & sont toûjours prests pour aller la part où ils seront commandez, il luy est aisé de mettre à toute occasion plus de cent mille hommes en armes, qu'il fera leuer de toutes les villes de son obeïssance. Comme il fit, il n'y a pas longues années ayant entrepris de faire la guerre au Roy de la Cocinchine son voisin, a dessein de recouurer les terres qui ont esté vsurpées sur son deuancier, & qui ont fait autrefois vne piece, & vne partie de l'Estat de Tunquin: Car il prepara vn si superbe, & si puissant équipage d'armes par mer, & par terre, qu'il comptoit six vingt mille hommes effectifs dans ses trouppes; qui certes luy furent à charge, & l'empescherent de recueillir le fruict de la Victoire, & de la défaitte de son ennemy, qui luy eust esté aussi asseurée qu'il se l'estoit promise, s'il eust mené moins de soldats à son entreprise. Car n'ayant fait preparer, de munitions de bouche, & d'autres prouisions necessaires pour l'entretenement de l'armée, que pour trois, ou quatre mois, sur l'opinion qu'il auoit de contraindre à moins de ce temps le Roy de la Cocinchine, à se rendre, & à soûmettre tout le Royaume à son obeïssance, ou à quitter

 le Païs,

le Païs ; & ayant rencontré vne plus longue, & plus vigoureuse resistance qu'il ne s'estoit imaginé des forces, & du courage de ses ennemys : Il fut obligé, pour ne voir son armée reduite à perir de faim, de la ramener dans les Prouinces de Tunquin, ayant honteusement abbandonné la grande entreprise du recouurement de la Cocinchine, qui luy estoit mal reüssie pour y auoir mené trop de gens, & n'auoir pas pourueu de suffisantes munitions pour les entretenir.

Des Richesses du Roy de Tunquin.

CHAPITRE VIII.

L'Autre auantage qui reuient au Roy de Tunquin de la multitude de ses sujets, outre celuy que i'ay déja touché, c'est le Tribut & les grandes richesses qu'il en amasse. Car tous les Hommes, ou masles de sexe qui sont en tout le Royaume, excepté ceux à qui le Roy a donné le priuilege d'exemption, dont nous parleron scy apres, depuis l'âge de dix-neuf ans, iusques à soixãte, payent certain Tribut au Roy; auec cette difference que ceux qui habitent dans les trois Prouinces qui ont esté toûjours fideles, & qui n'adhererent point au Rebelle, dont nous auons parlé, ne payent point de leur monnoye, que ce qui reuient de la nostre à deux escus de soixante sols piece: Mais dãs les autres quatre Prouinces qui se détacherent de l'obeïssance du Roy, chacun par teste paye le quadruple, sans compter quelques au-

tres

tres charges ausquelles ils sont tenus en punition de leur rebellion. Et outre ce Tribut qui est personnel, & que les exacteurs leuent indifferemment, & sans remission sur les pauures, & sur les riches (en quoy il paroist quelque sorte d'iniustice) sur ceux qui ont des biens, & sur ceux qui ne viuent que de leur industrie: Il y en a vn autre moindre qui se recueille des fruicts de la Terre, & qui est plûtost vn present ciuil, & volontaire à vn chacun, qu'vne taille, ou vn subside reel; Encore que personne n'ose s'en dispenser, au temps auquel l'vsage commun a esté mis de le rendre, ce qui arriue trois, ou quatre fois dans l'année. La premiere, sur la fin, ou au commencement de l'année en forme d'estrenes. La seconde, quand le Roy celebre, comme il a de coustume, le iour de sa naissance. La troisiéme, au iour anniuersaire du decez du Roy deffunct. Et la quatriéme, en la premiere saison des fruicts nouueaux. Toutefois parce que ces presens ne se font pas auec la rigueur auec laquelle l'on paye, & l'on exige le tribut personnel. Toute la Ville, ou le Village les fait en commun, & les enuoye par des Deputez les plus qualifiez du lieu, qui les portent au Roy, & les luy presentent au nom de la Commune.

Or encore que la plus grand part des Villes, & Villages du Royaume qui montent à vn nombre inestimable paye immediatement ces Tributs au Roy, ou à ceux qui les léuent à son nom; Il y en a neantmoins plusieurs qui ne les payent qu'aux Seigneurs du Païs, ou aux Capitaines, & à leurs Soldats, ou à d'autres que le Roy a iugé dignes de sa liberalité, ausquels il a assigné plus ou moins de places, auec pouuoir d'en prendre le tribut ordinaire ; ou pour reconnoistre leur valeur, & recompenser leurs merites ; ou pour appanage de leur naissance ; ou pour entretien des charges ausquelles il les a éleuez ; ou pour autres gratifications : auec cette loy receuë par tout le Royaume, que le droict qui a esté donné au proffit de quelqu'vn par la liberalité du Roy, ne passe point à ses enfans, & à ses heritiers, s'il ne leur est confirmé en don par le Roy ; Voire mesme le Pere viuant, il est toûsiours au pouuoir du Roy de retirer le don qu'il luy a liberalement fait, & de l'en priuer de sa volonté, comme il arriue quelquefois ; quoy qu'il n'arriue presque iamais qu'il se laisse aller à cette rigueur enuers personne, qu'en punition de quelque crime qu'il aura commis. Et encore qu'en la distribution de ce don, le Roy se monstre ordinairement plus magnifique enuers ceux qui luy appartiennent de sang, ou d'alliance, comme il est de raison, & enuers ceux qui ont les premieres charges de l'armée ; si a t'on veu quelquefois des simples Capitaines iouïr du tribut d'vn bon nombre de places qui auoient esté données au merite de leur vertu, & des belles actions auec lesquelles il s'estoient signalez en guerre, qui trouuent toûjours auprés du Roy des graces, & des recompenses. Il est vray neantmoins pour ne rien dissimuler icy, qu'il n'est personne de ceux qui ont esté ainsi auantagez qui par quelque sorte de bien-seance, laquelle est passée en coûtume, ne fasse trois ou quatre fois dans l'année des presens au Roy de quelques pieces d'or, & d'argent, à proportion de ce qu'il tient de luy, sans qu'il y ait aucun qui ose y manquer, & se faire remarquer au Roy par son inciuilité, & son auarice, qui luy pourroient faire perdre ses

bonnes

bonnes graces. Et comme il y a bien mille Capitaines en office dans le Royaume, on peut encore recueillir de là, combien grandes, & excessiues sont les Richesses que le Roy tire de ses sujets.

De la façon que les Soldats reçoiuent la Solde du Roy.

CHAPITRE. IX.

EN la mesme façon que le Roy donne des Villes, & des places aux Capitaines pour reconnoistre leur merite, & leurs peines, ils les donne aussi aux principaux Soldats pour leur seruir de solde, ou pour salaire de leur vertu : Auec cette difference qu'il donne souuent plusieurs places à vn seul Capitaine, & il n'en donne souuent qu'vne à plusieurs soldats ; de sorte qu'vne seule Ville qui ne sera pas des plus grandes, sera quelquefois suffisante à souldoyer tous les soldats d'vne Galere, qui alors ont droict d'exiger au lieu qui leur a esté assigné, le tribut appartenant au Roy, dont nous auons parlé cy-dessus. Et pour les soldats de moindre consideration, c'est ordinairement à leurs Capitaines de leur payer la solde au nom du Roy ; comme ç'a esté en partie pour subuenir à ces frais, & pour entretenir tel, ou tel nombre de soldats, que plusieurs Villes leur ont esté assignées auec pouuoir d'en tirer le Tribut. Aussi en suitte les soldats qui sont payez de la main de leurs Capitaines, sont tellement à leur disposition au temps qu'il n'y a point de

guerre,

guerre, ny d'exercice militaire, qu'ils sont obligez de trauailler pour eux, & leur seruir de manœuures, s'ils les veulent ainsi employer, ou pour le seruice du Roy aux œuures publiques, comme à bastir, ou à r'habiller les Galeres, à dresser ou redresser des Ponts, & semblables besoignes; de sorte qu'ils ne sont iamais oisifs, & sans quelque employ.

Et comme encore tous les Capitaines qui se trouuent estre de séjour dans la Ville Royale, sont obligez tous les matins d'aller faire la Cour au Roy, & d'assister à l'Audience publique qu'il donne chaque iour dans son Palais, au Peuple qui veut auoir recours à luy: Aussi ont-ils chacun d'eux quand ils vont au Palais du Roy, vn certain nombre de leurs Soldats qui marchent deuant eux en ordre, auecque leurs armes, vestus de casaques de violet obscur; & qui les accompagnent de mesme iusques à leurs maisons au retour du Palais, quand ils y ont fait leur Cour: qui sont toutes courueés d'honneur que les soldats rendent par tour à leurs Capitaines. Et lors mesme que le Roy sort du Palais, ou pour s'aller diuertir à la maison de plaisance qu'il a à la Campagne; ou pour mettre à l'essay les Galeres qu'il a de nouueau fait bastir sur ses Ports; ou pour voir exercer ses Soldats à tirer au blanc, & à la Lutte, ce qu'ils font ordinairement deux fois le mois à la presence du Roy: Comme tous les Capitaines qui sont à la Cour, l'y accompagnent par honneur, les soldats aussi n'y manquent iamais en bon nombre, parez de leurs liurées, & en l'equipage auquel ils ont accoustumé de marcher deuant le Roy, faisant en bonne partie la Pompe de son train, toutes les fois qu'il sort, ou qu'il

retourne

retourne à son Palais. Et le Roy sortant à la Campagne aux occasions dont il a esté parlé, il n'est pas seulement accompagné de cette superbe escorte de soldats, qui marche deuant luy ; mais vn grand nombre de Caualerie choisie s'y trouue encore auec eux pour luy faire honneur, & plus de cent Elephans couuerts de riches tapis, sur lesquels sont portées les Femmes, & les Parentes du Roy, auec leurs suiuantes, assises commodément dans des basses Tours affermies sur le dos des Elephans, qui sont si puissants qu'ils portent à l'aise dans ces Tours six personnes, outre le Conducteur qui se tient assis sur le col. Tellement que quand le Roy sort à l'occasion de voir les exercices de la guerre, ou de la lutte que prattiquent souuent ses soldats, ce leur est vn puissant aiguillon de bien faire, d'auoir (outre le Roy) vne si belle, & auguste compagnie de spectateurs, de qui ils peuuent attendre vne glorieuse approbation de leur adresse, & de leur valeur. Vne remarque particuliere y a t'il en l'exercice de la lutte des soldats, que ie ne dois pas obmettre en ce lieu : que celuy des lutteurs qui a esté porté à terre par la dexterité, ou par la force de son compagnon, n'est point censé, ny declaré estre vaincu, encore qu'il y soit abbattu sur le ventre, ou sur le flanc ; s'il ny est renuersé sur le dos, & s'il ne la mesure des épaules.

* * *

De la retenuë, modestie, & discipline des Soldats.

CHAPITRE X.

IL y a ie ne sçay quoy digne, & de loüange, & de merueille, en ce que les soldats du Royaume de Tunquin estant en si grand nombre, comme ils sont, sous la conduite de tant de Capitaines, & se trouuans si souuent assemblez à trouppés, en faction, & en armes, soit au Palais du Roy, soit à la Campagne, parmy mesme les caresses des Collations que le Roy, & les Capitaines leur font plusieurs fois pour les tenir de bonne humeur : Neantmoins on ne void iamais qu'ils se querelent entr'eux, ou mesme qu'ils se piquent, & s'offencent de paroles outrageuses, ou de mépris ; & n'a-t'on iamais oüy dire qu'ils ayent fait aucun duël sanglant, ou qu'ils ayent tiré l'espée l'vn contre l'autre. Ce qui est grandement à la honte de nos soldats Chrestiens, qui ne sont iamais long-temps ensemble sans amasser des riottes, & qui font tous les iours d'vne legere parole le fondement d'vne querelle qu'ils ne vuident que par la voye des armes, monstrant assés auoir leurs passions moins domptées, & moins reglées, que les Payens. Or encore que l'on puisse attribuer cette grande retenuë à la douceur de leur naturel, qui ne s'aigrit pas si facilement au premier sentiment de l'iniure : Toutefois il est à estimer qu'elle prouient principalement du grand

grand respect, & de la veneration en laquelle ils ont le Roy, & leurs Capitaines. Car pour le Roy ils l'appellent, *le Fils du Ciel*, & le reuerent comme vne personne sacrée descenduë du Ciel pour les gouuerner: ce qui fait qu'ils n'osent rien faire, ou entreprendre en sa presence qui luy puisse déplaire, ou le fascher. A quoy a donné grand fondement vne certaine superstition qu'ils obseruent toutes les années, & est telle.

Enuiron la sixiéme Lune, qui tombe ordinairement à nostre mois d'Aoust, le Roy fait publier vn edict, que tous les soldats auec leurs Capitaines soient prests au jour marqué, de luy venir prester le serment de fidelité. Ce qui se passe auec cette ceremonie. On dresse aux places, & aux principaux quarrefours de la Ville des Autels parez de riches ornemens, dediez aux Dieux, ou plutost aux Demons que ce peuple adore: Et au milieu la formule du serment, escritte en gros characteres, & lisible du pied de l'Autel; laquelle quoy qu'en la substance du serment ne contienne rien qui ne soit licite, & loüable; veu que celuy qui le preste, promet seulement d'estre fidele à son Roy, se déuoüant à toutes sortes d'execrations, s'il luy manque de fidelité: neantmoins aux circonstances, & en l'inuocation des faux Dieux, & des Demons qu'il appelle pour estre témoins & vengeurs de son infidelité, elle est criminelle, & superstitieuse. Et en ceste ceremonie afin que l'on éuite la confusion qui pourroit arriuer dans le grand nombre de Soldats qui s'y doiuent presenter, & que le tout s'acheue dans le iour; On dresse vn tres-grand nombre d'Autels, à chacun desquels est assigné vn certain nombre de Capitaines auec leurs compagnies, & vn Docteur nommé, & deputé du Roy pour presider à l'action, & aprés le serment presté, donner à chacun des soldats vn billet qui le declare auoüé, & receu au seruice du Roy. Tellement que le Capitaine de chaque compagnie ayant commencé, & presté son serment solennel de fidelité au Roy regnant, Il est suiuy par ordre de tous ses soldats, à chacun desquels le President donne sans delay vn billet differemment marqué, selon l'accent auec lequel il a prononcé la formule commune. Ainsi celuy qui la prononcée d'vne parole ferme, & d'vne voix haute & bien articulée, porte dans son billet la marque *Min*, qui signifie *clairement*. Celuy qui a parlé d'vne voix sombre, & basse, porte en sa marque, *bat min*, c'est adire, *non pas clairement*. Et celuy enfin qui a prononcé entre deux, d'vne voix, & d'vn accent mediocre, porte pour sa marque *thuan*, c'est à dire *communement*. Et ces marques ne sont point pour neant : Car chacun des soldats, la ceremonie acheuée, ayant apporté son billet à son Capitaine qui s'estoit retiré aprés auoir presté son serment, il reçoit de ses mains en don du Roy vne robbe, ou vne casaque, meilleure, & plus longue, s'il a la premiere marque ; plus courte, & de moindre étoffe, s'il a la seconde ; & d'vne étoffe, & mesure mediocre, s'il a la troisiéme. De sorte que toute l'Année ils sont reconnus à la casaque qu'ils portent, de tous ceux qui les voyent, & pris pour estre plus ou moins fideles, plus, ou moins zélez, & affectionnez au seruice du Roy.

Il arriua vn iour qu'vn soldat nouueau Chrestien, ayant esté appellé par son nom, comme les autres, à prester le serment, il se presenta courageusement pour

ce

ce faire ; & pour témoigner le peu d'estat qu'il faisoit de l'Autel duquel il detestoit la superstition, il se tourna deuers le President qui assistoit à cette action à la corne de l'Autel, & y tenoit comme la place du Roy ; & sans s'amuser aux termes couchez dans la formule commune, parla ainsi hautement. *I'atteste le vray Dieu du Ciel, & de la Terre, Pere, Fils, & Sainct Esprit, la Compagnie des bien-heureux esprits, & toute la Cour du Ciel, que ie rendray fidele seruice iusqu'à la mort à mon Roy Than do Vvan. Que si ie ments, & si ie jure à faux, & contre ma conscience, ie suis content que le vray Dieu, Seigneur du Ciel, & de la Terre me tuë à cette heure, & me consume de ses Foudres.* Ce qu'il dit d'vn accent si ferme, & si éleué, & d'vn courage si resolu, que le President luy bailla sur le champ le billet le plus honorable, & la plus loüable marque de toutes.

Du gouuernement politique du Royaume.

CHAPITRE XI.

Comme ce Royaume n'estoit autrefois qu'vne des Prouinces du grand Royaume de la Chine, & n'estoit gouuerné que sous ses Loix ; Encore que, depuis qu'il en a esté retranché par la rebellion des peuples qui l'habitent, il y ait eu du changement en l'estat de la Monarchie, il en est neantmoins fort peu arriué en la façon du gouuernement : la reuolte generale qui éleua vn nouueau Roy sur le trône, n'ayant adjousté presque rien autre à ses pouuoirs, sinon qu'il pouuoit à son gré, & de son propre mouuement, deliberer, & iuger de beaucoup de choses, sans consulter l'aduis de personne; quoy qu'il ne delibere iamais ordinairement d'aucune chose importante, que de l'aduis de ses Conseillers. Et pour cela il a dans sa Cour vn Conseil souuerain, composé d'vn grand nombre de Docteurs, qui juge definitiuement, & en dernier ressort de toutes les causes ciuiles, & criminelles; & par deuant lequel, il est loisible d'appeller de la sentence des Gouuerneurs, & des Iuges establis dans toutes les Prouinces, qui ont leur jurisdiction limitée. Outre ce grand Conseil, il y a vn Gouuerneur en chaque Prouince, qui a charge, & pouuoir d'administrer la Iustice, & peut mesme iuger à mort, si le cas requiert prompte execution, principalement si la Prouince est éloignée de la Cour: Toutefois ordinairement tous les cas où il y va de la mort, sont renuoyez au Conseil souuerain. Et generalement parlant toute l'administration de la Iustice en ce Royaume se reduit à deux Chefs, dont l'vn s'appelle *Van*, & l'autre *Vû*. Au *Van* appartiennent les Docteurs qui interpretent la loy, & sont toûjours vestus de robbes longues; noires, la teste couuerte d'vn bonnet de mesme couleur, & haussé d'vne palme par dessus celuy de nos Docteurs; excepté lors qu'ils vont treuuer le Roy, deuant lequel ils ne se monstrent iamais qu'auec les ornemens de leur estat, de couleur violette. Au *Vu* appartiennent certaines personnes qualifiées choisies d'entre les gens d'espée pour rendre en certains cas la Iustice, qui ne vont iamais sans leurs armes. Et de cét ordre sont les Gouuerneurs des Prouinces, qui sont pris d'entre d'entre les Princes de sang, ou d'entre les Seigneurs, & principaux Capitaines du Royaume, à châcun desquels est assigné vn Docteur capable qui luy tient lieu d'Assesseur, & de Conseiller en tous les Iugemens qu'il rend.

Il y a de plus deux Tribunaux establis en quelque Ville principale de châque Prouince; l'vn plus haut qui iuge des causes plus importãtes, & s'appelle *Gna to*; l'autre plus bas qui iuge des affaires de moindre importance, qu'ils nomment *Gna bien*: Et tous deux sont communs à toute la Prouince, & ne sont remplis que de gens de lettres. Et outre ces deux sieges de Iustice communs à la Prouince, Il y en a trois moins communs, & subordonnez l'vn à l'autre. Dont le plus bas est dans chaque Ville, & est composé des plus notables & anciens Citoyens, qui iugent les procés ciuils qui sont entre leurs Patriotes. Et de ce Siege il y a appel à vn plus haut, qu'ils appellent *Gna huyen*, qui a sous son ressort dix ou douze Villes, appellées *Huyen*, qui ont vn Gouuerneur particulier, qu'ils nomment pour cela *Cai huyen*, qui iuge de l'appel interietté deuant luy: Et de ce Iuge il y a encore droict d'appellation au Tribunal du *Cai Phu*; & de celuy-cy aux Tribunaux déja mentionnez communs à toute la Prouince. Et la raison du partage qui a ainsi esté fait de la Iustice, est prise de ce que les Prouinces estant d'vne assés grande étenduë, elles ont esté diuisées pour le bon ordre, & pour la commodité des plaidans, en diuerses parties principales qu'ils appellent *Phu*, & chacune de ces parties commise au gouuernement d'vn Seigneur, ou d'vn principal Capitaine, qui peut estre comparé pour la dignité, à vn

de

de nos Comtes, ou de nos Marquis: Et chaque *Phu*, ou chacune de ces portions, est encore diuisée aux *Huyen*, dont nous auons parlé, qui sont châcun sous la direction d'vn Gouuerneur particulier, comparable en dignité à nos Barons: Et enfin comme châque *Huyen* est composé d'vn certain nombre de Villes, qu'ils appellent *Xa*; aussi y a-t'il encore en châque Ville vn Gouuerneur inferieur aux sus-nommez, auquel on a donné le nom de *Cai Xa*, qui peut estre consideré, comme le sont nos Seigneurs de place. En cecy neantmoins est defaillante la comparaison que i'ay faicte, que tous ces Gouuerneurs dont il a esté fait mention; n'ont le Gouuernement que pour leur vie, sans qu'ils le puissent laisser à leurs enfans; & les Gouuerneurs mesme des Prouinces, n'ont ordinairement la commission que pour trois ans.

Comment les Docteurs prennent leur degré en ce Royaume.

CHAPITRE. XII.

PVisque, comme nous auons déja dit, tous les Conseillers du Roy sont ordinairement Docteurs, ou licenciez en droict, Il est à propos de sçauoir comment ils arriuent à ces degrez, qui font la marche à ce haut office de Iustice. C'est donc la coustume que de trois en trois ans vn certain temps est assigné par affiches publics pour commencer l'examen solennel des

des lettres. Auquel temps tous ceux qui ont opinion d'auoir suffisamment proffité aux estudes se rendent au Palais du Bua, que l'on appelle *Den*, pour y subir le premier examen, qui est prattiqué en ceste façon. On dresse dans le Palais vne grande quantité de chambres, ou de loges qui peuuent suffire à tous ceux qui se presentent pour estre examinez; lesquels ayant pris l'argument de la composition (sur laquelle on doit iuger de leur capacité,) des principaux Docteurs deputez à presider à cet examen, sont enfermez chacun dans l'vne des chambres qui ont esté preparées, sans aucun liure, auec du papier seulement, de l'encre, & vn pinceau qui leur sert de plume; & à chacun d'eux est assigné vn soldat, ou vn garde, tant pour le seruir en ses necessitez, que pour obseruer que persone n'approche pour l'ayder, ou luy donner quelque instruction. On donne à tous le iour entier, pour trauailler à leur besoigne, sur la fin duquel, l'ayant acheuée, ils la portent aux Presidens de l'examen, marquée du seing, & du chiffre particulier d'vn chacun, qui en examinent rigoureusement les defauts, & à ceux qu'ils treuuent estre capables, & auoir satisfait en cet essay de leur esprit, Ils donnent le degré de Bachelier qu'ils appellent *Sin do*, auec leurs lettres Patentes signées de la main du Bua, qui leur seruent non seulement de témoignage authentique de leur capacité, mais encore de Priuilege pour estre exemptez de payer la moitié du tribut annuel.

Le second Examen qui se fait sur le Droict & les Loix ciuiles, se prattique comme le premier, & auec les mesmes reserues: Neantmoins auec cette differnce, que l'on y admet point indifferemment ceux qui se presentent comme au premier; mais seulement ceux qui depuis trois ans ont pris le degré de Bachelier; lesquels ayant esté approuuez par l'examen des Presidens, sont promeus au degré de licenciez, qu'ils appellent *Huan Com*; & ayant receu leurs lettres patentes signées du Bua, sont entierement exempts de Tribut. Et de ce nombre de personnes qui ont receu ce degré, le Roy en prend les Iuges des causes moins importantes, qui sont vuidées aux Tribunaux inferieurs dont nous auons parlé cy dessus.

En fin le troisiéme Examen pour le Doctorat se fait seulement de ceux qui depuis trois ans passez ont pris le degré de licenciez en droict. Et en cette promotion, comme il y a dans le Royaume vn nombre prefix de Docteurs que l'on n'outre-passe point, aussi tous ceux qui sont iugez capables du degré, ne le reçoiuent pas, mais seulement ceux qui ont donné en cet examen des preuues d'vne excellente capacité, & selon le nombre des places qui se treuuent vacantes. Les autres qui restent sans le degré, sont r'enuoyez à l'examen suiuant, qui se fera dans trois ans; encore que cependant ils soient considerez, & employez ordinairement aux offices de Iuges dedans, & dehors la Cour. Mais pour ceux qui ont emporté à la rigueur de l'examen le degré de Docteurs, qu'ils appellent *Tensi*, non seulement ils sont exempts du Tribut ordinaire, mais encore leurs enfans, quoy qu'ils n'acquierent iamais aucun degré de lettres, & qu'ils fassent vne autre profession. Et outre ce ils sont employez aux plus grandes, & importantes affaires dedans, & dehors le Royaume. D'ent'reux est choisi celuy qui de trois en trois ans est enuoyé Ambassadeur vers le Roy de la Chine, pour luy prester les redeuances accoustumées au nom du Roy, & du Royaume de Tunquin. De ce nombre on choisit encore les Iuges, & les Presidens du Conseil souuerain estably en la Cour du Roy. Et tous ceux enfin qui ont ce degré sont particulieremēt cōsiderez, & honnorez du Roy, comme personnes de merite; & voit-on toûjours quelques vns d'eux autour de sa personne. On dit qu'il y auoit autrefois dans le Royaume vn quatriéme degré de lettrez; mais il n'est plus en vsage. Ce qui y est encore dans vn grand vsage, est, qu'à cause de la grande estime en laquelle ils ont les lettres Chinoises, Il n'est personne de haute, ou de basse qualité, qui ne fasse apprendre à ses enfans depuis leur bas âge le secret de leurs characteres, dont chacun fait vn mot, de façon qu'il s'en trouue fort peu dans le Royaume qui n'en ayent quelque connoissance, & qui en soient tout à fait ignorans.

Des peines dont on punit les Criminels.

CHAPITRE XIII.

APrés auoir parlé des Iuges, il n'est pas hors de propos d'adjouster icy quelque chose de leurs Iugemens qui sont rendus sommairement, sans tant de formalitez, d'escritures, & de Verbaux que nos Procureurs, & nos Aduocats ont mis en vsage. Car, par exemple, quand quelqu'vn a esté accusé de quelque crime, & cité à comparoir deuant les Iuges, les témoins sont ouïs, & confrontez en sa presence, sur les charges, & informations auancées; que s'ils s'accordent en leurs depositions, on ne recherche rien dauantage, mais seulement on interroge le Criminel s'il a quelque contredit, ou reproche à faire contre les témoins, & leurs depositions. Que si sur ses responses, les Iuges pensent raisonnablement deuoir dilayer la sentence, pour estre plus pleinement informez; le Criminel cependant est liuré à vne compagnie de soldats pour estre tenu en seure garde, qui l'ayans mené dans la prison, au lieu de fers dont ils n'ont point l'vsage, ils luy engagent le col dans le milieu d'vn instrument fait de deux bois assés longs, & liez à trauers en mode d'eschele, en sorte qu'il est porté sur les épaules du Prisonnier en equilibre, & les bois serrez si estroittement auec des battons trauersiers autour du col, & aux deux extremitez, qu'il n'est pas à son pouuoir de les élargir. Ce qui luy donne vne incommodité qui n'est pas croyable, car il en est chargé iour, & nuict, mesme dans la prison. Et cela reuient neantmoins à cette commodité aux pauures Prisonniers qui n'ont pas dequoy viure, qu'ils sont plus librement tirez des cachots, sans crainte qu'ils échappent, & exposez auec cet equipage ignominieux aux places publiques, pour y demander l'aumosne aux passans, & auoir dequoy se sustenter dans la prison.

Ils se seruent d'vne autre façon pour tenir les femmes criminelles; Car on leur met au col vne corde, dont les deux bouts passent dans la longueur d'vn bois troüé, lequel presse le col de la femme de l'vne de ses extremitez par ou la corde commence de passer, & de l'autre l'autre retient la corde noüée afin qu'elle ne coule : Et par cette corde elle est attachée comme vn Chien, & menée au supplice, quand elle y est condamnée.

Lors que la personne criminelle a esté conuaincuë ou par la deposition des témoins contestés, ou par sa propre confession que les Iuges tirent de sa bouche par vne gesne assés douce auec laquelle on luy serre seulement les doigts des mains, ou les orteils du pied, sans grande violence, craignans que la rigueur de la gesne ne la porte à s'accuser à faux, & à calomnier son innocence; on la remene deuant le Tribunal des Iuges assemblez, ausquels les Commissaires expliquent tout ce qui est interuenu au procés criminel, apres quoy le President prononce la sentence. Que si elle ne va pas à la mort, elle est executée aussi tost aprés que les Iuges se sont retirez : Comme au larron qui est conuaincu pour la premiere fois d'vn larcin qui n'est pas si important, on luy couppe le doigt de la main droitte qui est aprés le pouce; que s'il y est attrappé la seconde fois, il le paye de la teste ; comme encore si la premiere fois le larcin est du valant d'vne centeine d'escus. Et pour les voleurs des boys, ils sont toûiours punys de mort.

Quand donc les Iuges ont prononcé contre quelque criminel, a sentence de mort, il n'est pas aussi-tost mené du Tribunal au supplice, mais ramené par les soldats dans la prison, dans laquelle dés lors on permet l'entrée libre à la femme, aux Parens, & aux amys pour le seruir, & le consoler, encore qu'il fust declaré criminel de leze Majesté : Et comme la sentence est d'ordinaire donnée au matin, elle n'est point executée que sur le tard du mesme iour. Et pour le genre du ſupplice, il eſt commun à tous les coupables de mort d'auoir la teſte couppée. Ce qui ſe prattique en cette façon. Sur les quatre heures apres midy le Capitaine de la compagnie qui à la commiſſion de l'execution marche en teſte d'vn nombre de ſes ſoldats, qui vont depuis la priſon autour du Criminel, encore chargé de l'eſchelle dont nous auons parlé. Et tous eſtans arriuez au lieu du ſupplice, les ſoldats ſe rangent en cercle autour du Patient qui s'eſt mis à genoux : Et apres luy auoir oſté du col l'eſchelle criminelle, ils luy preſentent ſur table diuerſes viandes, & l'inuitent d'en manger, deſquelles il prend ce qu'il veut, encore qu'il s'en trouue fort peu, qui ſoient alors en appetit d'en prendre. La table eſtant retirée, & le Capitaine ayant donné auec vne clochette le dernier ſignal de l'execution ; Le ſoldat qui la doit faire, ſe tourne, hauſſant le cimeterre nud, vers les quatre parties du monde, auec profondes reuerences, comme demandant pardon de l'action qu'il eſt preſt de faire, pendant que les autres ſoldats lient les bras du Patient, duquel s'eſtant approché, il luy auale d'vn ſeul coup la teſte, qui eſt remiſe auſſi-toſt, auec le corps aux Parens du mort, pour les mettre en terre ; ſi ce n'eſt que le Roy ayt commandé, (comme il arriue quelquefois en la punition de quelque crime atroce) que la teſte, & le corps demeurent quelques iours ſans ſepulture expoſez à la place publique. Que s'il plaiſt au Roy faire grace à vn criminel de la mort qu'il aura meritée, on luy couppe, pour la teſte, les cheueux, qu'il ne doit point depuis laiſſer croiſtre, afin qu'il ne perde iamais le ſouuenir de la punition meritée pour ſon crime, de la

grace

grace qu'il a receuë du Prince, & de l'obligation qu'il a de la reconnoistre.

Il se prattique encore par tout le Royaume ie ne sçay quoy de singulier, & de plus rigoureux qu'en pas vn autre Royaume que l'on sçache, pour la peine des Adulteres, tant hommes, que femmes, mesme des Concubines. Qui est, que la personne conuaincuë de ce peché, est menée aussi-tost les poings liés à la Campagne, ou vn Elephant dresſé à obeïr à tous les commandemens de son Maistre, l'enleue auec sa trompe soudain que le commandement luy en est fait, & la jette haut en l'air, puis la reçoit quand elle tombe sur les pointes trenchantes de ses dents, qui la transpercent aux endroits du corps qui rencontrent; & en fin la secouë à terre, & l'ecrase sous les pieds, où elle vomit l'ame auec le sang, si elle n'estoit déja morte à sa cheute d'en-haut. Et apres la mort de l'Adultere, le complice du crime est puny de mesme supplice par le mesme Elephant.

De diuers fruicts de la Terre qui sont au Royaume de Tunquin.

CHAPITRE. XIV.

ENcore qu'il n'y ayt point de vignes en tout ce Royaume, & qu'on ny recueille point de vin; que l'on n'y ayt point encore ensemencé les terres de blé, ny fait du pain: & qu'il ne s'y voye aucun Oliuier, & partant qu'on ny vse point

point d'huile d'olif, qui sont les fruicts principaux de la terre, à laquelle Dieu a donné sa Benediction: si est-ce qu'il abonde en tant d'autres fruicts qu'il n'a pas dequoy se soucier beaucoup de ce qui luy manque, si ce n'est, pour le sainct Sacrifice de la Messe, du pain, & du vin, qui luy est fourny de Macao, d'où l'on en porte à suffisance. Car pour le reste des commoditez de la vie, le Rys, qui pour la fertilité de la terre y croist en tres-grande abondance, & duquel on fait deux recoltes en Iuin, & en Nouembre, de sorte qu'il y est à prix trois fois plus vil qu'à la Chine, leur tient lieu de pain. Du mesme Rys ils distilent vne boisson qui est d'vn goust asés agreable, & fort bonne pour l'estomach, & supplée à nostre vin. Et pour les potages, & les autres viandes où nous nous seruons de l'huile, ils y meslent vne certaine substance fonduë, prise dans les nids d'vne espece de Moyneaux qui nichent sur les Rochers, & les écueils de Mer voisins de leurs Costes, qui donne à toutes les viandes cuittes où ils la meslent, vne saueur fort delicate, & ne pése t'on pas que ces nids se trouuent en autre part du monde, ce qui les fait estimer fort precieux par touto ù l'on en a connoissance: D'où vient que les Marchands Chinois les y acheptent fort cherement, pour les reuendre à la Chine; & qu'il n'y a que les personnes de qualité, & de moyens dans le Tunquin qui en vsent. Et pour le commun du peuple, il se sert d'vn certain suc appellé *Mam*, epreint d'vne espece de poissons salez treuuez dans leur mer, qui sert d'huile, & de verjus dans les viandes où l'on en mesle, & les rend sauoureuses au goust. Et parce qu'on en met encore toûjours dans le

Rys

rys qui sert à tous de pain;de là vient qu'il n'est aucune maison de haute, ou de basse condition, qui n'en ayt quelque prouision. Mais passons aux fruicts de la terre.

Et pour ne rien dire icy des fruicts qui sont communs au Royaume de Tunquin, auec les autres regions de l'Inde, comme la figue, & la poire d'Inde, l'Ananasie, le Iaca, le Carambola, le Manga, & les semblables dont les relations des autres païs ont déja fait mention, & donné connoissance aux Europeans. Ie ne remarqueray icy que les fruicts particuliers, qui ne se treuuent point(que ie sçache) autre part que dans ce Royaume.

Le premier, & le plus excellent est le Coing, de la couleur, & de la figure des nostres, mais orné d'vne couronne pour marque de son excellence, ce que les nostres n'ont pas : Et cette couronne n'est point comme celle de nos Grenades, sans aucun suc agreable, & comme la vaine parade d'vn ornement infructueux; mais pleine d'vn suc delicieux, & ressemblant à vne mammelle pleine, aboutie de sa fraise. Et outre cette espece de Coing remarquable pour sa couronne,on en void encore beaucoup d'autres sans couronne, qui ne luy cedent guere en saueur,& que l'on mange aprés les auoir dépoüillez de leur peau qui est en tous aspre, & mal plaisante au goust; excepté en vne seule espece qui excede les autres en grosseur,dont on n'oste que la premiere pellicule, & comme l'epiderme, le demeurant estant bon à manger, & qui a le goust de nos Pauies, ou de nos Pesches; & sert non seulement au plaisir du goust, & au rafraischissement du corps, mais encore

G à la

à la santé, quelque quantité que l'on en mange iusqu'à dix, ou douze à la fois: aussi se vendent-ils par tout à fort bas prix, pour estre fort communs, & abondans en tout le païs. La derniere espece de coings que l'on y treuue, & dont le peuple n'a guere d'vsage, pour estre fort rare, mais seulement les personnes riches qui en font leurs delices, est encore fort saine, & du goust de nos muscats, ne cedant point encore en grosseur aux derniers dont nous auons parlé.

Vne seconde espece de fruict de la couleur du coing, mais qui pour la figure ressemble à vne grosse pesche, & pour le goust retire à celuy de nos sorbes, quand elles sont bien meures, est en estime particuliere pour seruir de souuerain remede à la dyssenterie; à quoy sert encore, non seulement la chair, & la peau de la pomme, mais encore l'escorce, & la fueille de l'arbre.

Il y a de plus deux autres especes de fruicts qui ont le goust de nos cerises, mais l'escorce dure comme celle des chastaignes, & ont la chair blanche au dedans. Et de ces fruicts, principalement de ceux que les Chinois appellent *Lechi*, ils en tirent vne sorte de vin qui n'est point des-agreable.

On void enfin en ce païs vne espece de figues, qui ont le goust, & la figure des nostres, mais la couleur rougeâtre quand elles sont meures, molles, comme les nostres, & encore plus froides; quoy qu'estant encore vertes, & vn peu dures, ne laissent pas d'auoir bon goust. Ie ne voudrois pas asseurer que les nostres fussent meilleures, & plus sauoureuses; Neantmoins le Roy de Tunquin ayant vne fois mangé de celles d'vn figuier d'Europe, qui auoit esté planté en nostre jardin, les loüa grandement, & voulut que tout le fruict de l'arbre luy fust gardé.

Les Cannes remplies de miel, & de succre y sont fort communes; mais comme les Tunquinois n'ont pas l'art de purifier le succre, il y est tout noir; encore qu'il ne laisse pas pour la couleur d'estre estimé, & recherché, particulierement des Iaponois.

Des Animaux qui se treuuent plus communement au Royaume d'Annan.

CHAPITRE XV.

CE Royaume abonde en Cheuaux, de belle & nerueuse taille, bons à la main, & de si bonne nature qu'on les peut dresser, & rendre bien allans, en toutes les façons que l'on veut. Il nourrit encore quantité de bœufs grands, & massifs, dont la chair est fort bonne, & agreable au manger. La chair de Pourceau y est aussi extremement commune, bonne, & saine; de sorte qu'il ne se fait iamais de festin, mesme aux maisons de ceux qui n'ont pas de grands moyens, où il ne se tuë vn Pourceau, pour en traitter les conuiez. Les Busles y sont extraordinairement hauts, & releuez d'espaules, robustes, & grands trauailleurs; de façon qu'vn seul suffit à tirer la charruë, encore que le coutre entre bien auant dans la terre; & la chair mesme n'en est pas des-agreable, encore que celle du bœuf y soit plus commune, & meilleure.

Pour les Elephans, qui sont dans tout le Royaume

 d'Annan

d'Annan grands & puissans, y sont ordinairement amenez du Royaume voisin de Laos, où ils sont cheremẽt vendus aux estrangers qui les y vont achepter, & puis cheremẽt nourris, car vn seul despense plus que ne font dix hommes, en sa nourriture. Le Roy de Tunquin en nourrit enuiron trois cents, qui ne luy seruent que de fois à autre, & en partie, qu'à la pompe de son train quand il marche, & sort hors de la Ville: mais lors qu'il dresse vne armée de terre, il les y fait tous marcher, & entretient pour cela à grands gages les Maistres conducteurs qui les sçauent gouuerner. C'est merueille de leur docilité, & comme ils se laissent facilement appriuoiser à la conuersation des hommes, allants ordinairemẽt par la Ville sans offenser personne, & sans dommage d'aucun. Voire ils rendent vn seruice fort considerable aux habitans, quand le feu s'est pris dans la Ville en quelque maison, ce qui arriue fort souuent, à cause que toutes les maisons sont faictes de bois. Car alors on mene quelques Elephans pour abbattre les maisons voisines de celle qui brusle, & empescher la suite de l'embrasement qui seroit capable de desoler toute la Ville; si la violence du feu n'estoit arrestée par ce moyen. Ce qu'ils font auec vne promptitude, & dexterité merueilleuse: car sur le signe du conducteur à qui ils obeïssent, ils enleuent de la trompe le toict de la maison qui leur a esté monstrée, & puis renuersent, & abbattent à leurs pieds les murailles qui restent, sans outre-passer l'ordre, & le commandement qui leur a esté fait. Ie les ay veus quelquesfois ayants à passer sur vn pont de bois, bransler, & essayer les planches auecque leur muffle, pour sçauoir si elles

estoient

estoient capables de les porter ; & ayãts reconnu qu'elles n'estoient pas assés fortes, auoir cherché vn autre chemin, sans pouuoir estre contraints de passer sur ce pont. Il y en eust vn attaché à vne place de la Ville, contre lequel quelques enfans en ioüant tiroient des pierres, & puis se cachoient ; dequoy l'Elephant irrité amassa les pierres qu'il peut attrapper auec sa trompe qui luy sert de main, & ayant veu paroistre vn de ces enfans, luy en rejetta vne si droittement, & auec tant de roideur, que si l'enfant ne se fust habilement caché, & retiré derriere vne muraille, il l'eust grieuement blessé. On raconte de ces Elephans, & de leur docilité, beaucoup d'autres choses plus émerueillables que ie n'ay pas veuës, & ie ne dys rien icy, que ce que i'ay veu.

Du Rhinoceros, que les Portugais appellent *Bada*, ie n'ay veu que la teste d'vn, que l'on auoit recentement tué dans vn bois, laquelle deux puissans soldats auoient peine de porter sur les épaules, & que ie iugeay à la veuë deux fois plus grosse que celle d'vn grand Elephant. Ie mangeay encore de sa chair, qui me sembla plus delicate, & agreable au goust, que d'aucune autre venaison, ou gibier que i'aye iamais mangé. On tient que de cét Animal la Chair, la peau, les os, & principalement les dents, les ongles, & les cornes, seruent d'excellent Antidote à tous les venins.

Les Chasseurs prennent quelquefois dans les bois des Chats sauuages extremement noirs, & petits, desquels les Tunquinois font tãt d'estat, qu'ils en font aussitost present au Roy, & aux plus grands Seigneurs. Ils ont peu de Chévres, & point de Brebis. Ils n'ont aussi point d'Asnes, se seruans des Boeufs, & des Bufles pour les fardeaux plus lourds : Car pour les communs, & moins pesans, ceux qui sont du menu peuple, hommes, & femmes les portent suspendus à vn leuier sur les épaules.

Tout le Païs foisonne en volaille, principalement en Poules, que l'on y vend à fort petit prix, & ne sont pas differentes des nostres. Mais pour les Coqs ils sont deux fois plus grands, & de grands prix, pour le plaisir qu'ils donnent à ceux qui les font battre par ensemble ; ce qu'ils font asés souuent, les armant mesme d'allumelles, & de petites espées pour representer vn duël sanglant, comme si leurs armes naturelles ne suffisoient pas. Et a-t'on vendu quelquefois iusqu'à dix ou douze escus, l'vn de ces Coqs aguerry au combat. Ils ont des Colombiers comme nous, à nourrir des Pigeons. Les Tourterelles qu'ils nourrissent dans de grandes cages, y sont si communes que l'on en donne quinze, & vingt pour cinq sols.

Ils ont de plus tres-grande abondance de poissons, & à tres-vil prix, car les meilleurs, & les plus gros qui pesent dix, & douze liures à peine y coustent ils cinq sols. Et cette abondance prouient de la multitude des Ports, & des pescheurs qui sont en ce Royaume ; Estant certain que d'vne cinquantaine de Ports qu'on y compte, il sort tous les jours, (quand le Ciel le permet) plus de dix mille barques qui vont à la pesche. Aussi les alimens les plus communs en tout le Royaume sont le Ris, & le Poisson. Surquoy ie raconteray ce que le Roy de Tunquin me dit vn iour, m'ayant interrogé

de

de quelles viãdes on vſoit en noſtre Religion aux jours de nos jeûnes; Car luy ayant fait entendre qu'à tels iours nous nous abſtenions de la Chair, mais non du Poiſſon. En cela (repartit le Roy) vous trouuerez beaucoup de mes Sujets qui ne feront pas difficulté de viure comme vous, & de garder vos jeûnes : Mais i'ay peine de croire que vous trouuiez perſonne, qui veüille viure en chaſteté comme vous, & s'abſtenir des femmes. C'eſtoit le diſcours à rire que tenoit vn Roy payen, qui n'auoit point de connoiſſance de la vocation, & de la grace du Chriſtianiſme, en vn temps auquel à peine auoit-on jetté les premiers fondemens de noſtre Religion : Mais depuis que la grace de IESVS-CHRIST a fait de nouueaux Chreſtiens en ce Royaume, nous auons veu vn grand nombre de perſonnes, d'hommes, de femmes, de garçons, & de filles qui ſe ſont conſacrez à Dieu par les vœux de Continence, & de Chaſteté; Et pouuons nous compter dans ce nombre vne centaine de Catechiſtes, & d'Eſtudians qui ſe ſont courageuſement deuoüez au ſeruice diuin dans la profeſſion perpetuelle du Celibat, deſquels il y en a déja trois qui ont dedié cette nouuelle Egliſe par le ſang qu'ils ont courageuſement verſé pour la foy de IESVS-CHRIST; comme il ſera plus amplement dit ailleurs.

* *
*

Du

Du Traffiq, & des Marchandises des Tunquinois.

CHAPITRE. XVI.

LEs Tunquinois à peine exercent-ils aucun Traffiq hors du Royaume, pour trois raisons principales. La premiere, parce qu'ils n'ont pas l'art de la boussole, & du nauigage, ne s'éloignans iamais dans la mer de la veuë de leurs costes, ou de leurs montagnes. La seconde, parce que leurs vaisseaux de port ne sont pas à durer aux brisans des vagues, & contre les tempestes qui arriuent ordinairement en vn long voyage; les planches, & les pieces de bois n'estant point iointes, & attachées à cloux, ou à cheuilles, mais seulement auec certaines ligatures, qu'il faut renouueller tous les ans. Et la troisiéme est, parce que le Roy ne permet pas qu'ils passent aux autres Royaumes, où le Traffiq obligeroit les Marchands de s'habituer, ce qui diminueroit le tribut personnel qu'il tire de ses sujets. Encore qu'il enuoye tous les ans quelques Vaisseaux aux Royaumes de Cambogia, & de Siam, parce qu'ils ne sont pas beaucoup distans de Tunquin, & que les Vaisseaux ne font en ce voyage que costoyer la rade, sans estre obligez de faire canal, & de se ietter en pleine mer.

Toutefois sans sortir des contrées du Royaume d'Annan, qui ne comprend (comme il a esté dit) que le Tunquin, & la Cocinchine, les Marchands du païs y trafiquent

trafiquent si fort, pour la commodité, & la multitude des Ports qui y sont, & si auantageusement pour le profit, qu'ils doublent leur capital, deux ou trois fois dans l'année, sans courir les risques qui sont par tout ailleurs communs sur la mer. Certes dans toute la coste du Royaume d'Annan qui s'estend à plus de trois cents cinquante lieuës Françoises, on compte bien cinquante Ports, capables de tenir pour le moins dix ou douze grands Vaisseaux, où se déchargent quantité de riuieres; tellement que ceux qui nauigent peuuent toutes les nuicts se retirer dans quelqu'vn de ces Ports, sans estre presque iamais obligez de passer la nuict à l'anchre, à la mercy des perils qui ne manquent iamais sur la mer.

Et pour les Marchands estrangers, il est vray que les Iaponois, & les Chinois auoient en tout temps trafiqué dans les Ports d'Annan, pour y achepter de la soye, & du bois d'Aloës. Et les Chinois, mesme aujourd'huy continuent le trafiq, & y apportent leurs porcellaines, leurs toiles peintes, & beaucoup d'autres choses qui seruent à la recreation, & au luxe. Mais pour les Iaponois qui y apportoient autrefois force argent pour l'achept des soyes, & force espées auec toutes autres sortes d'armes à vendre, il y a des-ja plus de vingt-cinq ans qu'ils n'y paroissent plus; Le Roy du Iapon ayant étroittement defendu à tous ses sujets d'y exercer aucun commerce, sur la connoissance qu'il eut que les Chrestiens qui auoyent esté conuertis en son Royaume, depuis que la persecution y commença en l'an 1614. y alloient à si grandes trouppes, principalement au temps du Caresme, & hors de ce temps-là, trois,ou quatre fois l'année,pour s'y confesser à des Peres de la Compagnie, qui entendoient la langue Iaponoise, & receuoir la Communion, qu'ils remplissoient à chaque fois trois ou quatre Nauires ; Ce qu'ils faisoient librement sous le pretexte du commerce, & qu'ils auoient continué de faire prés de dix ans auec leur grande satisfaction, & consolation spirituelle : laquelle ce cruel persecuteur leur voulut oster, faisant defense sous peine de la vie à tous ses sujets de nauiger hors de leur païs, & à ceux qui auoient passé au Royaume d'Annan, de r'entrer au Iapon, de crainte que quelqu'vn n'y reuint auec l'ordre de la Prestrise pour l'exercer en ses terres. De sorte que par cette defense les peuples du Royaume d'Annan ont esté priuez de l'argent, & des autres commoditez temporelles que le trafiq des Iaponois leur apportoit; Et les Chrestiens du Iapon, de la frequentation des Sacremens, & des autres bonnes œuures qu'ils y prattiquoient plusieurs fois dans l'année auec leur proffit spirituel.

Des Monnoyes qui ont cours dans le Royaume.

CHAPITRE XVII.

ON ne forge point de monoye en ce Royaume, comme en celuy de la Chine, si ce n'est de cuiure. Car encore que les Tunquinois se seruent de l'or, & de l'argent au traffiq des marchandises plus importantes;ils n'vsent neantmoins point d'or,

ou

ou d'argent monoyé, forgé au coin, ou au moulinet; mais seulement taillé en pieces, ou en carreaux, apres auoir esté fondu dans le creuset. Et pour ce qui est des carreaux de l'argent dont ils se seruent, ceux qui sont employez au traffiq, sont ordinairement assés massifs, & de la valeur de dix escus; mais ceux de l'or sont beaucoup moindres en masse, & selon leur poids, de plus haute, ou basse valeur.

De plus pour ce qui est de l'argent, ils ne le prennent iamais qu'apres auoir esté essayé sur la pierre de touche, & au poids en cette façon; qu'ayant, par exemple, esté accordé entre les Marchands, que l'on donnera tant de liures de soye; c'est a sçauoir quinze, ou vingt, pour chaque piece d'argent valant dix escus; quand on vend la soye on pese à la balance les quinze, ou vingt liures de soye, & dans la mesme balance la piece d'argent, si elle est du poids qu'il faut, par exemple si elle pese vne liure; Ce qu'ils prattiquent commodement, & sans supercherie. Que si quelqu'vn doute de la bonté de l'or, ou de l'argent, il a droict de la rompre en menuës pieces, pour mieux le reconnoistre.

Les Monoyes de cuiure qui ont cours parmy les Tunquinois, sont de deux façons, grandes, ou petites. Les grandes sont communement receuës dans tout le Royaume, & y sont apportées la pluspart d'ailleurs, par les marchands de la Chine, & autrefois encore de ceux du Iapon. Mais les petites ne sont metables que dans la Ville Royale, & dans les quatre Prouinces qui sont autour; & non aux autres Prouinces du mesme Royaume, ny encore dans la Cocinchine: Ce qui a esté sans doute introduit depuis que ces quatre Prouinces principales furent separées des autres par la rebellion dont nous auons parlé cy-dessus. Et toutes ces monoyes de cuiure, grandes ou petites, sont polies, & rondes, auec l'impression de quatre characteres seulement d'vn costé, & toutes percées au milieu, pour pouuoir estre enfilées auec vne cordelette, comme s'en est la coustume; en sorte que dans chaque corde il en entre six cents, ou dix fois soixante, auec vne marque de distinction mise aprés chaque soixantaine. Ce qui leur est à vne grande commodité pour les porter aux bras, où sur l'espaule, quand ils vont au marché, ne se seruans point comme nous de bourses, mais seulement de ces cordes. Quant à la valeur de ces monoyes, à peine est elle iamais certaine, & constante, n'ayant de regle que l'abondance, ou la disette de l'argent qui se treuue dans le Royaume. Ainsi ces années passées, onze cents pieces de la grand monoye de cuiure, ne valoient qu'vn escu d'or; auquel temps trois des plus grandes pieces valoient autant que cinq des petites: Et en vn autre temps la valeur de ces pieces s'est treuuée bien differente, & plus haute, parce qu'il y auoit moins d'argent.

* *
*

Des

Des superstitions des Tunquinois, & de leur premiere Secte.

CHAPITRE XVIII.

LEs Tunquinois, comme les Chinois, sont communement diuisez en trois Sectes, qu'ils appellent *Tam iau*, dans lesquelles ces peuples quoy que grandement ingenus, & de bon sens, prattiquoient vne infinité de superstitions deuant que la lumiere du S. Euangile les eust éclairez; Mais depuis que la Foy Chrestienne leur a esté preschée, & que plusieurs d'entr'eux ont esté amenez à la connoissance de IESVS-CHRIST, ils ont aussi esté tirez de la confusion, & des tenebres de l'erreur où ils estoient enueloppez, & de la miserable seruitude à laquelle les Demons les auoient asseruis.

La premiere Secte, & la plus celebre, est celle qu'ils appellent *Dau nhu*, de laquelle ils font Autheur vn certain Confusius Chinois, qui viuoit en la Chine, selon leur Histoire, quasi en mesme temps qu'Aristote en la Grece, c'est à dire trois cents ans enuiron deuant la naissance du Sauueur. Et ce Confusius est appellé dés Tunquinois par excellence, & sans queuë, *Le Sainct*; mais en vain, & contre toute raison, comme ie les en ay vne fois conuaincus. Car, ie leur disois, ou cét homme, que vous appellez le Sainct, auoit quelque connoissance du grand Dieu, Createur du Ciel & de la Terre, ou non: s'il ne l'a point connu, il n'a pû estre Sainct; méconnoissant celuy qui est la source, & le principe de toute sainctеté; laquelle il ne communique aux creatures capables de raison, que par la connoissance, & par l'amour de sa diuine Majesté. Que s'il la connu, ayant fait profession d'estre le Docteur, & le Maistre des autres, il les deuoit instruire de cette connoissance qui estoit necessaire au salut. Et ne l'ayant pas fait, comme il appert de ses Liures, dans lesquels il n'y fait nulle part mention de Dieu, souuerain principe de tout, il ne peut point estre appellé Sainct.

Quand ie tenois ce discours dans nostre Eglise en presence d'vne quarantaine de sectateurs, & de disciples de ce Confusius, remonstrant aux nouueaux Chrestiens qu'ils ne pouuoient point l'appeller de ce nom, sans le prophaner, & sans blesser leur conscience, ie fus écouté d'eux auec grande satisfaction; non des Confusiens qui se treuuerent alors dans l'Eglise, qui se retirerent fort tristes, & confus, mais toûjours obstinez en leur ancienne erreur; excepté vn qui auoit amené les autres, lequel estant resté auec nous, sans vouloir suiure les autres, receut vne plus ample instruction des veritez Chrestiennes, & puis le Baptesme, auquel il fut appellé Iean, ayant mieux aymé estre disciple de IESVS-CHRIST, que de Confusius, auquel il auoit adheré iusqu'alors.

Il est vray que ce Philosophe Confusius, dans les liures qu'on a de luy, donne des instructions propres à former les bonnes mœurs: Comme quand il dit, Qu'vn chacun deuant toutes choses doit se corriger soy-mesme, & pour cela, se seruir de trois examens

tous

tous les jours, pour amender ses défauts : Qu'apres cela il peut porter ses pensées, & ses soins à regler, & reformer sa famille : & s'estant acquitté comme il faut de ces premiers deuoirs, & non deuant, passer à la conduite & au gouuernement de la Republique. Il traitte encore beaucoup de choses appartenantes au droict ciuil, au iugement des procés, & à l'administration de la Iustice, d'où vient que les Docteurs Tunquinois consultent ses liures auec autant d'estude, que les nostres sçauroient faire le Code, ou le Digeste. Il apporte encore, & éclaircit quelques maximes de la Politique, & du droict naturel ; En quoy il n'auance rien de contraire aux principes de la Religion Chrestienne, & qui doiue estre rejetté, ou condamné de ceux qui en font profession.

Mais quand il entreprend en l'vn de ses liures de parler du premier principe de tout, il tombe dans vn si grand desordre, & aueuglement d'esprit, & de discours qu'il n'est pas conceuable : Car il fait le premier principe corporel, & insensible, sans connoissance, sans raison, & sans Ame, incapable, & indigne de culte, & d'adoration ; Et cependant il veut que l'on rende des honneurs, & des respects religieux au Ciel, qu'il auouë estre sorty, & emané de ce premier principe auquel il les refuse. Et ces honneurs mesme il ne tient pas que tous indifferemment soient dignes de les rendre, mais seulement les Roys qui gouuernent les peuples ; comme si les deuoirs de la Religion n'estoient pas communs aux peuples, comme aux Roys. Et ce qui est encore grandement à blâmer en la doctrine, & aux liures de ce Philosophe, c'est qu'il ne fait

iamais

iamais mention de la vie eternelle, & de l'immortalité de l'ame : Voire il fait l'homme tout corporel, & s'il luy dõne vne ame, il ne la tiẽt que materielle, noyée dans la masse, & confonduë dans les organes, comme celle des bruttes ; Et il fait tellement perir tout l'homme par la mort, qu'il ne demeure rien de luy, les Elemens superieurs du monde receuant la dépoüille des parties les plus subtiles, & les inferieurs des plus grossieres. Ce qui tend manifestement à l'Atheisme, & ouure la porte à toutes sortes de vices ; ne laissant qu'vne vaine image, & que l'ombre, ou l'apparence de la vertu.

Et cependant les Tunquinois, grands, & petits, ont ce Confusius dans vne si haute estime, qu'ils le reuerent comme vn Dieu ; & impriment ce respect à leurs enfans depuis leur plus bas aage, car au premier iour que l'enfant entre dans l'eschole pour apprendre à connoistre les lettres Chinoises, le Maistre deuant que de le receuoir au nombre de ses Disciples, se mettant auec luy à genoux, luy fait la premiere Leçon de la façon auec laquelle il deuoit inuoquer Confusius, & implorer la faueur de son ayde, afin qu'il puisse auoir l'esprit clair, & facile à apprendre ce qui luy sera monstré, ce qu'ils appellent *Sang da*; c'est à dire, auoir le ventre clair. En quoy leur resuerie est encore plus tolerable, de se figurer, que les sciences, comme les viandes, sont receuës, & contenuës dans le ventre ; que de croire que d'vn hõme mort, & d'vn impie, ils peuuent attendre le don d'vn bon esprit. Les Docteurs mesme, & les gens de lettres sont tombez dans cette folie, quand ils vont se presenter aux examens pour receuoir

uoir le degré, d'addresser des Vœux, & des prieres à Confusius, pour en auoir vn bon succez; & quand ils l'ont receu, de se prosterner à terre deuant vn petit Autel qui luy est dedié, pour luy en rendre leurs actions de graces. C'est la folle superstition qui est en vsage parmy ces Payens: Mais les nouueaux Chrestiens reconnoissans IESVS-CHRIST, comme la souueraine Sagesse, & comme le Soleil de toutes les clartez, duquel partent les lumieres de tous les esprits, auec de tres-humbles adorations se prosternans trois fois deuant son image, luy demandent dez leur enfance le secours de ses graces pour l'heureux commencement, pour le progrez, & succez de leurs estudes; & à luy encore rendent-ils leurs actions de graces, pour les faueurs qu'ils tiennent en auoir receuës.

De la seconde secte superstitieuse des Tunquinois.

CHAPITRE. XIX.

LA seconde secte à laquelle la superstition des Tunquinois s'est attachée (qu'ils appellent *Dau thic*) a eu pour Autheur selon leurs liures, & leur tradition, le fils d'vn Roy des Indes, que les Iaponois appellent *Xaca*, les Chinois *Xechia*, & les Tunquinois *Thicca*, par quelque corruption de son nom: lequel ils disent auoir vescu mille ans enuiron, deuant la venuë de IESVS-CHRIST, & auoir eu pour Pere vn qu'ils nomment Timphan, qui regnoit en

 l'Inde

l'Inde vers le temps du Roy Salomon. Ce *Thicca* n'estant encore aagé que de dix-sept ans, se maria à vne ieune Princesse nommée Adudala, fille d'vn autre Roy de l'Inde, auec laquelle il vescut deux ans, & en eut dans ce temps-là vne fille, nommée Haula. Mais comme il auoit le naturel violent & malin, il s'adonna dés son tendre âge à la magie, & eut deux Demons familiers; desquels il prenoit toute sa conduite, & son instruction, qui luy conseillerent de se retirer dans vne solitude écartée, au desceu, tant de son Pere (qui en receut beaucoup de déplaisir) comme de sa femme qui fit de grandes plaintes de cét abandon. Apres cinq ans estant reuenu au Palais de son Pere, imbu de l'Atheisme qu'il auoit appris sous de si mauuais Maistres, il tascha de le répandre dans l'esprit de ses sujets. Mais comme la nature mesme par les premiers principes de la raison se rebutte de cette erreur, & a de la peine de secouër cette persuasion interieure, qu'il y a vne diuinité; c'est à dire vn premier estre, & vne cause superieure de tout ce qui ne peut tenir l'estre de soy mesme; Il ne treuua personne qui voulust adherer auec luy à ce sentiment, & se ioindre à sa suitte. Thicca donques fasché de se voir rebütté de son entreprise, s'aduisa par le conseil de ses Demons familiers d'vn autre pernicieux dessein, qui fut de semer certaine Histoire, & genealogie fabuleuse des Dieux, & sous la couuerture de ces fables, publier l'vsage des vices les plus monstrueux, & introduire la creance de plusieurs Diuinitez. Ce qui luy reussit en sorte, dans les quarante ans de son regne qu'il trauailla à cet impie dessein, que tant par son authorité, que par les illusions de sa magie, il establit,

&

& étendit par toute l'Inde le culte superstitieux des Idoles qui y estoit auparauant inconnu: Et pour mieux colorer l'erreur, & l'idolatrie publique qu'il auoit introduitte, laissa artificieusement au peuple le sentiment dont il estoit communement imbu, qu'il y auoit des recompenses au Ciel pour les gens de bien, & des supplices reseruez en Enfer pour les meschans. Ce fut par ce moyen que l'Idolatrie fut receuë dans l'Inde. Mais les Diables qui gouuernoient l'esprit de ce malheureux Prince, n'ignorans pas que l'Atheisme est pire, & plus pernicieux que l'Idolatrie, comme celuy qui fait planche à toutes sortes de vices, persuaderent à cét esprit impie de se dédire sur la fin de ses iours. Ce qu'il fit, non pas deuant le peuple, mais seulement deuant les plus ingenieux, & les plus malins de ses disciples, ausquels il declara que la doctrine des Idoles qu'il auoit enseignée durant quarante ans, n'estoit que pour amuser le simple peuple: Mais que dans la verité tout ce qu'il auoit dit, & enseigné, n'estoit qu'vn voile, & vne couuerture des secrets de l'Anatomie, dont il leur fit vne sommaire explication; n'ayant iamais entendu (disoit-il) par les figures des Idoles qu'il auoit exposées, que les cinq sens, & les principaux membres internes, & externes du corps humain. Ce qu'ayant dit, il mourut dans son impieté, & sa malheureuse ame alla receuoir le chastiment de deux grands maux dont il auoit esté l'Autheur; l'vn de l'Idolatrie dans laquelle le peuple trompé & enchanté des contes de ses fables, s'est ietté, & a depuis perseueré; & l'autre de l'Atheisme, duquel font encore profession les esprits les plus deliez, s'abandonnans sans crainte à toutes sortes de vices; cependant que le simple peuple abusé s'entretient craintiuement au culte de ses Idoles.

Or maintenant, comment le venin de la doctrine de ce Thicca, & les superstitions dont il fut l'Autheur passerent par contagion de l'Inde à la Chine; & par consequent à Tunquin, qui n'estoit comme nous auons dit, qu'vne Prouince de la Chine, il est mal aisé de le sçauoir au vray, la chose estant si ancienne. S'il en faut croire aux Annales des Chinois, ce fut par le moyen d'vn Ambassadeur Chinois, qui ayant esté enuoyé aux quartiers d'Occident par vn Roy de la Chine nommé *Hau min ti*, pour en apporter la vraye Loy, selon l'aduertissement que Dieu luy en auoit donné en songe; au lieu de passer en son Occident, suiuant l'ordre, & la commission qu'il en auoit euë, rebutté de la longueur du chemin, & des difficultez qu'il rencontra au commencement de son voyage, s'arresta en l'Inde; Et là s'estant addressé aux Brachmanes, & ayant eu communication du Liure, & de la doctrine de leur *Budda*, (c'est à dire) *le Sage*, qui est le nom qu'ils ont donné au Thicca dont nous auons parlé, il l'apporta au Roy de la Chine, qui fut le premier à introduire dans la Chine le culte des Idoles, deceu de l'imposture de son Ambassadeur, & de l'exemple du Roy la superstition en passa par imitation à tous les peuples de son obeissance; encore que les personnes lettrées & de bon iugement, ayant bien examiné au fonds la vanité, & l'insolidité de cette nouuelle doctrine, n'y voulurent point adherer.

De

De la veneration que les Tunquinois rendent aux Idoles.

CHAPITRE XX.

IL eust esté à souhaitter que les Tunquinois, à mesme qu'ils eurent secoüé la domination des Chinois, se fussent défaits des superstitions qu'ils tenoient, & qu'ils auoient apprises d'eux; Mais les principes de la Religion, soit bons, soit mauuais, principalement estant imprimez par vne longue accoustumance, ne s'effacent pas si aisément de l'esprit des peuples. Ainsi les Tunquinois apres s'estre retirez de l'obeissance des Chinois, retinrent leurs superstitions, & sur toutes celle de l'Idolatrie qui auoit esté apportée de l'Inde; voire ils l'ont depuis augmentée, & l'ont mise en plus haut credit, qu'elle n'auoit iamais esté parmy les Chinois. Estant vray qu'il y a auiourd'huy dans le Royaume de Tunquin vn nombre inestimable de Temples, & d'Idoles, n'estant point de petit Hameau qui n'ayt vn Temple d'Idoles, frequenté de la deuotion superstitieuse du peuple; encore qu'il soit sale, & mal tenu, pour l'auarice des Prestres qui y seruent, qui conuertissent toutes les offrandes à leur vsage, & de leurs femmes, & enfans, sans prendre aucun soin de l'ornement des Temples, & de la decence des simulachres de leurs Dieux.

Il est donc vray que deux fois le mois, c'est à sçauoir à la nouuelle, & à la pleine Lune, ce peuple Idolatre entre dans ces Temples sales, & enfumez, pour y reuerer ses faux Dieux, & leur rendre auec ses adorations, ses vœux, & ses offrandes. Ce qu'il obserue si religieusement, qu'à peine en treuuera-t'on vn, pour incommodé qu'il soit de moyens, qui n'y porte en ce temps-là son offrande, & la presente reueremment aux pieds de ces Idoles poudreux. Ce qu'ayant fait il se prosterne pour le moins quatre fois, le visage contre terre; & aprés (s'il n'est point accompagné) il fait sa priere, & sa demande, la commençant par la declaration de son nom, & de son païs, dequoy il faut qu'il croye que son Idole est ignorant. Que s'ils se treuuent plusieurs en compagnie, comme il arriue ordinairement, celuy d'entr-eux qui est de condition plus releuée, fait la priere au nom de tous à haute voix, à laquelle les autres ioignent leur adueu du cœur, qu'ils témoignent par la posture de leur corps. Cependant les Prestres des Idoles ramassent toutes les offrandes, qui demeurent à la disposition du premier, & principal Sacrificateur, sans qu'aucun luy demande compte de l'application, ou de la distribution qu'il en fait. Et il y a encore de riches possessions affectées aux principaux Temples, dont les Prestres ioüissent.

Toutefois on ne void point en ce Royaume de Communautez dressées de ces Prestres sacrificateurs, comme en la Chine; Mais chaque *Sai ou*, (ainsi appellent-ils le Prestre principal) habite dans vn appartenement ioint à son Temple, auec sa femme, & ses enfans, & auec les moindres *Sai*, qu'il a associez au seruice de ses fonctions, qu'il tient comme seruiteurs; & sont la plus-part de ceux qui se sont deuoüez pour

toute

toute leur vie aux Idoles. Pour les enfans du *Sai* principal, à peine les laisse-t'il iamais successeurs de sa charge, leur en ayant procuré durant sa vie quelque meilleure, qui est vn argument du peu d'estime que l'on fait en ce païs de la Prestrise; mais il nomme ordinairement pour successeur l'vn des sacrificateurs seruans, qu'il croid le plus propre pour s'aquitter de cette charge, & le plus zelé au seruice du Temple, & des Dieux.

Et ce nombre de Prestres seruans n'est pas seulement employé dans les Temples, mais encore aux funerailles des personnes riches, non pas pour la sepulture de leurs corps, qui appartient à d'autres, comme nous dirons; Mais pour les prieres publiques qu'ils font pour les morts au milieu des quarrefours,& des places, où ils dressent des autels auec vn appareil funebre, autour desquels s'estant rangez en deux chœurs, ils chantent toute la nuict vne plainte lugubre, auec des voix rudes, & mal concertées. On en a mesme ouy quelquefois chanter des prieres d'vn langage inconnu à ceux là mesme qui les chantoient, qu'ils disent auoir receuës par tradition de leurs Maieurs, dont on a sujet de croire que ce sont des prieres en vieux langage Indois, qui leur ont esté dés le commencement transmises auec la superstition

* *
*

De

De la troisiéme Secte des Tunquinois, & des enchantemens qu'ils prattiquent enuers les Malades.

CHAPITRE XXI.

CEtte Secte dont i'ay à parler, est la pire de toutes celles qui ont cours au Royaume de Tunquin, comme estant la plus familiere, & la plus attachée au seruice du Diable : Car tous ceux qui la reçoiuent font profession de magie qui les tient deuoüéz à cet esprit malin. On appelle celuy qui en a esté le premier Autheur *Lautu*, ancien, & insigne magicien, lequel a toûjours eu, & a encore vn tres-grand nombre de sectateurs, qui sont en credit auprés du Roy, & de toutes les personnes de condition qui sont dans le Royaume : Ce qui n'est pas merueille ; le Roy mesme, & les principaux de sa Cour s'estans laissez saisir l'esprit de cette maudite contagion. Et ce qui met encore cette secte en credit, ce sont les guerisons des maladies, ausquelles on a opinion qu'elle sert. Car encore qu'il y ayt dans le Royaume des Medecins assés capables de leur art, neantmoins les personnes les plus qualifieés ont accoustumé d'employer plus volontiers ces enchanteurs ausquels ils ont grande creance, se promettans plus confidemment la guerison de leurs charmes, que des rémedes de la Medecine.

Ainsi quand quelqu'vn est tombé malade, il enuoye aussi-tost à la place publique vn de ses domestiques, si le malade mesme n'y peut aller, pour demander à quelqu'vn des Sorciers de cette secte (& il n'y en manque iamais, principalement de pauures, & d'aueugles qui viuent de ce mestier) d'où, & de la part de qui est venu le mal duquel le malade est attaint.

Car ils sont dans cette folle opinion de croire, qu'il ne leur arriue point de maladie, que procurée par quelqu'vn de ses parens, ou ayeulx decedé, à qui ils ont manqué de rendre quelques deuoirs de pieté. Alors le sorcier iette quelque piece de monoye en l'air par ceremonie, comme pour prendre le sort, & sur ce, prononce auec asseurance, par lequel des deuanciers du malade, son mal luy a esté procuré, dequoy il est crû: Et sur son dire, comme prouenu d'vn oracle duquel il n'y a lieu de douter, le malade fait appeller dans son logis vn autre enchanteur, afin qu'il appaise par des offrandes, & des sacrifices celuy que le sorcier a declaré l'autheur de son mal. L'enchanteur pour cela ordonne que l'on prepare certaines bonnes viandes qui seruent à appaiser le parent trépassé: Et cependant fait dresser vn petit autel, sur lequel il iette le sort, pour sçauoir si la maladie sera mortelle, ou non. Ce qu'il prattique en cette façon; Il tuë vn poulet, & apres luy auoir couppé les pieds, il les iette dans vn bassin rempli d'eau boüillante, obseruant curieusement la posture, & la situation que prendront les ongles de ces pieds, desquels il prend les presages du danger de la mort, ou de la guerison. Et ayant prononcé du danger, il se prepare à appaiser les manes courroucez du defunct, l'inuitant sur le tard auec vne clochette à la table qu'il luy a fait dresser: Puis s'addressant au Demon, qu'il appelle son Roy, il implore son secours par des supplications impies contre celuy qu'il dit estre l'Autheur du mal que le malade souffre. Que s'il apprend que le mal empire, il s'eschauffe à chanter des imprecations contre ce parent defunct, & sonnant sa clochette quelquefois toute la nuict, étourdit de ce son importun le malade, & empesche entierement son repos. Et cependant faisant semblant que les manes du defunct sont suffisamment repeus de la fumée, & de l'odeur des viandes preparées, il les fait porter à son logis, où sa femme, & ses enfans auec luy proffitent en son temps les restes. Sur le matin il fait preparer vne petite barque faitte de cannes, & de carton, qui est portée sur le riuage de quelque fleuue voisin, en compagnie des domestiques du malade, & de quelques soldats armez de harquebuses, où par ordre de l'enchanteur les domestiques coulent la barque à fonds, comme pour submerger les manes du Trepassé; & les soldats déchargent trois ou quatre fois leurs bastons à feu, pour les épouuanter, & leur faire craindre le retour. Que si aprés cela, le malade (comme il arriue quelquefois) reuient à vne meilleure santé, l'enchanteur glorieux du succez ne manque point de l'attribuer à ses pouuoirs, & de demander bonne recompense de ses peines: Comme au contraire il se retire bien honteux, quand le malade meurt sans auoir receu aucun soulagement de ses inuentions. Ainsi qu'il arriua n'agueres en la mort du fils aisné du Roy, ieune Prince, tres-accompli, & de grande esperance, à qui le Roy auoit déja donné grande part dans le gouuernement, pour

l'y

l'y former sous ses yeux; A la maladie duquel les enchanteurs ayant en vain éprouué toute leur suffisance, & employé inutilement tous les secrets de leurs sortileges, voyans que son mal alloit toûjours empirant, ils aduiserent d'essayer vn dernier remede; qui fut de le faire porter à vne maison étrangere, & substituer vn autre dans son lict, contre lequel la mort deceuë tirast le coup qu'elle auoit preparé contre le ieune Prince: Mais la mort qui ne peut estre iamais ny forcée par la puissance, ny trompée par les artifices, l'alla trouuer dans ce lict étranger, & mit fin tout à la fois à sa vie, & aux plus belles esperances du Roy, & du Royaume.

Ie ne veux pas icy obmettre vne folle inuention dont ils se seruent quelquefois quand le malade est à l'extremité de la vie, ou surpris de quelque symptome dangereux, auquel il semble que l'ame fait effort sur le corps pour en sortir: Car alors ils font mettre en estat des Cheuaux harnachez, & prests à faire voyage pour receuoir l'ame à sa sortie; pendant que les amys qui entourent le lict élancent de pitoyables crys, appellans le nom du malade, pour arrester son esprit qui est sur le poinct de les quitter, iusqu'à ce qu'enfin il expire, & que son ame miserable est emportée, non sur les Cheuaux qu'ils auoient preparez, mais par les Demons en Enfer.

Ie dois encore icy adjouster que le sortilege dont ils vsent auec les pieds des poulets pour apprendre le succés de la maladie, est vniuersellement prattiqué presque en toutes les entreprises que font les Tunquinois, pour prendre les augures, & s'instruire quel en l'euenement. Ainsi s'ils doiuent faire voyage sur terre, ou sur mer, si faire la guerre, si se marier, si entreprendre quelque autre affaire importante quelle qu'elle soit; le sort, & la posture du pied du poulet leur estant presage d'vn bon succés, ils l'entreprennent auec courage, & sans apprehension; s'ils reconnoissent dans quelque mauuaise posture du pied vn presage mauuais, ils n'osent point passer outre, & brisent là leur entreprise. Ce qui incommode fort souuent leurs affaires. Ainsi que i'ay veu vne fois arriuer à l'vn de leurs Ports, où il y auoit vingt Nauires equippez, les voiles abbatuës, & prests à faire voyage; lequel les marchands Tunquinois n'oserent entreprendre deuant que d'auoir consulté le pied du poulet; qui n'estant pas treuué tourné de la bonne façon, leur fit changer de dessein, plier les voiles & arrester leur voyage. Mais en ce mesme temps me treuuant estre entré dans vne barque qui estoit preste à partir auec le bon vent qui s'estoit leué, nonobstant le mauuais presage du pied de poulet, duquel ie me mocquois, ie pressay le Patron (qui tout Payen qu'il estoit auoit de bons sentimens de nostre Religion) de faire voile, sans perdre l'occasion du beau temps qui l'inuitoit à partir: Ce qu'ayant fait, nous allasmes à toute faueur du bon vent, & abordasmes heureusement le mesme iour au Port que nous auions pretendu; où c'est que les Nauires des marchands, (s'estant leué le lendemain vn temps grandement fascheux) ne peurent partir de quinze ou de vingt iours, les vagues demeurant pendant tout ce temps hautes, & les vents impetueux, ce qui n'incommoda pas peu leurs affaires, & les obligea de faire reflexion sur la

vanité

vanité de leurs sortileges, & sur la folie de la creance qu'ils y ont.

Des ceremonies que les enchanteurs Tunquinois prattiquent pour les Morts.

CHAPITRE XXII.

IL y a dequoy s'esbahir de la stupidité des Tunquinois, en ce qu'ayant esté abusez des enchanteurs en la guerison de leurs parens, & de leurs enfans malades, ils ne laissent pas de les employer apres leur mort, & de souffrir qu'ils continuent de prattiquer enuers eux leurs folles superstitions. Donc quelque temps aprés le decés du malade, l'enchanteur auec la famille desolée du defunct; se rend dans la maison d'vne Pythonisse qui est apostée à sa deuotion; où cette sorciere par quelques inuocations de magie ayant appellé le Demon sous le nom du Trépassé, pour venir reconnoistre, & consoler sa famille qu'il a laissée dans le dueil, le Demon entre subitement dans le corps de la Pythonisse (Dieu le permettant ainsi en peine de l'infidelité de ce peuple) & l'agite de furieux mouuemens, faisant paroistre son visage, tantost rouge comme vn fer enflammé, tantost pasle, & de couleur de suif; & puis affreusement noir, pour témoigner le vilain hoste qui la possede. Aprés quoy le Demon contre-faisant la voix du defunct, appelle quelqu'vn de la famille de son propre nom, & luy parle de quelque affaire, de laquelle ils auoient auparauant traitté par ensemble, & luy confirme là dessus ses sentimens; ou luy en ouure de nouueaux pour l'execution. Ce qui met en larmes, & en admiration toute la famille qui se prosterne à terre, pour reuerer l'esprit de celuy qu'ils auoient oüy, & veu n'agueres parmy eux, & qu'ils croyent estre present. Dont en suitte ils luy font diuerses questions, ausquelles le Diable respond obscurement, & auec des Amphibologies qui les laissent en peine: & n'oublie pas en faueur du magicien, & de la sorciere ses bons amys, de demander des viandes desquelles il feint d'auoir appetit, qui sont aussi-tost apportées pour la satisfaction qu'ils croyent donner au defunct. Que s'il arriue quelquefois que le Demon ne parle point par la bouche de la Pythonisse, elle neantmoins, se demenant alors furieusement auec d'affreuses grimaces, debagoule beaucoup de choses en la personne du defunct, selon l'instruction qu'elle a receuë de l'enchanteur; demande ce qu'il luy plaist, & est obeye, & écoutée auecque respect comme si le defunct estoit en presence.

Il y a encore vne autre façon auec laquelle ces sorciers par l'illusion du Demon abusent le monde; faisant apparoistre le defunct dans vn miroir enchanté, voire le faisant parler, & demander ce qu'il desire. Ce qui reussit vne fois tres-mal, & à la grande confusion d'vne Pythonisse qui auoit entrepris de faire ce charme: Car deux soldats Chrestiens l'en empescherent par leurs prieres, & par la vertu de la Croix qu'ils portoient dans leurs manches. Et quoy que cette sorciere se trauaillât toute la nuict à inuoquer son Demon, & à l'appeller à son ayde; les deux Chrestiens au contraire ne cessans toute

toute cette nuiƈt de prier Dieu, qu'il empeſchaſt le Demõ d'agir en cette occaſion, afin que l'imposture de la ſuperſtition demeuraſt ſans effet; & la ſorciere confonduë, ils obtindrent de Dieu ce qu'ils demandoient, la force de la priere ayant preualu à celle du charme.

Vn pareil effet arriua vne autrefois en vne place publique, où beaucoup de peuple eſtoit aſſemblé pour eſtre ſpectateur d'vne operation de magie qu'vn celebre enchanteur y auoit accouſtumé de faire à la veuë de tout le monde, qui eſtoit de faire marcher par la place vne ſtatuë d'homme faitte de cannes; & ſauter vne grande pierre que pluſieurs hommes enſemble n'euſſent pû remuer. Car vn ieune Chreſtien appellé Matthieu paſſant par cette place, touché au vif de l'erreur, & l'enſorcellement de ſes Patriottes, ſe confiant au pouuoir de IESVS-CHRIST, & à la vertu de ſa Croix qu'il portoit deſſus ſoy, ſe mit à exorciſer ſecrettement le Demon que l'enchanteur vouloit employer à cet effet; & luy commanda de la part du Sauueur qui l'auoit vaincu ſur la Croix de ſe retirer en Enfer, & de ne tromper plus le monde par ſes impoſtures. A quoy il fut force au Demon d'obeïr, pendant que le magicien faiſoit ſes inuocations deuant ſon autelet; & ne ſentant point la preſence, & la vertu de ſon Demon, ſe tournoit à toutes mains en fanatique, & ſe mettoit en toutes poſtures, tantoſt debout, tantoſt à genoux, & tantoſt proſterné à terre, preſſant en toutes façons l'eſprit qui l'auoit quitté de venir à luy. Ce que n'ayant pû obtenir durant trois ou quatre heures qu'il continua iuſqu'à la nuiƈt en ces mommeries, faſché, & à demy enragé de ſe voir mocqué du peuple, renuerſa par dépit ſon

son autel, maudit son art, & son Demon qui l'auoit abandonné au besoin, & se retira confus à son logis. Ce que le bon Matthieu vint raconter tout glorieux, & triomphant d'aise à nos Peres, qui l'aduiserent de s'humilier, & de tenir secrette la grace que Dieu luy auoit faitte, ne diuulguant point ce qui auoit esté fait, de crainte que les Payens n'en prissent occasion d'vser de quelque mauuais traittement enuers les Chrestiens.

De plusieurs superstitions prattiquées aux funerailles, & à la sepulture des Morts.

CHAPITRE XXIII.

IL n'est peut-estre point de nation en toute la terre habitable qui ait rendu plus de deuoirs, & plus respectueusement aux ames, & aux corps des Trépassez, que les Peuples du Royaume d'Annan. Ce que ie diray desormais en fera suffisante foy.

Quand quelqu'vn a rendu l'ame, ils obseruent communement trois choses pour honorer le corps du defunct. La premiere, qu'ils font recherche du plus somptueux cercueil qu'ils peuuent treuuer selon leurs moiens, pour enfermer le corps; iusques là que les plus riches en acheptent à haut prix de bien trauaillez, dorez, & peints auecque beaucoup d'artifice.

La seconde est, qu'ils taschent au iour des obseques de faire honorer le conuoy de la plus belle compagnie qu'ils peuuent assembler. Car outre les parents, les alliez

alliez, & les amys qui n'y manquent iamais, ils y inuitent tous les habitans du lieu, dont la plus grand part s'y trouuent, auec le Magistrat qui le fait d'office enuers qui que ce soit originaire du lieu. Que si le defunct portoit qualité de noble, l'assemblée est grossie des habitans des lieux voisins. Et si c'estoit vn Magistrat, ou vn Capitaine, les compagnies des soldats pour honorer la pompe funebre accompagnent le corps auec leurs enseignes, & tout leur equipage ordinaire de guerre. Et presque en toutes les funerailles, ils ont accoustumé de faire paroistre à la teste du conuoy vne grande banniere de soye d'enuiron cinquante palmes de hauteur, que quatre puissans hommes ont peine de porter, dans laquelle est écrit en lettres d'or le nom du Trépassé, les honneurs, & les charges qu'il a euës durant sa vie, & vn eloge abregé de ses plus belles actions. Les enfans, s'il y en a de viuans, & la femme marchent deuant le corps, en habit de dueil, publians plaintiuement les biens, & les caresses qu'ils ont receuës du defunct: Ce qu'ils font auec des contenances si tristes, & vne voix si lamentable, accompagnée de gemissemens, & de larmes, qu'ils émeuuent tout le monde à pitié. Iusques là mesme que se tournans quelquefois vers le corps du defunct, ils se iettent à terre, comme pour se laisser fouler aux pieds de ceux qui le portent. Et en la façon que i'ay ditte, toute la pompe du conuoy marche iusqu'au lieu destiné à la sepulture, qui est souuẽt éloignée de plusieurs milles de la Ville.

La troisiéme chose en laquelle tous les peuples du Royaume d'Annan vsent de beaucoup de superstition, sans y épargner aucune despense; c'est à choisir vn lieu propre pour la ſepulture de leurs Parents, dequoy ils eſtiment follement que depend toute la bonne fortune de la famille pour les biens, pour les honneurs, voire pour la ſanté du corps. Et pour faire ce choix ils employent certains impoſteurs, qui ſont des entendus en l'art d'vne particuliere Geographie, qu'ils appellent *Dia li*, leſquels contournans diuerſement la bouſſole dans vne campagne, & y appliquans quelques autres inſtrumens de Mathematique, auec le meſme empreſſement que s'ils cherchoient vn threſor, feignent enfin d'auoir treuué le lieu propre pour la ſepulture du defunct, au grand contentement des heritiers qui ne les laiſſent pas ſans recompenſe, & qui ſe mettent auſſitoſt en deuoir de preparer, & bien accommoder le lieu deſtiné ſous les ordres, & la conduite du fourbe qui la trouué. Ou (pour faire encore valoir ſon meſtier) il deſigne auec ſes inſtrumens l'endroit où doit eſtre la teſte, & celuy que les pieds doiuent regarder, afin que le defunct repoſe plus doucement, & ne vienne point inquieter ſes enfans. Or encore que ceux qui ſont du commun du peuple ne ſe mettent point en ſoucy de loger la ſepulture de leurs parens en des lieux ſecrets, & éloignez des chemins publics: Neantmoins les perſonnes de qualité y font grande conſideration, ſur l'apprehenſion qu'ils ont que quelqu'vn de leurs ennemys, ayant fait iniure au corps de leurs parens, ils ne s'en vangent ſur leurs enfans, qui n'ont pas pris le ſoin de les en garentir.

C'eſt neantmoins vn crime iuſticiable parmy eux, & puniſſable de grieues peines, ſi quelqu'vn a violé en quelque façon que ce ſoit le ſepulchre d'vn mort, encore

encore qu'il soit exposé en lieu public: Ce qui est bien loüable en eux: Comme encore le soin qu'ils prennent de retirer les corps de leurs Parens qui sont decedez hors de leur Patrie. Ce que les plus nobles, & les plus riches executent sans delay, & auec l'appareil le plus honorable qui leur est possible. Le reste du peuple s'aquitte de ce deuoir sans faillir, pour le moins apres les trois ans de dueil. Car c'est la coustume inuiolable parmy tous ceux de cette nation que les enfans ne quittent point le dueil de leur Pere, ny la femme de son mary que trois ans ne soient passez depuis le decez. Et pour les marques du dueil encore qu'il y en ayt de differentes, & d'extraordinaires en l'habit, l'ordinaire neantmoins, & celle qui est commune à tous, est en la cheuelure. Car les hommes qui sont hors du dueil portent les cheueux de deuant couppez en demy rond sur le front, au temps du dueil, ils les laissent croistre iusques sur les yeux, ce qui les incommode assez. Et au contraire les femmes vefues en signe de dueil se coupent vne partie de leurs cheueux, & les empeschent de croistre, durant les trois ans de leur dueil, qui est encore le temps de leur veufuage, leur estant defendu sous grieues peines de se remarier durant ce temps-là, qu'ils appellent *le temps des cheueux*. Lequel estant expiré ils font l'ouuerture du Sepulchre de leurs morts, & apres auoir parfumé les ossemens de bonnes odeurs, & les auoir enueloppez en des linges blancs, ils les remettent dans vn plus petit cercueil, qu'ils enferment dans le mesme sepulchre où ils estoient auparauant; ou si le defunct estoit mort en vne terre estrangere, ils les emportent pour les mettre reposer en la terre de leur

Patrie. Que si apres tous ces soins, il leur arriue quelque mal-heur en leur personne, ou en celle de leurs enfans, & que les enchanteurs dont il a esté parlé cy-dessus, en fassent oster celuy qui est decedé; Ils ouurent derechef le sepulchre, & le cercueil où ils auoient remis les os, & prennent de nouueaux soins à les bien ajancer, pour les faire plus doucement reposer, & à regarder de prés s'il y auroit point quelque petite pierre qui incommodast leur repos, & pour cela les tint de mauuaise humeur enuers leurs enfans.

Des Festins que les Particuliers, & le Roy mesme, dresse à la memoire des Morts.

CHAPITRE XXIV.

L'Vne des superstitions la plus commune, & la plus attachante qu'obseruent ceux de cette nation sous ombre de pieté, c'est celle du festin qu'ils dressent à la memoire de leurs parens defuncts, & qu'ils appellent *Gio*, dont l'vsage est fondé en trois grossieres erreurs. La premiere, qu'ils croyent que les ames de leurs parens sont dans la liberté de venir quand il leur plaist dans la maison de leurs enfans, ou quand ils y sont appellez; Ignorans les barrieres eternelles qui separent ces ames criminelles d'auec nous. La seconde, qu'ils se persuadent follement, (ce que S. Augustin reprenoit, & condamnoit de son temps) que les Trépassez se repaissent de nos viandes, & se plaisent à nos festins.

festins. D'où vient qu'ils ont accoustumé de leur preparer vn banquet funebre le plus somptueux qu'ils peuuent, auquel l'aisné des enfans, & l'heritier de la maison, quand la table est seruie, fait vn compliment respectueux à son Pere, comme s'il estoit present, en ces termes. *Vous soyez le bien venu dans vostre maison (mon tres-honoré Pere) & où estes vous demeuré si long-temps absent, & éloigné de vos chers enfans qui vous ont de si grandes obligations, que vous auez nourris, éleuez, & instruits auec tant de soins, à qui vous auez amassé quelques commoditez auec tant de peines? Toute nostre consolation, & nos plus grands desirs sont de vous sçauoir plus souuent parmy nous, & de vous y rendre tous les deuoirs ausquels vos bontez nous ont obligez. Agréez, s'il vous plaist, ce maigre traittement que nous vous auons preparé de bon cœur, en tres-humble reconnoissance de vos biens, & pour nous soulager aucunement du dueil qui nous reste de vostre absence.* Ce qu'ayant dit, & luy, & toute la famille se iettent à terre auec de grands gemissemens, pour faire la reuerence au defunct, comme s'il estoit present, l'inuitant de se mettre à table, & de prendre sa place pour manger auec eux. Ce qu'ils s'imaginent qu'il fait, & comme ils sont dans vne troisiéme erreur plus absurde, que ne sont les deux autres, & qui tient du blaspheme, que la vie, la santé, le repos de la famille; & toute la prosperité temporelle de la maison depend de leurs parens Trépassez; A la fin l'heritier supplie son Pere, au nom de ses Freres, & de tous ceux qui sont dans la maison, qu'il n'oublie point ses enfans, & les soins de sa famille, & qu'il donne à tous bonne santé, longue vie, & abondance de biens. Aprés quoy toute la famille se met à genoux, le front abbaiſſé contre la terre, comme pour receuoir la benediction du defunct.

Cette ceremonie eſt renouuellée pluſieurs fois durant le temps du dueil, & principalement au iour anniuerſaire du decez. A quoy ſi l'heritier auoit manqué, il ſeroit tiré par les parens en Iuſtice, & infailliblement priué de l'heritage, pour l'ingratitude dont il auroit vſé enuers celuy qui le luy a laiſſé. Et ce deuoir eſt encore eſtimé ſi iuſte; que ſi le Roy auoit donné (comme nous auons dit cy-deſſus) quelques places, & leurs reuenus aux Capitaines, & aux autres perſonnes de qualité en recompenſe de leurs bons ſeruices, le don en eſt continué à la veufue, & aux enfans pour les trois ans du dueil, afin qu'ils ayent moien de faire ces feſtins à l'honneur de leurs parens Trépaſſez, ou non ſeulement ceux du parentage, mais encore les ſoldats du defunct doiuent eſtre inuitez.

Le Roy meſme qui regne auiourd'huy obſerue cette ſuperſtition enuers ſon Pere decedé, auec des excez qui ne ſont preſque pas croyables. Car il a dreſſé dans ſon Palais vne ſale magnifique en forme de Temple plus grandes que pas vn des Temples qui ſont en tout le Royaume, à deſſein d'y honorer l'eſprit de ſon Pere: où il fait bruſler tous les iours des parfums, & couurir ſomptueuſement la Table de viandes, auec les meſmes ceremonies que s'il eſtoit en vie; A quoy il a nommé vn Officier particulier, qui y ſert ordinairement de Maiſtre d'hoſtel, & aſſigné vn reuenu conſiderable, pour la deſpenſe annuelle qui s'y fait. En quoy il a eſté imité de quelques Seigneurs de plus haute qualité, qui ont des chambres dans leurs

maiſons

maiſons où ils honorent de pareille deuotion ſuperſtitieuſe, quoy qu'auec moins de deſpenſe, & de ceremonie l'eſprit de leurs parens. Et en trouue-t'on encore parmy le peuple qui ont toûjours quelque recoin ſeparé dans leur logis, qu'ils viſitent de fois à autre auec reſpect, où ils croyent reſider actuellement l'eſprit de leurs Peres.

Outre ces repas ordinaires que le Roy veut eſtre preparez tous les iours à l'eſprit de ſon Pere. Il en fait vn extraordinaire chaque année en ce meſme lieu, a la ſolennité duquel on accourt de tout le Royaume, comme auſſi de toutes parts les ſujets ſont obligez d'y apporter des preſens de viandes pour fournir les Tables, ou de contribuer quelque choſe à l'exceſſiue deſpenſe qui ſe fait à ce feſtin. Et encore que la couſtume commune à toute la nation ſoit de manger en des Tables baſſes, & rondes, qu'ils eſleuent, quand c'eſt pour les morts, de quelques palmes ſur la terre, plus ou moins ſelon l'appareil du feſtin. Toutefois au repas ſolennel qui eſt preparé de magnificence royale à l'honneur du Roy defunct, toutes les Tables qui y ſont dreſſées en bel ordre, & en grand nombre, ſont d'vne grandeur démeſurée, fort larges, & hautes de douze ou de quinze palmes, peintes, marquettées, & ornées en diuers endroits, de platines d'or enchaſſées dedans le bois. Et pour les viandes dont elles ſont chargées, la varieté, & la quantité de la volaille, & de la venaiſon qui s'y trouue, eſt ineſtimable. Outre que chaque Table a ſon veau gras entier, & ſon pourceau roſty ; ſans parler des friandiſes de toutes façons precieuſement compoſées, & ſemées par toutes les Tables. Vne choſe

y a-t'il

y a-t'il en effet tres-ridicule en tout cét appareil; C'est, que de ce grand nombre de tables, il y en a quelques vnes qui ne sont chargées que de pieces de carton dorées, & argentées, lesquelles ils se figurent follement deuoir estre conuerties en vray or, & en vray argent, pour la commodité du defunct, quand elles auront esté mises au feu.

Tout ce pompeux, & superbe festin estant mis en estat dans la vaste salle dont nous auons parlé; Le Roy y entre auec toute sa famille, accompagné des principaux de sa Cour, & de ses Capitaines, où il prattique enuers l'esprit de son Pere la ceremonie commune que nous auons décritte cy-dessus. Aprés laquelle il se retire pour laisser à son Pere la liberté de prendre sa refection des viandes qui ont esté seruies. Et comme s'il estoit repeu à suffisance, le Roy reuient le lendemain au mesme lieu pour faire la distribution de ces seruices, premierement aux Gentils-hommes, puis aux soldats, & le reste au menu peuple; de sorte qu'il est peu de personnes en toute la Cour, excepté les Prestres (qui s'en abstiennent, comme de viandes immondes) qui n'ayt quelque part en cette distribution.

Il en fait dans l'année d'autres moins solennels, selon la coustume obseruée par les personnes de condition, à l'honneur de l'Ayeul, du Bisayeul, & de tous les deuanciers, du costé tant du Pere, que de la Mere, iusqu'à la huictiéme generation, à chacun desquels son iour est assigné. Et parce qu'il est difficile au peuple de tenir vne assignation certaine de ces iours, il y a deux mois dans l'année, le septiéme, & le dernier qui sont destinez pour tous ceux du peuple, à celebrer la memoire

moire de leurs parens defuncts, à quoy personne ne manque. Ce qui deuroit faire honte aux Chrestiens, qui sont moins soigneux de rendre ces deuoirs de pieté, & de charité aux ames des Trépassez, à qui leurs suffrages peuuent beaucoup seruir, que ne sont pas les Payens à prattiquer inutilement leurs superstitions pour le repos de leurs parens decedez.

De quelques autres superstitions prattiquées enuers les Trépassez.

CHAPITRE. XXV.

LEs extraordinaires sentimens d'affection, que les Tunquinois conseruent pour leurs parens defuncts en l'excessiue despense qu'ils font aux honneurs qu'ils leur rendent, non seulement affoiblit leurs moyens, mais les oblige souuent à incommoder leurs maisons de debtes, pour auoir dequoy fournir aux frais que la coustume, & la bien-seance requierent, non seulement en festins, mais encore en beaucoup d'autres ceremonies; autant inutiles, que friuoles, dont l'vsage commun ne leur permet pas de se dispenser. Comme c'est de dresser auec grande curiosité des maisons, & des meubles de mesnage, le tout fait de cannes, & de cartons peints, & puis y mettre le feu; dans cette folle persuasion que les Trépassez, pour qui cét appareil auoit esté dressé, trouueront de belles maisons, & vn riche ameublemét à leur vsage, en l'autre móde où ils sont

 allez.

allez. Auec pareille folie sur la fin de chaque année, ils acheptent des habillemens de toutes façons, faits de papier peint, & puis les mettent au feu; auec cette ridicule imagination, qu'ils se changeront en robbes neufues, & de riche étoffe, pour leur seruir au renouueau de l'année. C'est aussi dequoy nous auons souuent pris sujet de declamer en public contre leurs superstitions, & de nous mocquer de cette coûtume ridicule qu'ils ont d'enuoyer à leurs parens des robbes de papier, desquelles il n'y a point de pauures gueux qui voulut se seruir. Et pour ce qu'ils disent qu'elles se changent dans le feu. [Ouy certes leur repliquons-nous, elles se changent, partie en cendres, & partie en flamme: Laquelle donc des deux parties leur enuoyez-vous, celle de cendre, ou celle de flamme? Si celle de cendre; ils auront froid sous la cendre: si celle de flamme; ils brusleront sous vn habit si chaud. Mais, à vous dire ce qui est, vous leur enuoyez vne robbe de flamme, qui augmentera celle dont ils bruslent en Enfer, pour vous auoir appris ces folles superstitions. Vous feriez beaucoup mieux, (au cas que les ames de quelques vns de vos parens souffrent pour leurs pechez dans les flammes du Purgatoire, & soyent en voye de salut) de donner liberalement des robbes aux pauures, & de couurir leur nudité, à ce que Dieu agreant vostre charité bienfaisante, comme faitte pour son amour, la conuertisse en rafraichissement des peines que vos parens endurent.] Et cét aduis opera si efficacement sur l'esprit, non seulement des Chrestiens, mais encore de quelques vns des Payens, que les pauures en profiterent: En sorte que l'vn d'eux a confessé depuis, auoir

receu.

receu en aumosne dans vne année iusqu'à vingt-huict robbes, desquelles on luy conseilla de faire part aux autres pauures.

Or encore (ce qui est vne sorte de pieté déguisée d'vne belle apparence) estendent-ils leur soin, & leur superstition à procurer du soulagement, non seulement aux ames de leurs parens, mais encore de ceux qui n'ayant point laissé d'enfans, ny de proches parens, sont comme abandonnez de tout secours, qu'ils appellent *Cu hon.* Car la pluspart des Tunquinois ont encore accoustumé à la sixieme Lune, qui tombe enuiron nostre mois de Iuin, de brusler des robbes peintes, qu'ils pensent (dans leur metamorphose imaginaire) pouuoir seruir à l'vsage de ces pauures abandonnez. Il y a deplus vne plaisante coûtume receuë dans les Colleges en faueur de ces ames vagues; que tous les escholiers deux fois le mois, à la nouuelle, & pleine Lune, vont à trouppes par la Ville faire la queste pour elles, laquelle est conuertie à achepter quantité de ris, duquel ils preparent certaine boüillie, & apres en auoir vn peu mangé, épanchent le reste sur les toicts des maisons, s'imaginans que ces ames y prendront encore quelque refection. Et apres cela ils dressent vn petit autel dans leur eschole, deuant lequel ils demandent à ces ames, bon esprit pour apprendre, & se rendre sçauans.

Outre ces ceremonies, & superstitions communes, dont nous auons parlé iusques icy, les personnes qualifiées en prattiquent de particulieres de plus grande despense, qui ont neantmoins du rapport auec celles du commun. Ainsi quand quelque personnage d'authorité & de moyẽs est decedé, les heritiers luy dressent vn Palais en pleine campagne de matiere legere, & combustible, mais par tout peint, enjoliué, & historié de figures; & tout autour des tables, des licts, des buffets, & autres meubles de maison; & auec ce quantité de figures en relief de mesme matiere, qui representent des Elephans, des Cheuaux, des Chiens, des Chats, & semblables animaux domestiques : à quoy ils employent de grandes sommes d'argent, s'estant quelquefois treuué de ces figures qui coustoient dix, & douze escus, & toute la despense de cette folle representation montant souuent à plus de mille escus, laquelle toutefois (ce qui est tout à fait digne de mocquerie, ou d'indignation) n'est destinée que pour le feu. Car tout cét appareil estant acheué, à la sortie d'vn repas solennel, auquel sont inuitez les Musiciens, & les joüeurs de flûte, les Prestres des Idoles, & les Enchanteurs, l'heritier y fait mettre le feu, sur la creance commune dont il est abusé, & qu'il est mal aisé d'arracher de l'esprit des grands, & des petits, que l'ame du Trépassé treuuera toutes ces commoditez en meilleur estat au monde nouueau, où elle est allée.

* *
*

Auec

Auec quelles ceremonies le Roy de Tunquin celebre le iour de sa naissance.

CHAPITRE XXVI.

QVelque temps deuant qu'arriue le iour natal du Roy, on luy apporte des presens de toutes les Prouinces de son domaine, pour fournir le grand nombre de tables qu'il fait dresser dans son Palais, & seruir au festin solennel qu'il fait à tel iour à tous les Capitaines, & soldats de sa milice, qui s'y presentent sans faillir en bel equipage, habillez de casaques neufues, pour prester selon la coustume le serment de fidelité qu'ils doiuent au Roy.

La ceremonie principale qui se prattique au iour de cette naissance, est fondée sur vne commune erreur de la Philosophie des Tunquinois, qui estiment que chaque homme, outre les trois ames qu'ils luy donnent, & qu'ils appellent *Ba hon*, qui animent en confusion le corps où elles resident, & a de plus sept esprits, qu'ils logent dans ce mesme corps, sans qu'ils leur assignent leurs propres appartemens, comme nous faisons aux esprits vitaux, & animaux, & sans qu'ils les distinguent de nom, les appellant d'vn nom commun à tous *Bai via*. Tellement que lors que quelqu'vn a esté surpris d'vne grande frayeur par quelque accident inopiné, ils disent qu'il a perdu vn esprit : Et parce que les femmes, comme plus peureuses que les hommes, sont aussi sujettes à perdre plus souuent quelqu'vn de ces esprits, ils leur en assignent neuf, qu'ils appellent *Chin via :* encore que pour vne autre raison ils donnent aux femmes vn plus grand nombre d'esprits qui seruent à leur conseruation, parce qu'ordinairement elles viuent plus que les hommes, & que les vieilles femmes durent plus que les hommes vieux.

Mais pour le Roy, ils sont dans cette réuerie de croire qu'à chaque année au iour de sa naissance, il reçoit vn nouuel esprit, qui succede à vn de ceux qui a esté affoibly, ou épuisé par les soins du gouuernement dans le cours de l'année passée. Pour cela à la pointe du iour, & deuant le leuer du Soleil, l'vn des Chariots du Roy sort vuide hors de la Ville en compagnie d'vn grand nombre de soldats armez, & de peuple qui le suit; & estant arriué en quelque belle campagne egayée d'arbres, & de verdure, il s'arreste au milieu, pendant que les soldats, & le peuple épandu aux enuirons, s'occupent à l'enuy à cueillir des fleurs de la saison, & à coupper de beaux rameaux, & des branches verdoyantes, qu'ils ajancent apres fort proprement tout autour du siege du Roy, ornant tout le Chariot de festons, de guirlandes & de verdure. Ce qu'ayant fait, ils ramenent le Chariot en bel ordre, & comme en pompe de triomphe, auec cette imagination que le nouuel esprit du Roy y est porté dessus, à qui ils rendent tous ces honneurs. Et comme il entre dedans la Ville en cette pompe, le Roy en mesme temps sort de son Palais, monté sur vn autre de ses Chariots d'honneur, accompagné de tous les Seigneurs de sa Cour, de ses Capitaines, & des soldats de sa garde, pour aller au deuant

de

de l'esprit imaginaire qu'on luy amene de la campagne ; & l'ayant rencontré sur le chariot dont nous auons parlé, ombragé de verdure, il y saute dessus, embrasse, & baise le branchage, & les rameaux qui le couurent ; & apres auoir fait toute sorte de gracieux accueil à ce phantosme de son imagination, comme s'il estoit saisy de ce nouuel esprit, se remet tout gay, & glorieux sur le chariot qui l'auoit mené, pour retourner à son Palais, où tout le peuple l'accompagne auec de hautes, & ioyeuses acclamations ; & où estant arriué, tous les Princes, & les Capitaines, courbez à genoux deuant luy, à l'occasion du nouuel esprit qu'il a receu, luy renouuellent leurs respects, & leur obeissance, pendant que les soldats, & le peuple qui a suiuy, font retentir tout le Palais de leur *Viue le Roy*, & de leurs crys de réjoüissance. La feste se conclud par vn festin solennel preparé de magnificence royale, auquel non seulement les Princes, les Seigneurs principaux, & les Capitaines, mais encore les soldats ont leur part.

De quelques obseruations superstitieuses des Tunquinois.

CHAPITRE XXVII.

POur entendre aucunement en quoy consiste l'vne des plus communes superstitions qui soit en vsage parmy les Tunquinois, voire parmy tous les peuples du Royaume d'Annan ; Il faut sçauoir que comme ils diuisent le iour naturel en

douze

heures, dont chacune vaut deux des nostres, à qui ils ont donné les noms des douze signes; aussi marquent-ils de ces signes les douze mois de l'année, & reduisent à ces mesmes signes par vne reuolution circulaire chaque iour de l'année, & chaque année des siecles, ioignant ces signes auec dix characteres en tel ordre, que dans soixante ans ils ne comptent qu'vne de leurs reuolutions, dont la fin est le commencement d'vne autre qui suit. Or ce qui gesne leur esprit dans ces obseruations mathematiques, & qui les trauaille souuent de fascheuses apprehensions, c'est qu'ayant appris (comme ils en sont tres-curieux) l'heure precise de leur naissance, & le signe sous lequel ils sont venus au monde, ils se figurent que leur mal-heureuse destinée est attachée à tout ce qui est marqué du signe de leur horoscope, soit année, soit mois, soit iour, ou mesme heure du iour. Ce qui fait qu'ils n'osent rien entreprendre qui soit de quelque importance en l'année, au mois, au iour, à l'heure, qui selon leur mathematique est rangée, & reduitte sous vn tel signe, craignans quelque mal-heureux succez en l'affaire qu'ils auront entreprise. Encore que l'experience qui est la mere des veritez, les ayt quelquefois instruits, que malgré les Astres, & les Horoscopes, ils pouuoient échapper les mal-heurs que ces temps, & ces heures infortunées leur auoient fait apprehender. Sur quoy ils n'ignorent pas l'exemple memorable arriué au Roy de la Cocinchine, lequel estant viuement pressé de l'armée du Roy de Tunquin, qui auoit déja forcé la frontiere de son Royaume, & les Mathematiciens qui estoient auprés de luy, & l'auoient accompagné, luy ayant fait voir dans les

les roüës de leur Horloge astronomique, que l'heure presente en laquelle il se disposoit à se battre auec l'ennemy, estoit vne heure dangereuse, comme estant marquée d'vn signe infortuné. Le Roy, ou par dépit, ou par mespris de ces réueuses obseruations, iettant loin d'vn coup de pied leur horloge; Ouy da, dit-il, que ie verray donc mon ennemy entrer dans mes terres, & ie demeureray les bras croisez sans oser le repousser, comme s'il me pouuoit arriuer de plus grande disgrace, que de voir mon Royaume perdu, & enuahy par vn estranger? Puis se tournant deuers ses soldats qui attendoient sa resolution, & ses ordres: Courage (leur dit-il, d'vne voix haute, & ferme) courage, soldats, aux armes, c'est toûjours vne bonne heure, en laquelle l'on rend vne iuste defense; & ce sera vne heure fortunée pour nous, & fatale à nostre ennemy, si nous le repoussons de nos terres, & le contraignons d'en sortir. Et auec ce, marchant auec ses trouppes contre les ennemys qui estoient déja fort auancez, apres auoir courageusement soûtenu leurs efforts, s'obstina à sa défense, & les obligea enfin à se retirer. Ainsi l'heure que les Cocinchinois (qui sont imbus de la mesme opinion que les Tunquinois) auoient marquée comme mal-heureuse, se treuua estre heureuse pour eux.

Ils s'attachent de plus par superstition à quelques autres obseruations ridicules, qui monstrent bien la foiblesse de leur esprit, & la force des illusions, dont le Diable les a miserablement enchantez; Ce qui les reduit souuent à d'extremes angoisses d'esprit dans les meilleures, & les plus pressantes affaires qu'ils auront en main. Ainsi quand sortant au matin du logis, mesme pour quelque bon sujet, & important au bien de leurs affaires, ils auront eu en rencontre vne femme plutost qu'vn homme, soudain ils rebroussent chemin, & se retirent tristes à leur logis, dans l'opinion qu'ils ont que cette affaire (s'ils fussent passez outre) leur deuoit tres-mal reussir ; encore qu'ils sçachent bien souuent qu'en la dilayant ils la perdent. Pareillement, si sortant de leur logis, en quelque temps que ce soit, il arriue qu'ils éternuent eux mesme, ou quelque autre de ceux qu'ils treuuent à leur sortie ; ils n'osent point passer outre, mais se contiennent dans le logis ; craignans que quelque mal-heur ne leur arriuast s'ils passoient plus auant, & s'ils alloient où ils auoient dessein d'aller. Ils ont vne infinité d'autres obseruations superstitieuses, ausquelles sont fort attachez ceux qui font profession du paganisme en tous ces païs-là ; & desquelles sont deliurez tous ceux qui ayants renoncé à la vanité de leur Religion, & de leurs folles superstitions (comme il y en a déja vn tres-grand nombre qui s'augmente tous les iours) ont embrassé le culte du vray Dieu, & reconnu dans les veritez de la Religion Chrestienne, la fausseté, & l'absurdité de leurs erreurs.

* * *

Comment

Comment les Tunquinois celebrent leurs Mariages.

CHAPITRE XXVIII.

COmbien que la Polygamie ſoit encore commune en ce Royaume parmy les perſonnes de condition, & qu'aucun n'y ſoit recherché, ny puny, s'il paſſe en ſeconde nopces; ou retenant ſa premiere Femme, comme le font preſque toûjours les perſonnes qualifiées; ou la congediant, comme il ſe prattique quelquefois parmy le peuple. Toutefois voulant traitter de mariage, ils ſe comportent tous ordinairement en la façon qui s'enſuit.

Les Parens commencent entr'eux le traitté de mariage, au temps meſme que leurs enfans ſont encore mineurs, & en bas âge : quoy que la premiere recherche s'en fait toûjours par les Parens du Garçon; leſquels voulans s'allier dans vne autre famille de leur condition, employent vn tiers pour ſçauoir, ſi les Parens de la Fille auront agreable que l'on traitte auec eux d'alliance par le moyen d'vn legitime mariage. L'agréement eſtant ſignifié, les Parens du garçon ſe diſpoſent à acheuer le traitté par eux-meſmes, & pour cela s'en vont au logis des Parens de la fille auec des preſens, & des arrhes conformes à leur eſtat ; leſquels eſtants acceptez tiennent la place d'vne promeſſe acceptée & mutuelle d'épouſailles, de laquelle il n'eſt plus loiſible de ſe departir, ſans quelque grieue, & importante cause. Cependant le beau-Pere voulant s'instruire par sa propre experience des mœurs, & des qualitez d'esprit, & de corps, de celuy qui luy est destiné pour gendre, le demande ordinairement aussi-tost qu'il a attaint l'âge de puberté, pour venir demeurer chez luy;où il le met à l'essay dans quelque maniement qu'il luy donne des affaires, tant du dedans, que du dehors. Que si dans cette épreuue, il le reconnoit vicieux, mal nay, negligent, & mal propre à la conduite du mesnage, & des affaires domestiques ; alors, par le pouuoir que la raison, & la coûtume luy en donnent, il le renuoye à ses Parens, auec les arrhes qu'il auoit receuës d'eux ; Et au contraire, estant bien satisfait de luy, il le retient apres cét essay, vn, ou deux ans, ou plus longtemps, si sa fille n'estoit pas encore mariable ; apres quoy l'on procede aux autres ceremonies du mariage, en cette façon.

Premierement on en donne aduis à tous les Parens de la famille, de l'vn, & de l'autre party, qui considerent bien s'il y a quelque empeschement de consanguinité aux degrez prohibez par les loix du Royaume. Car ny les enfans de deux freres, ny leurs descendans en quelque degré qu'ils se treuuent éloignez, ne se peuuent iamais marier. Les neueux, & les descendans du frere, & de la sœur se peuuent marier, se treuuans au troisiéme degré, non iamais au second ; mais les enfans de deux sœurs se peuuent marier, voire au second degré. L'aduis du traitté de mariage estant donné à tous les Parens plus proches (qui ne manquent point d'enuoyer quelque present pour la solennité de la nopce,) il en faut aussi aduertir le Gouuerneur, &

les

les plus anciens du lieu, qui sont à mesme inuitez au premier festin nuptial qui se fera au iour qui est nommé. Et cét aduertissement public tient comme lieu de publication du mariage, & le tient-on si necessaire, qu'ayant esté obmis, le mariage est censé nul, & non valablement contracté; voire puny comme clandestin par la loy, & la coûtume du Royaume. D'où l'on peut apprendre, que les mariages clandestins sont reprouuez, mesme des Payens, qui ne sont guidez que de la lumiere de la Nature.

Ces choses ainsi obseruées, l'espoux qui est obligé de doter sa femme enuoye le dot qui a esté conuenu entre les Parens communs, à la maison de son beau-Pere; duquel il ne peut point se preualoir, mais il le doit tout employer, où aux habillemens, où aux ameublemens de sa fille, sans qu'il soit tenu par obligation à aucune autre chose; encore que par ciuilité il fait ordinairement de beaux dons selon sa condition, qui accompagnent la fille quand elle est menée à la maison de l'époux: Car pour l'ameublement auquel vne partie du dot a esté employé, il a esté déja porté le iour precedent, auec quelque sorte de pompe, & d'appareil, où se sont trouués les personnes les plus qualifiées du lieu, quãd les nouueaux mariez sont de bonne maison. Que s'ils sont du commun du peuple, le tout est enuoyé le mesme iour auec l'épouse, qui est conduite en la maison du mary par le Magistrat de la Ville, en compagnie des Parens, & d'vn grand nombre d'habitans qui luy font honneur.

Tout ce conuoy entré dans la maison de l'époux, se rend autour d'vn Autel qui a esté dressé à l'honneur, &

à la memoire des deuanciers de la famille dans la mesme salle où se doit faire le festin, qui est toute parfumée de bonnes odeurs. Et là le Pere de l'Espoux (ou le plus ancien de ses Oncles, si le Pere estoit decedé) s'estant mis à genoux deuant l'autel, & à ses costez l'Espoux, & l'Espouse en mesme posture que luy, parle en cette sorte à l'Ayeul de l'Espoux, l'esprit duquel il reuere comme present sur cet autel. [Voicy vostre petit fils, mon tres-cher, & tres-honoré Pere, qui espouse aujourd'huy cette fille, N. & la prend legitimement à femme; soyez fauorable à leur mariage, & luy donnez bon & heureux succez; qu'ils viuent longues années ensemble en amitié, en santé, en ioye, & en prosperité de biens; & qu'il naisse d'eux, des enfans sains, vigoureux, sages, & de bonnes mœurs, qui soyent la ioye, & la consolation de leurs Parens. Pour témoigner la satisfaction que nous auons de cette alliance, nous auons preparé ce festin, auquel nous vous inuitons le premier, comme le Chef de la Famille que nous vous recommandons, & sur tout ces nouueaux mariez que nous mettons sous vostre protection.] Et cela dit, se fait la nopce, & le mariage est censé legitimement contracté, & indissoluble, principalement du costé de la femme, qui ne peut iamais quitter, ou repudier son mary, encore que le mary, par vn abus intolerable qui s'est glissé parmy ceux de cette nation, retienne le pouuoir de repudier sa femme, pour quelque defaut reconnu, ou mesme si le caprice, & le degoust luy en dit. Ce qui se void rarement hors des personnes de basse condition: Car pour les gens qualifiez, comme ils ont ordinairement plusieurs femmes,

aussi

aussi se mettent-ils fort peu en soin d'en congedier aucune, en cas de dissension, ou d'inconstance d'affection; veu principalement que par la loy commune du mariage receuë parmy ceux de cette nation, il est deffendu à la femme vne fois mariée, d'aller à vn autre mary. Or encore que dans toute la ceremonie qui est prattiquée en ces mariages, il n'interuienne point de consentement donné, & exprimé reciproquement entre les parties: neantmoins leur silence,& la posture qu'ils tiennent aupres du Pere qui parle pour eux, & annonce leur mariage,sont de suffisans témoignages du consentement qu'ils donnent,& de la parole qu'ils s'entre-donnent, & qu'ils expriment en cette façon,selon l'vsage, & la coustume du païs.

I'adjousteray icy vne chose remarquable, qui peut faire accroire que la foy de la Religion Chrestienne n'a pas esté autrefois inconnuë au Royaume de Tunquin. C'est qu'aussi-tost qu'vn enfant est sorty du ventre de sa mere, on luy marque le front, auec de l'encre, ou de la rosette, du signe de la saincte Croix: laquelle la premiere fois que ie veis ainsi formée sur le front d'vn petit enfant; ie demanday aux Parens,pour quelle raison ils l'auoient marqué de la sorte: Et ils me respondirent, que c'estoit afin que quelque mauuais Demon(ennemy de l'enfant)ne luy nuisist, ou luy portast dommage; Et les ayans de plus interrogez, d'où est-ce qu'ils sçauoient que cette marque auoit la vertu de chasser les Demons malfaisans, & de defendre l'enfant de leur puissance; à cela ils ne peûrent respondre autre chose, sinon qu'ils tenoient cette obseruation d'vne ancienne coustume prattiquée dés long-temps

par

par tous ceux de la nation. Ce qui est vn signe assez euident que la foy de IESVS-CHRIST leur a esté autrefois annoncée, & le salut qu'il leur a merité par sa Croix, dont ils retiennent encore religieusement la figure ; qui passera bien tost, comme il est à esperer des bontez de Dieu, du front où elle est peinte, dans les cœurs de tous ces peuples mescreans.

Des coustumes obseruées par les Tunquinois, sur la fin de l'année, deuant que de commencer la suiuante ; & de quelques autres superstitions.

CHAPITRE XXIX.

C'Est vne ancienne, mais ridicule coustume qui se garde par tout le Tunquin, que les vieilles gens, hommes, & femmes, sur la fin de l'année se retirent craintiuement dans les Temples de leurs Idoles, comme en des lieux d'asyle, pour s'y garantir de la puissance d'vn Demon qu'ils nomment *Vatuan*; l'office duquel, comme ils pensent, est de tuer, & d'estrangler toutes les personnes sur-âgées de l'vn, & de l'autre sexe. Ce qui fait que ces pauures miserables se contiennent les trois ou quatre derniers iours de l'année dans l'enclos de ces Temples, sans en oser sortir ny de iour, ny de nuict, iusques au premier iour de lan, auquel ils s'en retournent dans leur maison, auec asseurance

asseurance que le pouuoir de ce Demon malfaisant, & ennemy des vieilles gens, est expiré. C'est ce qui est en vsage sur la fin de l'année parmy toutes les personnes aagées.

Pour les autres qui ont quelque charge dans les maisons, comme les Peres de famille, ils ont accoustumé au dernier iour de l'an, de faire planter prés de la porte de leur maison, vn pôteau long, qui surpasse la couuerture du toict, à la cime duquel ils attachent vn panier ou vne cassette percée de plusieurs ouuertures, & pleine de petites pieces de carton, dorées, & argentées; sur la folle imagination qu'ils ont, que leurs Parens decedez à la fin de l'année pourroient estre tombez en quelque necessité, & auoir besoin d'or, ou d'argent pour payer leurs debtes. Ce qui est fondé sur vne autre coustume qu'ils ont, que pas vn d'eux, depuis le plus grand iusques au plus petit, ne renuoye de payer ses debtes au delà de l'année en laquelle il les a contractées, si l'impuissance ne luy en oste le moyen. Ce qui seroit grandement loüable s'ils le faisoient autrement que par superstition comme ils le font; craignans que les creanciers offensez du delay ne leur leuent quelque blasme qui redonde aux deuanciers, lesquels s'en vangent par apres sur leurs enfans, & leurs heritiers. Ce qu'ils ont en telle apprehension, que si quelqu'vn est accusé, & conuaincu en Iustice d'auoir offensé vn autre en son honneur par vn outrage qui passe à ses deuanciers, il est puny du Iuge auec la mesme rigueur que s'il estoit coûpable d'vn grand crime. Et ils payent encore leurs debtes deuant la fin de l'année pour vne autre raison superstitieuse, craignans que les creanciers les venant exiger au premier iour de l'an, ne les obligent à laisser sortir ce iour-là, du bien de la maison, ce qu'ils estiment estre fatal, & de mauuais augure.

De toutes leurs superstitions la plus commune, & celle de laquelle ils ont le plus de peine de se défaire, est celle de leurs Dieux domestiques, qu'ils reuerent sous le nom de *Tien su*, c'est à dire, *nos anciens maistres.* Car à peine y a-t'il aucune maison, à l'entrée de laquelle il n'y ayt vn autelet dressé à ces *Tien su*, qu'ils honorent auec des parfums continuels, plus, ou moins precieux selon les commoditez de la famille; & à qui, le matin apres leur leuer, & le soir deuant que de se retirer, ils rendent quelque seruice de leur deuotion. C'est aussi de la faueur, & de l'assistance de ces Dieux, que tous les artisans, voire les Medecins, les gens de lettres, & d'espée, reconnoissent tenir toute l'industrie, & l'addresse qu'ils ont en l'exercice de leur mestier, ou de leur profession: & il n'est pas iusques aux larrons, qui n'ayent leur Mercure, à qui ils rendent à leur façon, leurs respects religieux, & leur adorations sous le nom de leur *Tien su*, & cette superstition a si generalement attaché leur esprit, qu'elle sert souuent d'obstacle à leur conuersion. Vn Medecin dés leurs m'auoit heureusement guery d'vne maladie, auquel voulant par reconnoissance rendre vn bon seruice, ie pris toute sorte de soin à luy persuader la fausseté de sa religion, & l'en retirer; & mes soins auoient si bien reussy, qu'il estoit tout disposé à receuoir le Baptesme, & à donner congé à toutes ses autres superstitions. Mais quand il fut question d'abbatre l'autel des *Tien su*, il ne fut iamais

iamais possible de l'y resoudre; & ainsi il persista, & est miserablement mort dans son erreur. Le mesme arriua à vn Capitaine de qualité, & Gouuerneur d'vne Prouince, âgé de quatre-vingts ans, lequel il me sembloit auoir bien gaigné à nostre religion; & comme i'estois vestu du surpelis, tout prest à luy donner le Baptesme, il protesta qu'il estoit bien resolu de quitter toutes les superstitions que nostre religion condamnoit, à la reserue du *Tien su*, qu'il vouloit conseruer, non tant pour soy, disoit-il, que pour ses soldats. Ce qui m'empescha de passer outre au Baptesme. Peut-estre que Dieu luy fera la grace de se reconnoistre, & de vaincre cette difficulté.

I'adjoûteray icy pour la fin la plus pernicieuse, & tout ensemble la plus folle superstition qui ayt vogue parmy ceux de cette nation. C'est qu'en chaque Ville, ou Village, ils ont vn grand Temple qu'ils appellent *Dinh*, dedié au Demon, ou au Dieu tutelaire du lieu; dans lequel les plus anciens des citoyens tiennent le Conseil pour les affaires de la commune, ne voulans rien conclure qu'en la presence, & sous les auspices de ce Dieu; à l'honneur duquel ils celebrent tous les ans des festes publiques, aux chants, danses, & festins durant l'espace d'vn, ou de deux mois, sur l'opinion qu'ils ont que toute la prosperité des biens, la fertilité des champs, & la santé des hommes, & des bestes, dependent de ce Demon, qu'ils appellent, le Roy du lieu. Mais le choix de ce Dieu, ou de ce Roy superstitieux, se fait sur vne cause aussi ridicule, & sotte, comme elle est infame. Car si quelque insigne Voleur, ou quelque autre criminel a esté supplicié par sentence du

Iuge hors de la Ville, & qu'il arriue par quelque accident, ou par l'artifice du Diable, qu'vn Bœuf, vn Buffle, ou mesme vn Pourceau tombe, ou s'abbatte en cette place, auprés du corps, ou sur le tombeau de ce criminel; le bruit en estant épandu, ce meschant homme par la designation casuelle de ceste beste, sera tenu desormais pour le Dieu tutelaire, & le Roy du lieu. Et il y a plus(ce qui ne peut-estre que l'effet d'vn transport fanatique,& d'vne illusion tout à fait diabolique) si quelque pareil accident de cheute est arriué à vne beste, ou à vn homme aupres du corps d'vn chien enragé, qui aura esté chassé, & tué hors de la Ville, ce Chien puant sera reconnu d'eux pour le Roy, & le Dieu auquel ils rendront des honneurs diuins.

C'est vne histoire commune dans le Royaume, qu'vne fille du Roy de la Chine, pour la vie infame, & débordée qu'elle menoit ayant esté par le commandement de son Pere iettée, & noyée dans la Mer, le corps en fut porté, & poussé par le flot à vn Port de Tunquin; où quelque accident estant arriué à vn des habitans du païs aupres du corps mort de cette fille, la Ville non seulement luy donna sepulture, mais luy dedia le Port, comme à vne Deesse tutelaire, & luy donna le nom qu'il porte encore auiourd'huy, *Cua cuja*, c'est à dire, *le port de la Reyne.* Et de ce lieu la superstition s'est tellement épanduë par tout le Royaume d'Annan, qu'il n'y a point de Port en toute la coste, ou il n'y ayt vn Temple dedié à cette infame fille, à laquelle tous les Marchands, & les Mariniers rendent de grands honneurs, toutes les fois que les vaisseaux sortent du Port, ou qu'ils y abordent, comme à la Deesse,

&

& à la gouuernante des Mers. Dieu nous fera vn iour la grace, comme nous esperons, de voir dans ces mesmes Ports, les Temples prophanes où cette Reine impudique digne de toutes execrations, est indignement honorée, dediez à la Vierge Reine du Ciel, la vraye estoile de mer, la guide, & la tutrice du salut des mortels.

Des tons, & des accents de la langue vulgaire du Royaume d'Annan.

CHAPITRE XXX.

ENcore que la langue vulgaire qui est auiourd'huy en vsage dans tout le Royaume d'Annan, soit differente de celle de la Chine, elle se prononce neantmoins auec des accents qui ne sont pas beaucoup differens de ceux de la langue Chinoise; voire celle-cy n'ayant que cinq tons en sa prononciation, celle d'Annan en a six, fort respondans aux tons de nostre musique, qui font vne grande difference en la signification des mots, dont à peine en trouue-t'on aucun qui ne soit marqué de quelqu'vn de ces six accents, qui est comme l'ame, & le charactere de l'intelligence du mot. Et ces accents, ou ces tons, ne sont point marquez en leur escriture, mais seulement exprimez en leur prononciation quand ils parlent : Ce qui nous rend fort difficile, l'intelligence de leurs escrits. Nous nous sommes neantmoins aduisez de marquer differemment ces accents en toutes nos escritures, qui nous instruisent de la difference qu'il faut apporter en l'expression, pour en comprendre la signification.

Donc le premier de leurs accents, est graue; qu'ils expriment en baissant la voix, comme l'on fait en la basse de la musique; & nous le marquons auec l'accent graue des Grecs, comme au mot *dò*, qui signifie *vn piege.* Le second est presque graue, ou approchant du graue, qu'ils expriment auec quelque effort, comme le tirant de la poitrine; & nous le marquons auec vn poinct sous la voyele, à la façon que les Grecs souscriuent leur jota, comme au mot *re*, qui signifie *vne racine.* Le troisiéme est le circonflex graue, qu'ils expriment auec quelque inflexion de voix, & vn peu d'effort de la poitrine; & nous le marquons auec l'accent circonflex des Grecs, comme au mot *mj*, qui est le nom d'vne noble famille du païs. Le quatriéme est égal, qu'ils expriment sans accent, & que nous ne marquons aussi d'aucun accent, comme au mot *fa*, ou plûtost *pha*, qui signifie *mesler*, parce qu'en cette langue il n'y a point de f, qui ne soit aspiré. Le cinquiéme est encor circonflex, mais plus doux, qu'ils expriment comme nous faisons l'interrogation; & nous le marquons aussi auec le poinct d'interrogation des Latins, comme au mot *so*, qui signifie *catalogue.* Le sixiéme est aigu, qu'ils expriment d'vne voix aigre, comme fait celuy qui parle auec cholere; & nous le marquons auec l'accent aigu des Grecs, comme au mot *là*, qui signifie *vne fueille.* Et ainsi ces six accents (comme i'ay dit) peuuent respondre aux six tons de nostre musique, *dò, re, mj, pha, so, là.*

Vne

Vne chose y a-t'il encore en leur langue qui fait vne grande difficulté pour ceux qui la veulent apprendre : C'est que toutes ces differences de tons, & d'accents, se trouuét quelquefois en vn seul de leurs mots, ou de leurs syllabes, auec autant de differences de signification. Comme au mot *ba*, lequel estant prononcé auec vn accent graue, signifie *Dame*, ou *Ayeul* : si auec l'accent approchant du graue, signifie *coller*, où *vne chose abbandonnée* : si auec le circonflex graue, signifie *le marc*, qui reste d'vne herbe, où d'vn fruict, dont le suc a esté épraint : si sans accent, & d'vn ton egal, signifie le nombre de *trois* : si auec le circonflex doux ; ou en interrogation, signifie *vn soufflet*, ou *souffletter* : si auec vn accent aigu, signifie *la Concubine d'vn Prince*. Et ainsi ce seul mot estant prononcé plusieurs fois consecutiuement, auec ces differences de ton *ba*, *bà*, *ba*, *bá*, signifiera *trois Dames soufflettent la Concubine*. Pareillement la seule syllabe *ca*, prononcée auec la difference de ces tons, à quatre significations. Car auec le ton graue *cà* signifie *des pommes sauuages* : auec le ton egal *ca* signifie *vne chanson* : auec le ton d'interrogation *câ* signifie *grand*, & auec le ton aigu *cá* signifie *vn poisson*.

Delà il arriue souuent que ceux qui ne sont point versez en la connoissance de ces tons, ou de ces accents, se mescontent fort, & prennent vn sens ridicule, où impertinent, pour vn autre. Ainsi qu'il arriua vn iour à vn de nos Peres, qui ayant voulu commander à vn valet du païs d'achepter des poissons, il dit bien le mot *ca*, mais il le prononça auec vn accent graue, le deuant prononcer auec vn accent aigu ; qui fut cause, qu'au lieu de poissons, qu'il auoit intention de faire

achepter,

achepter, le valet luy apporta vn panier plein de pommes sauuages: & s'excusa pertinemment sur le commandement qu'il luy auoit fait. Ainsi vn autre, ayant vne autrefois commandé à vn domestique de coupper quelque cannes, & ayant prononcé le mot *le* auec l'accent d'interrogation qui signifie *des enfans*, au lieu de le prononcer d'vn accent egal, auec lequel il signifie *des Cannes*; Il arriua que tous les enfans qui estoient dans la maison oyant ce commandement prirent la fuitte, se figurans qu'on les vouloit mal traitter; & ne peut-on les faire r'entrer qu'apres qu'ils eurent esté instruits de l'intention de celuy qui auoit fait le commandement, & de l'equiuoque qu'il auoit fait par l'ignorance de l'accent. Il peut mesme arriuer que cette difference d'accents estant ignorée, il y aura vne telle mesprise du sens, que l'on exprimera quelque saleté, voulant signifier quelque chose saincte; à quoy ceux qui preschent la parole de Dieu doiuent prendre garde, pour ne la rendre point ridicule, & mesprisable à ces peuples.

Des diuers noms des Tunquinois.

CHAPITRE XXXI.

C'Est chose merueilleuse combien les Tunquinois sont superstitieux en l'imposition, & au changement de leurs noms. Car (par exemple) si quelqu'vn de leurs enfans leur est mort, ils se gardent bien d'imposer son nom à vn autre, de crainte que

que le Demon qu'ils estiment auoir esté le meurtrier de celuy qui est decedé, oyant le mesme nom, duquel on appelle l'enfant nouueau-né, ne le vienne tuer, comme il a fait l'autre. Et parce qu'ils attribuent encore à l'enuie, & à la malice de quelque Demon toutes les maladies, & les accidens qui arriuent à leurs enfans, ils leur donnent ordinairement les noms des choses fort sales, croyans follement d'éloigner de la personne de leurs enfans cét outrageux Demon, par la saleté de leur nom ; sans considerer que cét ennemy declaré de leur bien, & de leur salut ne se plaist en rien, tant que dans les ordures.

En suitte de cette folle imagination ils se sont laissez aller par l'instinct du Demon à vne étrange manie, iusqu'à se soüiller d'vn cruel parricide enuers leurs enfans. Car si le premier de leurs enfans leur est mort par l'enuie, comme ils pensent, ou par la haine du Demon, & qu'apres le second se treuue attaint de quelque maladie qui soit sans remede, deuant que cét enfant meure, ils le portent à la campagne, & auec vn coutelas ils le tranchent cruellement en deux, se figurans d'estonner le Demon par cét acte inhumain, & de luy donner quelque apprehension de continuer à faire du mal aux autres enfans qui leur naistront. Ainsi le Diable les a rendus impies sous pretexte de quelque pieté, & sur vne folle apprehension à authorisé vn execrable parricide enuers leurs propres enfans. Ce que les nouueaux Chrestiens aujourd'huy apprehendent tellement, qu'ils n'ont de plus grand soin que de diuertir les Payens de cette cruauté, ou pour le moins de baptiser les enfans pour sauuer leurs ames, quand ils les voyent grieuement malades, ou condamnez à mourir. Qui est vn zele qui a touché si au vif vn bon Chrestien nommé Antoine, qu'ayant remis tout le soin de ses affaires domestiques à sa femme, il ne s'employe qu'à ce sainct exercice, courant (sans se lasser) la Prouince, pour ne laisser mourir les petits enfans sans baptesme. Auquel employ ses peines luy reussissent auec tant de fruict, qu'il s'est treuué en auoir baptisé deux cents dans vn an, desquels il a esté soigneux d'escrire les noms, & nous en apporter le catalogue.

Il y a vne autre coûtume receuë parmy ceux de cette nation, que lors qu'il est nay vn enfant qui doit estre l'heritier, & comme la souche de la famille, apres que le Pere luy a imposé le nom (ce qu'il fait le mesme iour qu'il est venu au monde) il faut que non seulement le Pere, mais encore l'Ayeul, & tous ceux de la famille changent leur nom. Ainsi quand l'enfant, par exemple, aura esté appellé *Dun*, qui signifie *cuiure*, le Pere quittant le nom dont il estoit auparauant appellé, quelque beau, & honorable qu'il fust, s'appellera desormais, *le Pere du Cuiure*; & l'Ayeul de l'enfant, *l'Ayeul du Cuiure*; & de mesme la Mere, & l'Ayeule. Toutefois auec cette difference, que l'Ayeul, & l'Ayeule ne changent plus de nom à la naissance des autres enfans leurs descendans: mais le Pere, & la Mere, naissant vn enfant à leur fils aisné, quittent le nom de Pere, & de Mere de leur fils, & prennent le nom d'Ayeul, & d'Ayeule de ce petit fils. Voire l'Oncle, & la Tante, s'ils n'ont point encore eu d'enfans de leur mariage, prennent le nom de leur neueu, & sont appellez par exemple, l'Oncle, & la Tante du cuiure. Et cét en-

fant

fant mesme heritier de la famille ne portera plus le nom de cuiure, qui luy a esté imposé à sa naissance, quand il aura eu vn frere puisné ; Car alors quittant ce premier nom, il sera appellé, frere aisné de ce puisné, iusques à ce qu'il ayt luy mesme des enfans, & qu'il prenne le nom de Pere du premier enfant qui naistra de luy.

Il est neantmoins à remarquer icy que cette coûtume ne s'obserue que parmy le peuple, & ceux de moindre condition ; car pour les personnes de qualité, on fait par respect beaucoup de considerations à les appeller de leur nom propre ; n'estant personne qui ose sans leur faire injure,& déplaisir, les appeller du nom qu'ils ont receu en leur naissance, qu'ils appellent *Teu touc*, c'est à dire *nom vilain.* Voire l'on prend bien garde en parlant deuant eux, ou deuant leurs enfans de ne proferer point ce nom, quand mesme le discours engageroit quelqu'vn à se seruir de ce mot, mais il faut prendre vn autre terme, ou déguiser celuy-là, pour n'offenser ces personnes. C'est aussi vne prattique commune parmy les personnes de condition, qu'à leur mort les enfans pour honorer leur memoire, leur imposent vn nouueau nom, qui porte en emphase la dignité,à laquelle le desir de deuenir plus grands les pouuoit faire aspirer,comme de Roy, de Duc, de Marquis, & les semblables; soit que leur merite eust pû la leur faire obtenir ou non. Et ce nom est toûjours marqué en lettre d'or, au drappeau dont nous auons parlé cy-dessus, qui est porté en la pompe de leurs obseques.

C'est iusqu'icy quelque partie que i'ay fidellement

recueillie de l'estat temporel, des mœurs, & des superstitions des Tunquinois; qui peut nous donner de la compassion de voir vne nation si ingenuë, & si capable de ciuiles, & sainctes instructions, abusée d'erreur, & miserablement enchaisnée sous la tyrannie du Diable; Mais aussi qui doit nous faire esperer, que les lumieres de l'Euangile, & la grace victorieuse du Sauueur du monde, défaisant toute l'illusion qui a saisy l'esprit de ces peuples, & rompant toutes les chaisnes qui les tiennent captifs, les ameneront à la connoissance de son nom, à la saincte Foy, & à l'obeissance du Dieu de la verité. Ce qui a esté déja accompli en vn grand nombre de nouueaux Chrestiens conuertis à la Religion Catholique, comme nous dirons au liure suiuant.

* *
*

DE

DE L'INTRODVCTION, ET DV PROGREZ DE LA FOY, ET RELIGION CHRESTIENNE *Dans* LE ROYAVME DE TVNQVIN.

LIVRE SECOND.

Comment la premiere connoiſſance du Sainct Euangile eſt entrée en ce Royaume.

CHAPITRE PREMIER.

LE P. Hierôme Rodriguez Portugais de nation, Viſiteur de la Prouince du Iapon, & de la Vice-Prouince de la Chine, de la compagnie de IESVS, Perſonnage doüé d'vne excellente pieté, & probité de mœurs, ayãt eſté contraint par la violente perſecution

 excitée

excitée dans le Iapon contre tous ceux qui y faisoient profession de la foy de IESVS-CHRIST, de sortir de Nangazaqui, où il auoit long-temps gouuerné le College de la Compagnie qui y estoit étably ; Il se retira auec vn nõbre de Peres que la mesme persecution auoit chassez de tout le Royaume, en la Ville de Macao, qui est le port du grand Royaume de la Chine, de la Prouince de Canton ; mais où a toûjours esté le principal College de la Prouince du Iapon, & l'vnique seminaire des missions appartenantes à cette Prouince. Là ce bon Pere considerant les pitoyables degats que la cruauté de la persecution faisoit dans l'Eglise du Iapon, & que tant de bons ouuriers qui estoient auprés de luy; pour estre exclus des moiens de deployer leur zele dans le Iapon ; où ils auoient esté destinez, & d'y assister les Chrestiens de cette nation, demeuroient presque inutiles, & sans employ dans Macao ; Il se resolut de les disperser par les Royaumes voisins qui demandoient du secours, & où les lumieres de la Foy n'auoient pas encore fait iour, qui pourroient seruir de iuste employ à leurs trauaux, & fournir d'exercice à leur zele.

En suitte de sa resolution il enuoya en l'an 1624. le P. Gabriel de Mattos Portugais, qui estoit reuenu de Rome Procureur de la Prouince du Iapon, auec cinq autres qu'il luy associa au Royaume de la Cocinchine, ou, (ainsi qu'on l'apprenoit des lettres de ceux qui trauailloient en cette mission) les nouuelles semences de la Foy preparoient vne glorieuse, & abondante moisson de la conuersion de ces peuples. Et au mesme temps il destina le P. Iules Cæsar Margico Italien au Royaume de Siã, qui estoit vn chãp propre à porter de grãds fruicts; quand

quand sur la premiere montre de la fertilité qu'il promettoit, le Pere qui y trauailloit courageusement, finit sa vie, & ses trauaux par la perfidie de quelques Apostats qui luy donnerent du poison dans la prison où ils l'auoient fait confiner. Il attendit deux ans aprés, sur le commencement de l'année 1626. d'enuoyer le P. Iulien Baldinotti Italien, auec vn de nos freres Coadjuteur, nommé Iules Pianj, au Royaume de Tunquin, à l'occasion d'vn Nauire de Marchands Portugais ui y alloient de Macao; non tant pour y trauailler, que pour faire la découuerte de ce païs que la commune reputation auoit rendu fameux, & reconnoistre l'esperance que l'on pouuoit prendre d'y annoncer l'Euangile; & la Foy du Christianisme. Le Pere, auec son compagnon sortit du port de Macao le second iour de Feurier dedié à la feste de Nostre-Dame la Chandeleur, pour bon augure de la belle lumiere de la Foy qu'il portoit à ce Royaume tout occupé des tenebres de l'infidelité; & fut conduit heureusement dans le vaisseau Portugais, à la faueur du bon vent qui l'accompagna, & ne le quitta point qu'il n'eust abordé au port de Tunquin. La nouuelle de l'arriuée de ce vaisseau fut tres-agreable au Roy, desireux d'entretenir le commerce des Portugais dans son Royaume; dont il donna ordre que ses Officiers leur fissent par tout grand accueil; & luy mesme les receut fort amiablement, & les caressa auec toute sorte de demonstrations d'agréement pour leur venuë: mesme qu'ayant apprehendé qu'ils ne fussent logez incommodement dans la Ville Royale qui est fort populeuse, & qu'ils n'y fussent en quelque danger du feu, à cause que les maisons y sont presque toute de bois, au cas que quelqu'vn par malice mit le feu dans leur logement ; Il commanda qu'on leur bastist aux Faux-bourgs de la Ville qui sont tres grands, vne maison qui fust capable de les loger, & de tenir leurs marchandises ; & qu'il y eust de iour, & de nuict, vne compagnie de soldats en garde auprés d'eux pour leur seureté.

Ces premieres caresses, & ces témoignages extraordinaires de la bien-veillance du Roy, furent suiuis selon la coustume de beaux presens enuoyez de part, & d'autre. Le Capitaine des Portugais fit les siens le premier, assortis de deux grands attraits pour estre agréez, de richesse, & de rareté ; enuers qui le Roy vsa aussi-tost de retour, & le regala si magnifiquement qu'il eut dequoy en faire part à tous ceux qui estoient en sa compagnie. Le P. Baldinotti n'oublia point à cette occasion de faire aussi ses presens au Roy, lesquels, encore que simples, & religieux luy furent agreables, pour estre nouueaux, & non iamais veus. Toutefois il ne fut pas alors au pouuoir du Pere, de luy offrir le precieux thresor de l'Euangile, pour n'auoir point encore de connoissance, ny d'vsage de la langue du païs, ny mesme de truchement propre qui luy peust expliquer nos mysteres: quoy que son silence, & sa graue modestie fist assés connoistre au Roy, & aux Seigneurs de sa Cour, qu'il y auoit quelque chose d'extraordinaire, & de plus grand que le commun, caché sous l'humble apparence du pauure habit qui le couuroit. Et à cette haute estime ne contribua pas peu l'honneur, & le respect que les Portugais luy rendoient deuant toute la Cour. Car le Roy s'estant apperceu que le Capitaine mesme qui y paroissoit à sa mode superbement vestu, & le reste des

Portugais

Portugais qui l'accompagnoient, bien parez, honoroient beaucoup le Pere, tout pauurement accoustré qu'il estoit, luy deferoient, & luy donnoient le pas deuant, entra en opinion qu'il estoit quelque chose de plus qu'il ne monstroit. Dont il commença aussi à luy faire de l'honneur ; & depuis à le faire souuent visiter par vn Saï qui estoit l'vn des principaux Prestres de la secte de laquelle il faisoit profession, & qu'il tenoit comme son maistre ; auec lequel le P. Iulien fit étroitte amitié autant que leur communication luy en donna de moien ; & il eust esperé du bon naturel de ce Saï, de l'amener à la vraye creance (qui eust esté vn moien tres-auantageux, pour planter la Foy en ce Royaume) s'il eust eu la connoissance de la langue Tunquinoise, ou vn truchement pour se faire entendre, & l'instruire des veritez de la religion.

Comme les ouuriers de l'Euangile furent appellez de la Cocinchine à Tunquin.

CHAPITRE II.

CEpendant le P. Iulien fut soigneux de remarquer durant le sejour qu'il fit au Royaume de Tunquin, le naturel ouuert, & docile ; & les mœurs des Tunquinois fort susceptibles comme il iugeoit de l'impression des veritez Chrestiennes, s'il y auoit quelqu'vn qui les leur annonçast en leur langue, sur quoy il n'estima point deuoir vser de remise pour l'importance de l'affaire, de laquelle dependoit le salut eternel de tant d'ames. Sçachant donc, que depuis quelque temps, vn nombre de nos Peres estoit passé à la Cocinchine, pour instruire ceux de cette contrée, à la Foy; & se persuadant qu'ils se seroient déja rendus capables d'entendre, & de parler le langage de ce païs-là, qui n'est point different de celuy que l'on parle au Royaume de Tunquin, il delibera de procurer que quelqu'vn d'eux fust détaché de la mission de la Cocinchine pour venir ietter les premieres semences de l'Euangile dans la terre de Tunquin : encore qu'il n'ignorast point l'inimitié qui estoit entre les deux Roys, ce qui pouuoit rendre difficile le traiect de nos Peres de la Cocinchine à Tunquin ; & qu'il apprehendast mesme que le Roy de Tunquin ayant eu quelque connoissance du commerce de nos lettres d'vn Royaume à l'autre, n'entrast en ombrage de quelque secrette intelligence entre nous, & le Roy de la Cocinchine, qu'il sçauoit depuis longues années auoir fait alliance auec les Portugais. Aprés auoir donc chaudement recommandé à Dieu le succez de cette entreprise, il enuoya vn Messager dans le plus grand secret qui luy fut possible, sous la promesse qu'il luy fit d'vn tres-bon salaire, auec des lettres addressées au P. Gabriel de Mattos qui faisoit alors la charge de Visiteur en la Cocinchine, dans lesquelles il luy expliquoit la grande disposition qu'il auoit trouuée en tout le Royaume de Tunquin pour receuoir les semences de la saincte Foy, s'il y auoit des ouuriers intelligens de la langue du païs qui les vinsent ietter, & cultiuer ce beau champ, ioint les bonnes inclinations qu'il auoit reconnuës au Roy, & aux principaux Seigneurs du Royaume, pour agréer nos fon-

ctions,

ctions, & les exercices de nostre religion: Dont il le conjuroit par tout l'amour qu'il auoit pour la gloire de Dieu, & le salut de tant d'ames, de disposer pour cét employ quelqu'vn des Peres qui residoient en la mission de la Cocinchine. Et parce qu'il seroit difficile, & qu'il y auroit mesme du danger, qu'aucun ouurier passast de ce Royaume droit à celuy de Tunquin, pour la diuision qui estoit alors entre les deux Roys, & pour les preparatifs de la prochaine guerre qui se faisoient de part, & d'autre; Il estoit d'aduis que celuy des nostres qui seroit choisy pour cette entreprise, prit son détour vers Macao du costé de la Chine, & que delà il se rendit à Tunquin pour oster tout l'ombrage que les Tunquinois pourroient prendre de sa venuë en leur Païs.

Le Messager estant heureusement arriué auec les lettres du P. Iulien, nos Superieurs qui estoient en la Cocinchine ayant leu sa iuste demande, ietterent leur pensée sur moy, qui auois sejourné déja prés de deux ans dans le païs, & auois fait durant ce temps-là quelque estude pour apprendre la langue commune. En suite dequoy ie me preparay, conformement à l'aduis du P. Iulien, pour retourner à Macao, où i'arriuay en peu de iours ayant eu la nauigation tres-heureuse, attendant selon le dessein qui auoit esté pris, de trouuer quelque commodité de passer delà, au Royaume de Tunquin.

Cependant le Messager Tunquinois, nonobstant qu'il eust esté soudain expedié, & renuoyé auec sa Response, qui asseuroit le P. Iulien de la resolution de nos Peres d'executer son conseil en la façon qu'il l'auoit sagement projetté, ne fut pas si diligent à son retour, qu'il ne tint le P. Iulien qui l'attendoit impatiemment, en quelque apprehension, & en peine. Et encore sommes nous en cette opinion, que le Roy de Tunquin eut quelque connoissance, ou pour le moins quelque soupçon des lettres qui auoient esté enuoyées de Tunquin à la Cocinchine, veu les defiances qu'il en témoigna. Neantmoins, comme il ne vouloit point rompre auec les Portugais, dont il redoutoit la puissance, & desiroit conseruer l'amitié, il se contenta pour guerir les apprehensions qu'il auoit prises, sur l'opinion qu'il auoit de leur religieuse pieté, de tirer d'eux vn serment, qu'ils n'auoient point de mauuais dessein contre sa personne, ny contre son estat: Ce qu'ils firent le P. Iulien present (afin qu'il ne se passast rien en cette action qui choquast la conscience, ou la religion) iurans solennellement deuant l'image de nostre Sauueur, & prenans le Dieu du Ciel & de la Terre, & le Seigneur de la vie, & de la mort à témoin qu'il n'auoient rien entrepris en chose quelconque, contre la personne du Roy de Tunquin, ny contre son Royaume. Dequoy le Roy se monstra entierement satisfait. Les affaires neantmoins des Marchands Portugais ne se porterent pas mieux de ce trouble de la Cour: leur retour à Macao en fut dilayé pour quelque temps; & ils n'y arriuerent auec le P. Iulien que deux mois aprés que i'y fus venu de la Cocinchine

* *
*

Le

Le voyage, & l'heureuse arriuée de ceux qui porterent l'Euangile à Tunquin.

CHAPITRE III.

CE fut en ce mesme temps que le P. André Palmier Portugais arriua de l'Inde, où il auoit exercé durant huict ans la charge de Visiteur, pour la continuer en la Prouince du Iapon, & en la vice-Prouince de la Chine; Auec qui il falut deliberer du nouueau dessein de la mission de Tunquin, sur lequel il se presentoit alors quelques difficultez, que le Diable ennemy des bonnes œuures auoit suscitées, pour en trauerser ou empescher l'execution. Car d'vn costé les Portugais estoient entrez en de grandes apprehensions, tant des ombrages que le Roy de Tunquin auoit pris d'eux ; comme de la mauuaise volonté qu'vn certain Seigneur qui residoit en la Cour de Tunquin, & estoit en grand credit auprés du Roy, auoit conceuë contre la nation Portugaise : Et d'autre part les marchands qui auoient traffiqué les derniers en ce Royaume s'estant reconnus de notables pertes qu'ils y auoient faittes, auoient tellement refroidy les autres, qu'il ne se trouuoit plus de marchand qui voulust entreprendre d'y faire vn nouueau voyage, sans esperance de proffit, & auec opinion tres-probable de perte. Et à cela n'aydoit point quelques froideurs que le P. Iulien monstroit de retourner en ces païs. Car encore qu'il publiast des merueilles de la riche moisson spirituelle qui estoit preparée en ce grand champ, toutefois reconnoissant bien que l'ignorance de la langue y rendroit inutiles ses bonnes volontez, il ne témoignoit point d'ardeur pour y refaire vn autre voyage, ayant attaché toute son affection à la mission du Iapon, dans laquelle il se promettoit de faire plus de fruict, pour la connoissance qu'il auoit de la langue Iapponoise. Toutefois le nouueau dessein qu'il prit, Dieu en disposant ainsi par sa prouidence, n'eut pas le succez que son bon zele luy auoit fait esperer. Car estant party du port de Macao pour le Iapon auec quatre compagnons, à peine auoit-il fait vn peu de chemin, qu'vn subit & furieux orage ayant rompu le gouuernail d'vn vaisseau, le contraignit de regaigner le port qu'il auoit quitté. Dont, comme il attendoit aprés de iour à autre, vne autre commodité pour faire voyage au Iapon, Dieu luy en assigna vn autre à faire dans le Ciel, pour y receuoir la recompense de ses trauaux, & de la grande volonté qu'il auoit de trauailler à la mission du Iapon; comme des soins qu'il auoit pris pour commencer & establir celle de Tunquin, où n'ayant eu le moien, faute de la langue, & de truchement, comme il en auoit le desir de prescher, & annoncer l'Euangile à ceux qui en pouuoient estre capables, il y baptisa neantmoins quatre petits enfans moribonds, qui furent les heureuses premices de la conuersion de ces peuples, qu'il enuoya au Ciel, où sans doute ils obtindrent de Dieu par leurs innocentes prieres l'acheminement du dessein de cette mission, & les moiens de le faire reussir à sa gloire, & pour le salut de la nation Tunquinoise.

En

En effet lors que l'on auoit presque perdu toute esperance qu'aucun voulust entreprendre vn nouueau voyage en Tunquin. Vn Portugais habitué dans Macao, noble autant de sa pieté, que de generosité, & de sang, nommé Iean Pinto de Fonseca, chargea vn nauire, & le garnit de tout ce qu'il faloit pour faire le voyage, sans obmettre les prouisions de bouche necessaires pour nos Peres qu'il esperoit d'y mener : voire il sembloit n'auoir entrepris ce voyage que pour eux, & pour leur donner le moien de porter l'Euangile en ce Royaume; en quoy il pensoit sagement ne rencontrer pas moins de gloire que de proffit spirituel, quand le temporel mesme luy eust deu manquer. Ce qui apporta vne ioye nompareille au P. André Palmier, qui m'assigna incontinent vn Compagnon, & le P. Pierre Marquez Portugais pour Superieur de la mission, homme d'aage, & de beaucoup d'experience en ces missions Leuantines, encore qu'il ne sçeust point la langue du païs où il estoit enuoyé.

Ce fut donc en l'an 1627. le 12. de Mars jour dedié à S. Gregoire le grand que nous partismes du port de Macao, & fismes voile à la faueur d'vn bon vent, qui nous donna moien de saluer en passant le venerable Sepulchre, où reposa autrefois le corps de S. François Xauier en l'Isle de Sanchoan, d'où nous entrasmes en la mer d'Ainan, decriée pour les tempestes ordinaires qui tourmentent furieusement les vaisseaux, mais qui nous fut renduë calme, & bonasse par la faueur des Anges gardiens de Tunquin, durant les trois iours que nous costoyasmes ses grands & estendus riuages. Mais apres six ou sept iours de bon vent, comme nous approchions

prochions du port, le Ciel se chargeant de nuées qui menaçoient de se creuer sur nous, nostre nauire fut attaqué sur la nuict d'vn impetueux orage qui le secoüoit auec grand danger, & en mesme temps parurent dans l'air au milieu des éclairs qui le tranchoient des spectres horribles formez par les Demons, qui donnerent bien de l'épouuante aux Mariniers, iusques à ce que le matin iour consacré à la memoire du glorieux S. Ioseph, le Ciel s'estant éclaircy, les spectres éuanoüis, & les flots abbaissez, nous decouurismes vn port que les Tunquinois appellent *Cua bang*, nous le voulûmes nommer le port de S. Ioseph, pour y estre entrez heureusement au iour de sa feste, & sous l'esperance que Dieu l'accorderoit pour tutelaire, & pour nourrissier de l'Eglise naissante de Tunquin. Le Pilote du nauire estant passé dans vn esquif pour sonder le port, & l'ayant trouué bon, & abordable, nous y fismes aisement descente, & rendismes nos actions de graces à Dieu, qui nous y auoit heureusement conduits.

A peine eusmes nous pris port, qu'vn grand nombre de ceux du païs qui nous auoient veu aborder, vindrent dans des barques du Village voisin nous faire feste, & nous interroger, quelles gens nous estions, d'où nous venions, & quelles nouuelles marchandises nous portions? Ausquels ie respondis, faisant l'office d'interprete pour tous ceux de la compagnie, que c'estoit vn vaisseau de Portugais, gens assés connus en tout l'Orient, & pour la valeur de leurs armes, & pour les precieuses marchandises qu'ils y ont depuis long-temps apportées de leur païs: Et qu'à cette occasion ils venoient debiter aux Tunquinois vne precieuse perle,

qui

qui rendroit riches, & heureux tous ceux qui l'achepteroient ; le prix de laquelle n'estoit point si haut qu'il ne fust au pouuoir des plus pauures de l'achepter, pourueu qu'ils ne manquassent point de bonne volonté. Sur quoy témoignans de grands desirs d'en auoir la montre, ie leur fis entendre qu'elle ne pouuoit estre veuë des yeux du corps, mais bien de ceux de l'esprit qui sçait discerner le vray, d'auec le faux : Et en vn mot qu'on venoit leur enseigner la vraye Loy, dont le prix surpassoit celuy de toutes les marchandises de l'Inde, & qui pouuoit seule leur ouurir le chemin à la vraye, & eternelle felicité.

Donc ayant oüy parler de Loy qu'ils appellent *Dau* en la langue des lettrez, & *Daug* en la langue vulgaire, lequel mot signifie *chemin*, ils se rendirent d'autant plus curieux de sçauoir de moy quelle estoit cette vraye Loy, & ce vray chemin que nous voulions leur monstrer. Sur quoy ayant pris sujet de les entretenir du souuerain Principe de tout l'estre crée, ie me resolus dés lors de le leur annoncer sous le nom du Seigneur du Ciel, & de la Terre, ne trouuant point dans leur langue de nom propre pour signifier *Dieu* ; Car ce qu'ils nomment communement *Phat* ou *But*, ne signifie chez eux qu'vne Idole. Mais sçachant que le culte des Idoles est fort raualé d'estime parmy les principaux, & les Docteurs du Royaume, ie ne creu pas deuoir appeller Dieu, de ce nom, mais plûtost de celuy dont l'Apostre S. Paul l'appella preschant aux Atheniens, qui auoient dressé vn autel au Dieu inconnu ; le Dieu, leur disoit-il, que vous adorez sans le connoistre, est le Seigneur du Ciel, & de la Terre. Ce fut donc sous ce nom plein de majesté en la pensée mesme des Payens, que ie leur annonçay d'abord, que la vraye Loy consistoit premierement, & principalement à rendre nos legitimes deuoirs au Seigneur du Ciel, & de la Terre, par les moiens qu'il nous auoit reuelez. Ce que leur ayant declaré autant que ie les creu capables de le comprendre, & deux des principaux Auditeurs en ayant esté touchez, apres quelques iours, durant lesquels ils furent plus amplement instruits sur les poincts de nostre creance, ils receurent le Baptesme auec leurs familles; au premier desquels nous donnasmes le nom de Ioseph, à l'honneur de ce sainct Espoux de la Vierge, à la feste de qui nous abordasmes au port; & à l'autre celuy d'Ignace, Patriarche de nostre Compagnie.

Plusieurs reçoiuent la Foy en la Bourgade de S. Ioseph, & aux autres voisines.

CHAPITRE IV.

IL se passa quinze iours auant que le Roy de Tunquin receust les aduis de nostre venuë dans ses terres, durant lesquels n'estant point sortys du port de S. Ioseph, & n'y voulant pas estre oisifs, nous eusmes des conferences auec quantité de personnes, tant du Bourg de S. Ioseph, que des autres voisins, dont Dieu auoit touché les cœurs des premiers rayons de sa grace. La premiere conqueste que nous y fismes importante à l'establissement de la Foy, fut du

Maistre

Maistre d'eschole de ce lieu qui instruisoit la ieunesse aux lettres Chinoises, & aux erreurs du Paganisme, mais qui apres auoir esté maistre, & Docteur de l'erreur, se rendit disciple de la verité, auec toute sa famille qu'il attira à la suite de son exemple.

Nous luy donnasmes au Baptesme le nom de Pierre, & luy laissasmes par écrit les prieres Chrestiennes qu'il deuoit enseigner aux enfans qui estoient soûmis à son instruction, les iours de Dimanche : auquel office nous luy substituasmes son fils nommé Paul à son Baptesme, ieune homme de bon esprit, & déja bien intelligent des lettres Chinoises.

Il se presenta à moy d'vn autre Bourg vn fameux enchanteur, qui auoit dressé dans sa maison vingt-cinq autels aux Demons, desquels il estoit cruellement tourmenté ; & me demanda le moien de se pouuoir deliurer de la miserable seruitude à laquelle son malheur l'auoit engagé. Il estoit plein de bonne volonté d'abjurer le culte superstitieux qu'il rendoit à ces Tyrans de sa vie, & de renuerser les autels qu'il leur auoit dediez; mais il craignoit d'estre plus tourmenté d'eux apres les auoir irritez. Nous luy donnasmes courage, & le remplismes de confiance en la Foy de Iesvs-Christ, & en la vertu de la saincte Croix, le fleau, & la terreur certaine des Demons ; & ayant dilayé de luy donner le Baptesme, iusques à ce qu'il eust détruit les autels d'impieté qu'il auoit dressez, comme il se fut religieusement aquitté de tous ses deuoirs, il fut receu par le Baptesme au nombre des enfans de Dieu, & sa maison deliurée par le signe de la saincte Croix, & par l'aspersion de l'eau benite, de la possession des Demons.

Il s'en rencontra vn autre dans le mesme lieu fort addonné au culte des Idoles, desquels ayant reconnu les faussetez, & les impostures, non seulement il renonça tout à fait au seruice qu'il leur rendoit dans leurs Temples; mais ayant esté étably, pour le zele tres-ardent qu'il témoignoit à la Foy, comme maistre, & directeur des nouueaux Chrestiens, il prit depuis le soin de les assembler les Dimanches dans sa maison, où ils faisoient leurs prieres communes à la mode Chrestienne, ne pouuans pas encore auoir le bien d'entendre la saincte Messe, ny la commodité d'vne Eglise.

Nous estions pour lors au temps de la semaine saincte, auquel attendans la response du Roy, nous concertasmes auec les Portugais de planter la saincte Croix sur la cime d'vne montagne voisine, exposée en veuë de toute la mer; tant pour nous renoueller alors, par deuotion, la memoire de la passion du Sauueur, & donner exemple aux nouueaux Chrestiens des respects, & de l'adoration qu'ils deuoient à cét instrument sacré de nostre salut, que pour chasser les Demons par la force de ce signe, de la longue, & ancienne possession qu'il auoit prise de ces païs, & deliurer les Tunquinois de la domination tyrannique qu'il exerçoit sur eux. En effet il y auoit en ce port vn Temple consacré à cette infame fille Chinoise, noyée dans la mer, dont nous auons parlé cy-dessus, lequel n'estant pas à nostre pouuoir de détruire, nous prismes certaine confiance que la saincte Croix qui dominoit sur ce port, chasseroit par sa vertu le Demon qui s'y faisoit adorer. Donc ayant couppé dans vne prochaine

Forest la plus haute fuste d'arbre que nous peûmes trouuer, & en ayant formé vne Croix, nous allasmes tout ce que nous estions de Chrestiens, vieux, & nouueaux, la porter sur nos espaules le iour du grand Vendredy sur la plus haute crouppe de cette montagne, où apres les benedictions ordinaires nous la dressasmes comme le glorieux trophée de toutes les puissances de l'Enfer, & luy rendismes nos plus humbles, & religieuses adorations. C'est cette mesme Croix que le Roy de Tunquin voyant comme il passoit par cette mer, au temps qu'il faisoit les preparatifs de la guerre contre la Cocinchine; & ayant demandé si c'estoit là le signe que les Portugais auoient planté sur ses ports; & vn de sa suite amy des Chrestiens luy ayant respondu, que c'estoit vn signe qui les attiroit à tous les lieux où ils le voyoient, il en témoigna de la satisfaction, se figurant que par ce moien les nauires des Portugais seroient attirées dans ses ports, & y entretiendroient le commerce.

La reception que le Roy nous fit, & aux Portugais, comme il alloit à la guerre contre la Cocinchine.

CHAPITRE. V.

NOus trauaillions à l'instruction, & à la conuersion des Bourgades voisines du port que nous auions abordé, & auions déja donné le Baptesme à trente deux personnes, qui furent les premiers fruicts de nos trauaux, que nous cueillismes dans le Tunquin ; Quand vn Messager venu de la part du Roy, nous fit entendre comme il estoit party de la Cour pour la guerre de la Cocinchine, & qu'il s'attendoit de nous voir sur son chemin. Tellement qu'ayant dit adieu à nos nouueaux Chrestiens, & les ayant exhortez à tenir constamment la creance qu'ils auoient receuë, nous montâmes sur vn vaisseau que nous assigna l'Eunuque qui auoit esté enuoyé de la part du Roy pour nous conduire vers luy ; & entrâmes aprés deux iours dans vn grand fleuue de plus de dix milles de largeur, ou nous rencontrâmes le Roy, & la puissante flotte de son armée nauale qui alloit en bel ordre, ainsi que ie le vay descrire.

Deuant le Roy marchoient plus de deux cents Galeres bien trauaillées, éclatantes d'or, & ornées de riches peintures. Tous les soldats vestus de leurs Casaques, de la façon qui a esté cy-dessus descritte, & portans chacun en teste vn bonnet rond de couleur de pourpre, & les armes à leur mode belles & luisantes. Toute l'armée monstroit autant de pompe, qu'elle donnoit de terreur. Et ce qui estoit admiré de tous ceux qui le consideroient, & qui a esté déja remarqué, c'est que toute cette nombreuse flotte alloit, tournoit, s'arrestoit auec tant de mesure, & d'égalité, qu'il sembloit que ce ne fust qu'vn corps, & qu'il ny eust qu'vne mesme vertu mouuante qui l'esbranlast. Suiuoit le train ordinaire qui accompagne le Roy, composé de vingt-quatre Galeres, plus longues que les autres, & plus superbement embelies ; le bois par tout entaillé d'ouurages, & doré, & tout le funin qui attachoit, ou arrestoit les voiles de soye cramoisie. La magnifique

Galere

Galere qui portoit le Roy estoit au milieu entourée également des autres, dans laquelle il nous receut fort humainement,& auec témoignage d'auoir tres-agreable nostre venuë en ses terres.

Les Portugais qui estoient auec nous, luy firent des presens qui leur semblerent plus sortables, & plus propres du temps, c'est à sçauoir de belles armes complettes pour couurir la personne du Roy, s'il vouloit s'en seruir à la guerre. Nous luy offrismes encore de nostre pauureté des presens religieux, qu'il agrea, quoy que petits, & daigna recompenser auec de plus grands. Il n'eut pas alors le loisir de nous entretenir de plus longs discours, ayant toutes ses pensées tournées à l'attaque qu'il alloit faire; mais il nous commanda de le suiure, iusques à ce qu'il nous marquast le lieu où nous pourrions nous arrester. Ainsi nous suiuîmes l'armée dans le vaisseau sur lequel nous estions venus trouuer le Roy, & eusmes moien de voir le reste de l'armée nauale, & l'arriere-garde aussi nombreuse que la flotte qui marchoit deuant; sans compter vne infinité de barques, & de felouques qui estoient du train, & qui portoient auec le bagage vn grand nombre de femmes, qu'on deuoit laisser en la Prouince prochaine de *Thin hoa*, pour y estre éloignées des courses de l'ennemy. On faisoit encore compte de 500. vaisseaux qui suiuoient, & portoient les prouisions de bouche necessaires pour l'entretenement de l'armée de mer, & de celle de terre, qui auoit auancé sa marche par les costes voisines, auec trois cents Elephans qui trainoient l'artillerie. Tellement que nous nous laissasmes dire, que l'vne, & l'autre armée montoit à prés de deux cents mille

mille hommes effectifs. Nous fusmes dans l'armée à la suite du Roy enuiron huict iours, durant lesquels il ne nous manqua pas d'occasions, principalement quand l'armée faisoit quelque descente pour se rafraischir, d'entretenir de bons discours ceux qui nous approchoient, & de leur donner connoissance de la vraye Loy: mais quelque attention qu'ils prestassent à nos discours, leur affection qui estoit alors diuertie par les pensées de la guerre, ne s'y attachoit pas. Il arriua vn iour que le Roy s'estant arresté auec toute l'armée en vne grande campagne, auprés d'vn Bourg dit *An vuc*, pour y faire vn sacrifice prophane en veuë d'vn rocher, éleué sur le bord du grand fleuue, à la façon d'vne haute Pyramide, à la cime de laquelle est basty vn Temple d'Idoles, les Elephans qui auoient esté depuis peu amenez du Royaume de Laos, & n'estoient pas encore bien dressez, passans en desordre pousserent vn soldat dans l'eau du bord du fleuue qui estoit fort haut, tellement qu'on le croyoit mort, & en effet ayant esté tiré de l'eau, il ne donnoit aucun signe de vie: nous y accourûmes par charité, & apres auoir prié Dieu pour luy, & luy auoir fait prendre quelque chose par la bouche, nous le remismes en peu de temps en tel estat, qu'il reprit ses forces, & ses armes, & se rangea à son quartier. Ce qu'estant venu à la connoissance du Roy, il loüa grandement les charitables assistances que nous auions renduës a ce soldat, & nous commanda en suite de l'attendre en cette mesme Prouince iusques à son retour de la guerre; nous recommandant cependant, & les Portugais qui estoient auec nous, à vn Eunuque de son Palais, homme de bonnes mœurs, qu'il

prist

prist soin de nous, & nous donnast des gardes, afin que l'on ne nous fist aucun déplaisir. Dequoy il s'aquitta fort bien; nous ayant mesme fait accommoder vn logement assés ample, de bois, à la façon du païs, où nous dressâmes vne chappelle, & vn autel auec l'image du Sauueur.

Et il ne sera pas hors de propos d'adjoûter icy le sujet que prit le Roy de Tunquin pour faire la guerre au Roy de la Cocinchine. C'est que depuis que *Ciüa ou* (comme il a esté raconté au premier Liure) se fut saisy accortement de la domination des Prouinces de la Cocinchine, où son beau-frere l'auoit enuoyé en qualité de Gouuerneur, & que pour achepter la paix il se fust obligé en reconnoissance de luy payer vn certain tribut. Depuis ayant continué de le payer (tant luy, que son fils *Ciüa sai* qui luy auoit succedé) aux Roys de Tunquin leurs Parens, il arriua que *Ciüa sai* encouragé & aguerry par le commerce des Portugais, & s'appuyant encore de l'amitié, & de la faueur de quelques Seigneurs Tunquinois puissans en la Cour du Roy, prit resolution de secouër l'obligation de cette redeuance que son Pere luy auoit imposée. Neantmoins pour ne rompre point d'abord auec son Cousin, il s'aduisa de luy enuoyer comme en present deux cassettes richement ornées; pleines de quelques raretez exquises qu'il auoit recouuertes des Portugais, où acheptées des marchands de la Chine, & du Iapon. Celuy qui les porta, estoit expressement chargé, (apres auoir rendu ses complimens au Roy de Tunquin de la part de son maistre) de luy presenter l'vne de ces cassettes, & l'autre aux Princes de sa Cour qui se trouueroient presens.

Ce qu'ayant entrepris de faire, le Roy ne pouuant plus dissimuler le ressentiment de ce mespris iniurieux à sa dignité; Il semble (dit-il à cet Ambassadeur auec vn accent de cholere) que ton maistre par l'égalité de ses presens, vueille reconnoistre deux Roys de Tunquin, & me traitter de pair auec mes sujets; Va, rapporte luy ses cassettes, & dys luy que ie n'ay pas besoin de ses presens; & pour le tribut qu'il me doit, que ie l'iray moy-mesme prendre sur mes Prouinces auec vne armée. C'est le sujet de la guerre à laquelle alloit le Roy de Tunquin, quand nous arriuasmes en ses terres, de laquelle il auoit fait les preparatifs durant plus de trois ans.

Du grand concours des Payens pour oüir la parole de Dieu en nostre premiere Eglise de Tunquin.

CHAPITRE VI.

AVssi-tost que nous eûmes vn lieu propre pour faire nos fonctions, & prescher le sainct Euangile, il y eut vn grand nombre d'auditeurs qui y affluerent, & qui aprés l'instruction de la Foy, y receurent le sainct Baptesme; entre lesquels se firent remarquer quelques Prestres des Idoles qui ouurirent le chemin par leur exemple à la conuersion de ces peuples. Le principal, & le plus ancien des *Saï*, que tous les Prestres de la Prouince reconnoissoient, & reueroient comme leur Superieur, fut

fut aussi le premier qui embrassa la Foy, & la Religion Chrestienne, estant aagé de quatre-vingts cinq ans, & fut nommé au Baptesme Ioachim, homme d'authorité, & de bonne vie, qui attira apres luy quantité d'autres personnes de l'vn, & de l'autre sexe. Entre les vertus de ce venerable vieillard ie remarquay particulierement vn ardent desir qu'il auoit d'apprendre ce qui pouuoit seruir à son salut; ce qui faisoit qu'il vouloit toûjours estre aupres de nous, pour s'instruire plus amplement des veritez Chrestiennes, & des mysteres de nostre Foy. Il arriua vn iour qu'apres le disné, ie me seruis d'vn ieune garçon pour transcrire quelques prieres Catholiques à l'vsage des nouueaux conuertys, n'ayant point appellé le bon vieillard par consideration du temps auquel ie m'estois figuré qu'il vouloit prendre quelque repos. Ce qu'ayant appris il me fit de grosses plaintes de ce que ie m'estois serui d'vn autre plûtost que de luy en des choses qui luy appartenoient plûtost qu'à tout autre; veu qu'ayant esté par le passé Maistre, & Docteur de l'erreur, il estoit raisonnable qu'en ce où ie voulois prendre quelque ayde pour enseigner la verité, ie l'employasse plûtost que les autres. Ie loüay sa ferueur, & le remerciay de sa bonne volonté; luy promettant de l'employer, comme ie fis aux occasions, & auec auantage; car estant mieux versé que les autres en la connoissance des lettres Chinoises, il couchoit aussi mieux, & plus habilement qu'eux, ce que ie luy dictois. Et il ne se contenta pas de rendre ce seruice à la nouuelle Chrestienté de son païs; mais s'apperceuant que le lieu ou nous celebrions nos mysteres, & preschions la parole de Dieu

eſtoit trop étroit, pour le nombre des auditeurs qui s'y aſſembloient, il donna vn champ voiſin qui luy appartenoit pour baſtir vne Egliſe plus capable, qui fut bien toſt dreſſée de bois à la façon du païs, par la ferueur des nouueaux Chreſtiens, & ornée par la liberalité des Portugais, dont nous fiſmes la dedicace ſolennelle le troiſiéme de May, iour dedié à l'Inuention de la ſaincte Croix.

En ce meſme temps il arriua qu'vn des ſoldats du Roy tomba grieuement malade, au lieu, & à la Ville où nous eſtions, appellée *No*; dequoy quelques vns des nouueaux Chreſtiens nous ayants donné aduis, nous l'allâmes viſiter, & luy imprimâmes ſi auant par nos entretiens les ſentimens de la vraye Foy, qu'il demanda le Bapteſme, & le receut deuotement quelque temps deuant ſa mort, en laquelle il nous donna de grandes marques de ſa predeſtination. Nous fiſmes ſes obſeques les plus pompeuſes & ſolennelles qu'il nous fut poſſible; auſquelles aſſiſterent en bel ordre tous nos Portugais, auec les nouueaux Chreſtiens. Ce qu'ayant eſté fait publiquement à la veuë d'vn grand nombre de Payens, non ſeulement ils furent bien edifiez de la charité des Chreſtiens, mais auſſi touchez en l'ame de bons ſentimens de la Religion.

La Sœur meſme du Roy qui ſe trouua lors en cette Ville, ayant appris ce qui s'eſtoit paſſé nous fit appeller pour s'informer par nous meſmes de noſtre creance, de laquelle ie l'entretins quelque temps deuant deux cents ſoldats de ſa garde. Elle auoit depuis peu de temps perdu ſon mary, l'vn des principaux Seigneurs de la Cour du Roy, qu'elle auoit vniquement aymé,

& paſſion

& passionnoit fort de l'ayder de son pouuoir en l'autre vie à laquelle il estoit passé. Dont elle nous fit vne premiere question ; Quel merite nous auions trouué en ce pauure soldat qui estoit decedé, pour luy rendre de si charitables deuoirs, comme nous auions fait? Et nous luy ayants respondu, que ce n'estoit pas de son merite, mais de la bonté, & misericorde de Dieu; qu'il auoit receu la grace de croire en IESVS-CHRIST auant que de mourir, & auec elle les arrhes d'vne vie eternellement bien-heureuse en l'autre monde. Elle s'estonna de ce discours, & comme elle auoit sa pensée, & ses affections alors plus portées au bien de son mary, qu'à son propre salut, elle nous fit vne seconde question, non sans larmes ; Si nous sçauions quelque moien d'ayder efficacement son defunct mary? A cela nous respondîmes ce mot de nos liures sacrez, que là part où tomboit l'arbre, soit au Midy, ou au Septentrion, là il demeuroit sans se pouuoir releuer ; Et que pour nous, nous n'estions point enuoyez du Seigneur du Ciel, & de la Terre, pour annoncer l'Euangile aux morts, mais aux viuans, estant impuissans de donner aucun secours à ceux qui estoient morts dans l'infidelité. Desquelles paroles elle témoigna de s'affliger, donnant des larmes au mal-heureux estat, auquel nous luy disions que son mary estoit mort; sans pourtant prendre la pensée de pouruoir à soy mesme, & au salut de son ame. Mais quelques Dames de sa Cour en firent mieux leur proffit, resoluës de se procurer durant leur vie le bien dont nous auions parlé. Vne d'entr'elles fit ce discours dans son esprit, comme elle me le raconta depuis ; si ces bons estrangers vouloient flatter la Sœur du Roy dans son affliction, & luy faire accroire qu'ils ont moien d'assister en l'autre vie l'esprit de son mary, ils obtiendroient sans faillir d'elle, & de son credit, tout ce qu'ils voudroient: Puis doncques qu'ils estiment si peu sa faueur, & les auantages qu'ils pourroient pretendre d'elle à cette occasion, il faut croire que la doctrine qu'ils preschent est vraye, & il la faut embrasser pour iouïr du bien qu'elle promet. Ainsi discourut sagement cette Dame, & ayant pris vne ferme resolution de se faire Chrestienne, elle receut le Baptesme auec plusieurs autres qu'elle attira par son exemple, & par sa persuasion, & fut appellée Monique. La Sœur encore du Roy, quoy qu'oublieuse de son propre salut, le procura à la Mere de son mary suraagée, & fort malade, nous ayant fait appeller aupres d'elle, pour l'instruire en nostre Religion, & luy donner le Baptesme, qu'elle receut, & fut nommée Anne, & ayant suruescu fort peu de temps à sa conuersion, alla iouïr au Ciel, comme nous esperons, d'vne meilleure, & plus heureuse vie.

* *
*

De

De la conuersion de plusieurs Payens aux Bourgades voisines de nostre premiere habitation.

CHAPITRE VII.

DV lieu où nous fismes nostre premiere habitation, la reputation de l'Euangile que nous preschions, passa aux enuirons de tous costez, & donna commencement à la conuersion de plusieurs Bourgades voisines. Vn des principaux Gouuerneurs de la Prouince, nous ayant appellez à sa maison au iour d'vne ioyeuse feste qu'il y celebroit auec concours d'vn grand monde, nous donna occasion de discourir amplement deuant cette nombreuse assemblée, des principaux mysteres de la Foy. Duquel discours encore que luy ne proffita point pour la grande & attachante affection qu'il auoit à ses richesses, plusieurs autres neantmoins y prirent occasion d'embrasser les veritez de la Foy qu'ils auoient iusques alors méconnuës. Entre lesquels fut vn *Saï* fort renommé en tous ces quartiers là, qui auoit charge du Temple d'Idoles, posé sur la cime du Rocher en forme de Pyramide, dont nous auons parlé cy-dessus, & estoit vniuersellement en telle estime de vertu, & de sainteté parmy ceux de sa nation, que le Roy allant à la guerre de la Cocinchine s'estoit recommandé à ses prieres. Mais soudain qu'il fut instruit de la fausseté de sa religion, & de de la verité de la nostre, il abandonna ce Temple infame, où il auoit seruy les Demons, auec tous les instrumens de ses diaboliques superstitions, & receut le Baptesme auquel il eut nom Iean, auec sa femme qui fut nommée Anne, & toute leur famille; en sorte qu'il se fit de toute sa maison, comme vn Oratoire, & vn Temple sacré. La pluspart mesme des habitans de la Bourgade *d'An vuc*, qui auoient auparauant adheré à sa secte,& aux superstitions qu'il leur auoit enseignées, meus de son exemple & de ses exhortations receurent apres luy le Baptesme, & augmenterent de beaucoup le nombre des Chrestiens conuertys. Anne aussi sa femme qui ne cedoit point à son mary en vertu, & en zele d'aduancer les affaires de Dieu, le déploya enuers ses Parens, & alliez auec tant de soin,& d'assiduité, qu'elle les attira tous, tant du viuant de son mary, qu'aprés sa mort, à la connoissance de la Foy, ialouse de les rendre participans du bien qu'elle auoit receu.

En vne autre Bourgade de l'autre costé du fleuue, appellée *Vanuo*, vne bonne vieille auparauant fort addonnée à la superstition des Idoles, depuis qu'elle eut receu la Foy auec le Baptesme, conceut vn zele si ardent pour la conuersion de tous ses Patriotes, qu'elle en disposa vn grand nombre à la vraye creance, tant par ses paroles pleines de feu, que par les charitables œuures ausquelles la deuote Lina (ainsi l'appelloit-on) estoit incessamment occupée. Elle n'estoit affligée que des resistances que son mary rendoit à la grace, & à la vocation de l'Euangile pour estre engagé en sa vieillesse dans de folles, & des-honnestes amours, dont il auoit peine de se défaire. Mais enfin les feruentes

prieres

prieres que Lina fit pour sa couuersion, & la constante assiduité qu'elle rendit à l'exhorter au bien, amollirent tellement la dureté de son cœur, pour receuoir la grace du Sainct Esprit, qu'apres auoir congedié la Concubine qui tenoit son ame captiue au peché, il fut baptisé, & nommé Ioseph, & auec luy tous les enfans qu'il auoit eûs de cette femme, qu'il retint dans sa maison; de laquelle ces bons Vieillars ayant conuerty tous leurs soins aux œuures de pieté, firent vn Oratoire de deuotion pour les Chrestiens; & sans se lasser de bien faire, ajoûterent à l'Eglise (que les nouueaux Chrestiens auoient déja bastie en ce lieu) vn Hospital pour les pauures, dans lequel ils ont depuis prattiqué de tres-loüables exercices de charité.

Il y auoit non loin de nostre Eglise vne Maladerie, où se tenoit vn nombre de lepreux que nous allâmes visiter, & à qui nous n'eûmes pas beaucoup de peine à persuader les veritez de nostre Foy, & à les disposer au Baptesme, qu'ils receurent tous auec sentiment de deuotion; s'estant bien figuré (comme il est) que s'ils menoient ça bas vne vie langoureuse, & pleine de miseres, ils se rendroient capables d'en posseder vn iour vne autre plus heureuse, pleine de biens, & de delices. Le principal d'entr'eux, qui fut nommé Simon, comme il estoit assez intelligent des lettres Chinoises, mit par écrit les prieres, & les Commandemens du Decalogue, que nous luy dictâmes, afin qu'il les apprist, & les enseignât aux autres, dequoy il s'aquitta diligemment. Et veu qu'ils estoient infects, & separez de la conuersation commune des autres hommes, ils dresserent dans l'enceinte de leur logement vn Oratoire, où ils s'assembloient tous les Dimanches pour faire leurs prieres deuant vne Image que nous leur auions donnée.

D'vne attaque que nous firent les Saj, ou les Prestres Tunquinois.

CHAPITRE VIII.

LA Foy Chrestienne faisoit en peu de temps de si heureux progrez, que les Demons en furent piquez de rage contre nous, laquelle ne pouuans exercer par eux mesmes, ils se seruirent des *Saj*, c'est à dire de leurs Prestres, & de leurs emissaires pour nous trauerser. Ceux-cy estoient faschez de voir le culte de leur Religion abandonné de ses principaux supposts; mesme de quelques Prestres les plus renommez de leur Secte, qui estoient passez dans nostre party. Dequoy estant touchez au vif, ils s'assemblerent vn jour, & vinrent en trouppe nous attaquer, & nous prouoquer à la dispute sur le fait de la Religion. Nous leur accordâmes volontiers ce qu'ils demandoient: Et comme la plus part de l'Assemblée qui se fit autour de nous (mesme des Payens) eust desiré que nous donnassions commencement à la dispute par l'exposition de quelque poinct de nostre creance, & sur tout du premier principe, & du souuerain facteur de tout l'estre creé; & eux au contraire faisans instance de commencer la dispute par la lecture qu'ils vouloient faire (de-

quoy

quoy nous auions esté aduertis) d'vn papier remply de blaſphemes & d'iniures contre la Religion Chreſtienne; Nous diſmes, que nous ne faiſions pas difficulté de les laiſſer parler les premiers, & meſme de leur permettre la lecture de leur papier; pourueu que ce fuſt hors de noſtre habitation, où ſi nous ſouffrions leurs blaſphemes, nous craignions que le Dieu que nous ſeruons ne les vangeaſt ſur eux, & ſur nous. Et cependant pour rompre leur mauuais deſſein, nous les priâmes ciuilement de nous dire qui eſtoit l'Autheur de cét écrit qu'ils vouloient publier, afin que de la qualité de l'Autheur on priſt quelque connoiſſance du merite de l'eſcriture. Ce qu'ayant obſtinément refuſé de nous declarer, nous fiſmes deuant tout ce monde ouuerture de la ſaincte Bible qui contient ce que Dieu nous a reuelé, & fiſmes lecture à haute voix des premieres paroles Latines de la Geneſe; *Au commencement Dieu crea le Ciel, & la Terre.* Et comme tous admiroient ce Liure, proprement relié, & la nette beauté des characteres (quoy que menus) ils nous preſſerent inſtamment de leur expliquer en leur langue la ſentence que nous auions leuë. Ce fut alors que les *Saj* taſcherent de troubler tout par leurs crieries, & de faire nouuelle inſtance qu'il leur fuſt permis de lire leur papier: Ce que ne pouuans obtenir, ils s'emporterent contre nous à d'atroces iniures; & ie ne ſçay s'ils ne fuſſent point paſſez à quelque violence, ſi leur rage n'euſt eſté arreſtée par vn Eunuque du Palais du Roy qui ſuruint (Homme d'authorité) à la preſence duquel ils n'oſerent plus remuer; & nous fuſmes en pleine liberté d'interpreter (comme nous fiſmes) les paroles de la Genese, pendant quoy les *Saj* se retirerent grondans, & menaçans de malheur ceux qui embrasseroient la doctrine que nous preschions. Ce qui n'empescha pas que plusieurs, mesmes de leurs escholiers, ne se rangeassent à nostre party, & renonçassent à leur superstition.

Il y auoit prés de nostre habitation vne place qui estoit tous les iours au matin frequentée de beaucoup de peuple, par où il nous falloit souuent passer, & où prenans occasion du monde oisif que nous y trouuions assemblé, nous leur tenions de fois à autre des discours de l'autre vie, & de l'éternité des recompenses, ou des peines qui couronnent les merites, ou qui punissent les pechez des hommes: & comme la parole de Dieu qui est vne semence feconde, n'est iamais sterile de fruict, elle estoit toûjours receuë auecque proffit dans quelque bon cœur. Vn certain iour, vn ieune homme de bon esprit, & sçauant aux lettres Chinoises, ayant esté touché de ces discours, nous suiuit dans nostre logis pour estre plus amplement instruit, & se rendit si dolice aux veritez Chrestiennes, qu'encore qu'il fust auparauant fort addonné au culte des Idoles, il les abjura de grande resolution pour embrasser la Foy de IESVS-CHRIST: voire il nous témoigna vne ardente volonté de viure desormais auec nous, & de vaquer auec nous à l'instruction, & à la conuersion des autres; laquelle n'ayant pû accomplir, pour s'estre trouué engagé dans vne obligation de mariage, qu'il ne luy estoit point loisible de rompre, il ne laissa pas de nous ayder de bon cœur en tout ce qui fut de son pouuoir. Vn autre nommé Simon, apres sa conuersion fut

fut dans la mesme volonté, & nous eûmes bien de la peine à le faire sortir de chez nous, & à le faire retirer vers sa femme, qu'il amena apres auec toute sa famille à la profession de la Foy. Il se trouua finalement entre ces auditeurs vn homme déja d'âge, habitant d'vne Ville voisine, ditte *Haian*, qui ayant esté gaigné à Dieu par nos discours, & estant entré par le Baptesme au nombre des fideles, fut saisy d'vn si grand zele pour rendre les autres participans de la grace qu'il auoit receuë, qu'apres auoir fait connoistre la verité à tous ses domestiques, il estendit son zele à tous les habitans du lieu, faisant l'office de Catechiste, de Predicateur, & d'Apostre dans son pays : & ayant sceu qu'vne Dame de qualité estoit trauaillée du Demon, il luy persuada de se faire Chrestienne si elle vouloit estre deliurée de ce cruel ennemy de son repos ; Ce qu'ayant fait, elle receut auec le Baptesme l'effet qui luy auoit esté promis de son entiere deliurance. Toute sa famille apres elle fut baptisée, & renduë Chrestienne ; & nous fusmes appellez pour benir sa maison, de laquelle le Diable se retira, quittant la place à l'Image de la saincte Vierge que nous y attachasmes, qui en prit possession.

* *
*

Le Roy de Tunquin retourne de la guerre de la Cocinchine.

CHAPITRE. IX.

IL s'estoit desia passé deux mois, depuis que le Roy de Tunquin allant à la guerre de la Cocinchine nous auoit laissez en la Prouince de *Thiu hoa*, dans laquelle nous comptions prés de deux cents Chrestiens conuertys, petite trouppe, mais bien animée de la vigueur, & de l'esprit de la grace, & déja formidable aux Demons. Quand le Roy ayant troué plus de difficulté à l'entrée du Royaume qu'il estoit allé attaquer, qu'il ne s'estoit au commencement figuré; pour ne perdre son armée où les viures commençoient à defaillir, & pour ne tomber en quelque plus grande confusion, s'il s'opiniâtroit dauantage à forcer l'entrée que les Ennemys defendoient auec grand courage; craignant d'ailleurs qu'il ne se soûleuast quelque faction dans son armée, dans laquelle le Roy de la Cocinchine auoit de puissans Parens, & Amys; Il se resolut de quitter la poursuite de son entreprise, & de faire rebrousser toute son armée de terre, & de mer. Il ne manqua pas alors de personnes qui nous donnerent l'alarme, nous voulans faire accroire que le Roy de Tunquin estoit fort irrité contre nous, de ce que les Portugais auoient armé contre luy pour le Roy de la Cocinchine; Ce qui estoit faux en en effet, encore qu'au commencement on en eust eu l'opinion, sur vn stratageme dont s'estoient seruys les Cocinchinois, ayant disposé sur la crouppe d'vne montagne frontiere vn grand nombre de fantosmes vestus à la façon des Portugais, armez de baston, en posture de fuseliers qui menaçoient les Tunquinois d'approcher, qui n'estoit qu'vn stratageme innocent à leur faire peur.

Mais les Cocinchinois s'estoient seruis adroittement d'vne autre ruse plus malicieuse qui endommagea beaucoup l'armée du Roy de Tunquin : C'est que dans le premier port du Royaume qu'ils nomment *Cua sai*, duquel les Galeres Tunquinoises se deuoient saisir pour faire leur descente; ou plûtost à l'embouscheure du grand fleuue par où deuoit entrer l'armée Nauale, le Roy de la Cocinchine auoit fait cacher dans l'eau de grosses cordes tenduës vers les bords, herissées par tout de grands clous aigus, & de pointes tranchantes, à dessein d'embarrasser les Galeres qui en approcheroient. Ce qui arriua comme il l'auoit projetté, car vne partie de la flotte estant entrée aisément dans le port, comme elle voulut aller à l'attaque des Galeres ennemies qui se tenoient à l'embou cheure du fleuue pour empescher la descente des Tunquinois, elle se trouua engagée dans le piege des cordes qui auoit esté preparé, qui en renuerserent vne partie, & de leurs pointes aiguës blesserent, & tuerent presque tous les soldats qui tomberent dans l'eau, si bien qu'il en mourut enuiron trois mille à l'entrée du port. Cela n'empescha point qu'vn grand nombre de Galeres ne passast, & qu'vne partie de l'armée ne fist descente à terre, & ne donnât combat. Mais soit pour la vigoureuse resistance que rendirent les Cocinchinois, soit pour la crainte qu'eust le Roy de Tunquin de quelque nouuelle embusche, ou que les viures manquassent à son armée, s'il s'opiniâtroit dauantage, il prit resolution de se retirer.

Le Roy donc reuenant, quoy que nous fussions incertains quel cœur il rapportoit pour nous, & pour les Marchands Portugais, nous prîmes neantmoins resolution de luy aller au deuant, & de luy témoigner nostre joye pour la conseruation de sa personne. Dont encore ayant trouué entre nos petits meubles vn Liure de la Sphere d'Euclide, qu'vn de nos Peres qui sont en la Chine auoit composé en lettres Chinoises, & enrichy de belles figures de Mathematiques, nous le presentâmes au Roy apres luy auoir fait la reuerence, lequel il prit auec vn visage ioyeux témoignant fort d'agréer ce present, & nous commandant de nous asseoir auprés de luy, pour luy dire, & luy expliquer dequoy parloit ce Liure. Ce que nous entreprîmes de faire, encore que la nuict approchast, & qu'il fust déja bien tard, donnant ouuerture à nostre entretien par vn discours de la grandeur démesurée, & du mouuement regulier des Cieux, que le Roy écoutoit auec grande attention, & satisfaction; Mais comme il estoit las du voyage, & de l'agitation de la Mer, & voulant neantmoins que nous continuassions de parler, il demanda ciuilement (qui fut vn traict d'vne extreme bonté) que nous luy permissions de se delasser sur vne couchette, & que cela n'empescheroit pas qu'il ne se rendist attentif à ce que nous dirions. Nous le le remerciâmes de l'honneur qu'il nous faisoit ; & voyans qu'il estoit en repos, & prest à nous écouter, nous reprismes le discours commencé du mouuement des corps celestes, d'où il nous fut aisé de passer au tout-puissant Ouurier de cette machine, & à la Cour Royale qu'il a dans le plus éleué de ces grands corps, dans laquelle il fait éclatter sa gloire, & où il rend heureux, & glorieux pour l'eternité tous les Courtisans qu'il y reçoit, apres qu'ils l'ont fidellement seruy en ce monde. Nostre discours auoit duré prés de deux heures, & nous estions déja entrez auant dans la nuict, sans que le Roy, ny les Seigneurs de sa Cour donnassent aucun signe d'en estre ennuyez, quand nous demandâmes permission au Roy de le finir pour ne luy estre pas importuns. Nous estant donc retirez auec son congé, il nous fit suiure auec des presens, & de l'argent; dont nous prismes vne certaine asseurance, non seulement que le Roy n'estoit point fasché contre nous, mais qu'il nous estoit mesme fauorable, & affectionné. Dequoy nous rendismes à Dieu nos ctions de graces, comme d'vn grand bien qui nous estoit inesperément arriué.

Et nous fusmes encore alors confirmez dans l'opinion que nous auions prise, que la parole de Dieu ne reuenoit iamais vuide vers ceux qui la dispensent à bonne fin, car encore qu'il ne parust point qu'elle eust porté de fruict dans le cœur du Roy pour n'estre point alors preparé par la grace du S. Esprit, le Capitaine neantmoins de sa garde en fut si sensiblement, & si fortement touché, qu'il nous vint trouuer quelque temps apres pour receuoir vne plus ample instruction des veritez de la Foy, auec le Baptesme que nous luy donnâmes, & à toute sa famille qui proffita de l'exemple, & suiuit les sentimens de son Chef.

Le Roy de Tunquin delibere de nous mener à sa Cour, pour demeurer auec luy.

CHAPITRE X.

Nous estions traittez auec tant de témoignages d'honneur, & de bien-vueillance du Roy, que nous auions mesme en tout temps l'accez fort libre auprés de sa personne: Mais cependant nous ne trouuions en toute sa Cour aucun de ceux qui sembloient nous estre les plus affectionnez, qui voulut, ou qui osast faire la demande au Roy de ce qui nous importoit le plus, qui estoit d'estre retenus en son Royaume, le Nauire des Portugais s'en retournant à Macao. Et comme nous estions en cette peine, & que nous recommandions instamment cette affaire à Dieu; Voila qu'il arriua qu'au iour de la Vigile de S. Iean Baptiste estant allez visiter le Roy par honneur, soudain qu'il nous apperceut, il nous appella pour entrer dans sa Galere, où s'estant fait apporter la monstre d'horloge à roüës, & le poudrier dont nous luy auions fait present, quand il alloit à la Cocinchine, il nous demanda, à quoy cela seruoit, n'ayant iamais rien veu de semblable, & ne se souuenant pas de ce que nous luy auions dit de leur vsage. Ayans donc

donc monté la monstre pour l'heure qu'il falloit, comme elle eut sonné, nous tournâmes le poudrier, & dismes au Roy, que lors que toute la poudre qui estoit en la phiole d'en haut seroit tombée en bas, le tymbre de l'horloge sonneroit vne autre heure. Le Roy donc y prit bien garde, & voulant attendre qu'il sonnast vne autre heure, il nous mit encore en main le Liure Chinois que nous luy auions presenté depuis peu de iours, pour luy en expliquer quelque chose. Ce que nous fismes, & durant l'explication, le poudrier estant écoulé, le Roy qui y prit garde, & qui l'attendoit; Voila bien, dit-il, la poudre coulée, & cependant l'horloge ne sonne pas? Ce qu'à peine auoit-il dit, que l'heure sonna, auec tant d'estonnement, & de ioye du Roy qu'il ne pouuoit se contenir. De sorte qu'en ce mesme temps estant suruenu l'vn des principaux Docteurs du Royaume, fort estimé du Roy, & le Roy l'ayant fait asseoir aupres de luy, il luy monstra, & luy fit grande feste, tant de l'horloge, comme du Liure de Mathematique, dequoy ce Docteur témoigna faire grand estat: Mais en se retirant, il tint ce discours au Roy. Quant à l'artifice (Sire) de cette horloge, il est admirable, & digne de la curiosité d'vn Roy; Mais pour le liure, nostre Confusius nous suffit, & nous n'auons besoin dans le Royaume d'aucun autre. Ce qu'ayant dit, il prit congé du Roy, & se retira.

Mais tant l'estime, que l'affection du Roy (Dieu en disposant ainsi) se trouuerent tellement gagnées en nostre faueur par ces petits presens, ioint quelque autre consideration d'interest pour attirer dans son

Royaume le commerce des Portugais, qu'il luy prit enuie de nous retenir, si nous n'y faisions de resistance. Dont se tournant vers nous, il nous parla amiablement en ces termes. Voila que le Nauire des Portugais qui vous a amenez, ne tardera pas beaucoup de s'en retourner d'où il est venu : Pour vous autres, vous me ferez plaisir, & ie vous en prie de demeurer vn, ou deux ans auec moy, afin que i'aye le loisir, comme ie le desire, de m'entretenir auec vous de beaucoup de choses. A quoy ayans répondu auec tout respect, que nous estions entierement à la disposition de sa Majesté, estants prests (s'il nous le commandoit, & si nostre seruice luy estoit agreable) de demeurer dans son Royaume, non pas, vn ou deux ans seulement, mais toute nostre vie. Il nous demanda apres, si nous voulions demeurer tous deux, ou moy seul qui sçauois la langue du païs? Et ie luy respondis qu'il nous seroit fascheux de nous separer, & à moy particulierement, à qui le Compagnon que i'auois, comme estant encore jeune, m'auoit esté donné comme Pere; & s'il plaisoit à sa Majesté, nous demeurerions tous deux pour le seruir. Ce que le Roy trouua fort bon, adjoustant qu'il voyoit bien qu'il me seroit fascheux de demeurer seul, & sans Compagnon dans vn païs estranger, & inconnu. Ayant donc rendu tres-humbles graces au Roy, nous nous en retournâmes fort ioyeux à nostre logis, pour nous preparer à continuer nostre voyage auec le Roy; Reconnoissans en celà la conduite speciale de la Prouidence de Dieu, qui auoit inspiré cette pensée au Roy de nous retenir, sans qu'il fust besoin d'employer aucun autre de sa Cour, pour luy en faire

la

la demande, dont il eust peu entrer en quelque soupçon de nous. Cependant nos nouueaux Chrestiens triomphoient d'aise, de voir l'accueil que le Roy nous faisoit, & l'estime en laquelle il nous auoit: Ausquels ayant fort recommandé de faire grand estat de leur vocation, & de tenir constamment la Foy qu'ils auoient receuë par vne grace speciale du Ciel, nous leur disfmes adieu, & fismes voile quand le Roy partit auec toute l'Armée.

Ce qui arriua en nostre Voyage allant à la suite du Roy.

CHAPITRE. XI.

TOut le voyage & le chemin que nous fismes à la suitte du Roy, allant à sa Cour depuis nostre partement de la Prouince de *Thin hoa*, fut sans entrer dans la Mer, dans les canaux des grandes riuieres, qui sont tellement disposez qu'ils tranchent tout le païs, & se communiquent en sorte pour la commodité, que l'on peut passer de l'vn à l'autre sans grande difficulté. Or il arriua vn iour que se faisant vn beau concert de Musique dans la Galere du Roy pour le réjoüir, il nous enuoya vn de ses gens dans vne Galiotte toute peinte & dorée pour nous prendre, & nous mener vers sa Galere, où il vouloit que nous eussions part au plaisir de sa Musique. Nous nous y rendîmes en diligence, & trouuâmes le Roy occupé à cette honneste recreation, qui nous fit l'honneur de nous faire asseoir aupres de luy; & nous demanda comme on chãtoit en Musique en nostre païs: Nous luy expliquâmes ce qui en estoit, loüans cependant beaucoup (comme il falloit) celle du Roy: lequel ayant pris garde (quand ie parlois) au Chapelet de la Vierge qui estoit attaché à ma ceinture, il me le demanda, & l'ayant eu, il le mit au col d'vne petite niepce maladiue de trois ans qu'il caressoit sur ses genoux (enquoy il monstroit l'estat qu'il faisoit des choses de nostre Religion) se figurant qu'elle pourroit receuoir la gueriső de sa maladie par l'attouchement de ce Chapelet, & recouurer la santé du corps, n'ayãt aucune pensée de celle de l'ame; A quoy ie pẽsay neantmoins, & sans luy parler alors du remede du Baptesme beaucoup plus efficace, iugeay le pouuoir differer iusques à ce que nous fussions arriuez à la Cour.

Cependant (en quoy se fait voir l'inconstance des choses humaines) comme le Roy prenoit le diuertissement de sa Musique, ne pensant qu'à se réjoüir, voila qu'vn messager luy vint donner la nouuelle que le rebelle *Cüa Cauh*, qui sentant le Roy de Tunquin dans sa Cour se tenoit retiré dans les montagnes, à son absence, le voyant occupé à vne guerre estrangere, estoit descendu au plat païs, & entré dans les Riuieres auec deux cents Galeres, pour rauager le Royaume, & y exercer ses voleries ordinaires. Dequoy le Roy grandement émeu, commanda soudain que toute l'Armée tournast contre cét ennemy de son estat, & du repos de ses Peuples. Ce qu'estant venu à la connoissance du Rebelle, il se disposa à la fuite au plutost qu'il luy fut possible, rebroussant son chemin pour regagner ses

monta

montagnes: mais vn peu trop tard. Car le Roy de Tunquin le faisant poursuiure auec vn grand nombre de Galeres qui alloient plus vistes que les siennes, & l'ayant déja attaint de bien prés, le Rebelle se défiant de pouuoir rendre combat, & resister à de plus grandes forces, sortant de ses Galeres auec tous ses gens, se déroba la nuict, & se retira à trauers les champs en grande haste, ayant abandonné toutes ses Galeres vuides à ceux qui le poursuiuoient, qui fut vne perte inestimable pour luy. L'Armée cependant du Roy de Tunquin, n'ayant au matin point trouué de resistance dans la flotte ennemie qu'elle estoit allé attaquer, tous les soldats en estant fortys, le Roy commanda qu'on les poursuiuit viuement par terre: Mais parce qu'ils auoient gagné vn grand auantage, ayant marché toute la nuict, on ne peut attrapper des fuyards qu'vne cinquantaine, à tous lesquels le Roy fit tailler la teste en diuers lieux.

Pour moy voyant alors ces miserables menez au supplice, & ne pouuant me partager à tous pour les assister à bien mourir, i'en suiuis vn, & courus si à propos apres luy, que ie me trouuay encor à temps pour luy exposer les mysteres les plus necessaires de la Foy, & le disposer au Baptesme, qu'il fut content de receuoir. Ie regarday alors où ie pourrois trouuer de l'eau pour le baptiser; & n'en trouuant point tout autour de moy, & craignant que les soldats ne l'executassent pendant que i'irois en prendre à la riuiere: Dans cette peine m'auançant de quelque pas, i'apperçeus de l'eau de pluye dans vne fossette de terre, où elle estoit tombée la derniere nuict, non tant, comme ie

pense

pense, pour l'arrosement de la terre, que pour le salut de ce miserable, de laquelle ie portay dans le creux de la main ce qui me suffisoit pour son baptesme, que ie luy donnay, & le nommay Pierre, pource que c'estoit à ce iour la Feste de Sainct Pierre. Et à peine eus-je acheué la saincte ceremonie, que le soldat luy aualla la teste d'vn seul coup d'espée, qui tomba à terre; pendant que son ame nettoyée par la grace du Sacrement, monta (comme i'espere) au Ciel. I'accourus chercher les autres, si ie pourrois leur rendre quelque secours; mais ie les trouuay tous decapitez, le seul Pierre par la misericorde de Dieu (qui est admirable en la predestination de ses éleus) ayant reçeu la grace du baptesme, que ie luy allay donner plutost qu'aux autres, par le mouuement que Dieu m'en inspira.

Estant apres celà retourné vers la Galere du Roy, & voyant de grands preparatifs que l'on faisoit pour vn Sacrifice superstitieux, que le Roy deuoit faire en action de graces au Ciel, pour la Victoire qu'il venoit de remporter sur son Ennemy; Ie m'approchay de luy, & apres luy auoir témoigné mes réjouyssances pour vne Victoire si glorieuse sans perte des siens; luy exagerant le bon-heur qui auoit accompagné ses desseins, & luy voulant doucement faire entendre, que c'estoit au grand Dieu, Seigneur du Ciel, & de la Terre, qui donne toutes les victoires, à qui il deuoit toutes ses reconnoissances; & non au Ciel qui estoit vn Corps insensible, & sans ame, & incapable de connoistre le bien de la Victoire qui luy estoit arriué. Il me répondit, qu'il luy faloit alors remercier le Ciel pour la victoire qu'il auoit gaignée, à la façon de ses Majeurs; & que

quand

quand nous ſerions arriuez à ſa Cour, il s'informeroit de moy à loiſir des autres façons de remerciement, & de reconnoiſſance. Tellement que n'ayant pû empeſcher ce Sacrifice plein de ſuperſtition, ie me retiray dans la Galere que le Roy nous auoit aſſignée, attendant d'acheuer le reſte de noſtre voyage.

De noſtre heureuſe arriuée à la Cour du Roy, & de la premiere publication de l'Euangile.

CHAPITRE. XII.

NOſtre premiere venuë au Royaume de Tunquin, ayant eſté le iour du Glorieux Sainct Ioſeph, comme nous auons remarqué en ſon lieu, noſtre entrée à la Cour du Roy (Dieu le diſpoſant ainſi) fut au jour dedié à la Viſitation de la Glorieuſe Vierge, & Reine du Ciel, afin que ſous les heureux auſpices de cette grande Reine, la lumiere de l'Euangile entraſt dans la Cour du Roy de Tunquin, au meſme jour auquel elle apporta ſa benediction à la maiſon de Saincte Elizabeth.

Ce fut donq le ſecond jour du mois de Iuillet de l'An 1627. que nous entrâmes dans la Cour, & la Ville Royale de *Che ce*, à la ſuite, & à la compagnie du Roy, reuenant de la guerre de la Cocinchine, ou plûtoſt venant de donner la chaſſe depuis trois iours à *Ciüa Canh*, & de remporter ſur luy vne victoire tres-importante

 à tout

à tout son Estat : Estant certain que si le Roy fust demeuré plus long-temps absent de son Royaume, qu'il auoit dépoüillé de ses principales forces, le Rebelle qui s'estoit preparé à tirer aduantage de cette occasion, estoit pour reprendre les quatre Prouinces qu'il auoit autrefois tenuës ; veu le grand nombre de Galeres armées, & de soldats qu'il auoit menez ; ou pour le moins qu'il ne desolast par vn general rauage la plus florissante contrée du Royaume où il estoit entré. Ce qui fut cause d'vne grande & commune joye dans tout le Païs, & qui fit sortir tout le peuple de la Ville Royale au deuant du Roy, pour le receuoir comme triomphant à son arriuée, & l'accompagner auec hautes acclamations iusqu'à son Palais.

Là encore nous arriuâmes, à la suite du Roy, & dans le train de cette triomphante entrée, sans sçauoir où nous trouuerions logis, n'y ayant point encore en toute la Ville de Chrestien conuerty qui nous pût loger. Dieu toutesfois toucha le cœur d'vn Payen de haute condition, nommé *Man tai*, qui nous ayant considerez, nous offrit d'abord, & sans en estre recherché, sa maison, pour nous y retirer, & pour y faire nos fonctions, iusqu'à ce que le Roy nous eût pourueu de logement ; comme les témoignages qu'il nous auoit rendus de sa bonté, nous l'auoient fait esperer. Et ce fut merueille comment ce bon Seigneur se prit d'affection à tout ce qui estoit de nos affaires. Il nous preparoit luy mesme l'Autel pour la Messe ; il estoit assidu à oüir les Catechismes, & la Predication ; & voulut mesme que sa femme, & tous ses domestiques (apres auoir esté bien instruits des poincts de nostre

Religion,

Religion) receussent le Baptesme, encor que luy ne le receut point alors, ny estant pas assez disposé, pour quelques empeschemens qui le retenoient, qu'il n'auoit pas encore courage de vaincre; protestant neantmoins toûjours, qu'il ne mourroit point sans le Baptesme, lequel il vouloit remettre à vn autre temps, auquel il flattoit son esperance, & le desir de ceux qui aimoient son bien, de se dégager des liens qui tenoient sa liberté captiue. En quoy il hazardoit grandement l'affaire de son salut; ne pouuant pas s'asseurer en ce temps-là de la grace de Dieu, qu'il refuse souuent à ses temporiseurs qui en presument trop largement; & qui remettent leur conuersion au temps auenir. Le bon Dieu neantmoins, meu des prieres de sa femme, & de ses enfans; & peut-estre en consideration de l'office charitable d'hospitalité qu'il nous auoit rendu de si bon cœur, l'attendit apres dix ans, auquel temps il tomba grieuement malade; Et sa femme, Dame vertueuse, nommée Agathe, nous ayant aussi-tost appellez, nous luy rendîmes tres-volontiers, & auec grande joye, les dernieres assistances, en reconnoissance des obligations que nous luy auions; & l'ayans trouué fort disposé à receuoir le Baptesme, pour auoir congedié de sa maison le principal empeschement de sa conuersion, estant d'ailleurs depuis long-temps bien instruit de tous nos mysteres, & des poincts de la Foy, nous luy donnâmes le Baptesme auec le nom de Iean, apres lequel il ne tarda pas beaucoup de mourir, & passa heureusement (comme nous esperons) de cette vie, dans l'immortelle, & bien-heureuse.

Soudain que l'on eut connoissance à la Cour de nostre arriuée, & du logis que nous auions pris, il s'y fit vn si grand concours de personnes de toute condition, que nous auions grande peine de satisfaire à tous. La personne la plus apparente, & la premiere de celles qui receurent le Baptesme auec la Foy, fut la sœur mesme du Roy; laquelle pour estre sçauante des lettres Chinoises, & bien versée en la Poësie, nous appellâmes Catherine, afin qu'elle fust semblable à cette Saincte, autant en zele & en vertu, qu'elle l'estoit aux belles qualitez d'esprit, & en noblesse de sang. Aussi elle ne tarda pas de faire part à sa Mere de la grace que Dieu luy auoit faite, & de l'attirer à la profession du Christianisme, qui fut vne tres-importante acquisition que fit cette Eglise naissante; Car cette Dame estoit encor bien intelligente des lettres Chinoises, & auparauant si fort adonnée au culte des Idoles, que les Saj l'appelloient *Thaj*, c'est à dire *Maistresse*, pour la capacité qu'elle auoit d'instruire les autres: Mais elle changeant de Religion, changea aussi de zele, qu'elle appliqua à l'instruction de quantité de ieunes Dames qu'elle forma aux mœurs, & à la pieté Chrestienne par ses enseignemens.

Sa Fille aussi, Madame Catherine, se rendit si affectionnée à la connoissance, & à la meditation de nos mysteres, que comme elle estoit bien versée en la Poësie du pays, elle composa en beaux vers toute l'histoire du Catechisme; commençant depuis la Creation du monde, iusques à la venuë, la Vie, la Passion, la Resurrection, & l'Ascension de Nostre Seigneur. Voire elle adjoûta à la fin de son Poëme, la description de nostre arriuée au Royaume de Tunquin, & les commen commencemens de la publication de l'Euangile. Duquel Ouurage il en reuint ce bien, que non seulement les nouueaux Chrestiens chantoient ces vers dans les maisons, à la Ville, & à la Campagne ; mais encor beaucoup de Payens les chantant, dans le plaisir qu'ils prenoient à la douceur du chant, s'instruisoient des mysteres, & des veritez de la Foy.

De la conuersion d'vn Saj renommé, & de beaucoup d'autres qu'il amena à la Foy.

CHAPITRE XIII.

C'Est vne remarque que nous auons faitte dans le Royaume de Tunquin, que de tous les Infideles que nous y auõs cultiuez, & tâché d'attirer à la connoissance de la vraye Foy, nous n'en auons point reconnu de plus susceptiples de nostre Religion, & plus constans à la retenir, que ceux qui ont esté auparauant fort attachez au culte des Idoles. Entre ces superstitieux adorateurs, il faut icy auec raison faire mẽtion d'vn Saj fort estimé, habitant d'vne Bourgade ditte *Vu Xa*, distante vne, ou deux iournées de la Ville Royale. Cét homme auoit esté choisy pour sa probité exemplaire, par vne des Concubines du Roy, Dame de cette Bourgade, pour auoir charge d'vn Temple d'Idoles qu'elle y auoit fait bastir, auec vn autel au fonds, & vn Tabernacle d'vne superbe manufacture, enrichy d'or, & embely de peintures, dans lequel elle croyoit follement que son esprit demeureroit apres sa mort. Mais soudain que le bon Saj eut receu dans l'instruction que nous luy donnâmes, les premiers rayons de la grace, & de la vocation au Christianisme, sans s'arrester à la consideration de ses interests temporels, & du credit de celle qui l'auoit nommé à la charge du Temple, qui pouuoit s'offencer contre luy s'il l'abandonnoit, en sortit comme d'vn lieu contagieux à la profession qu'il vouloit faire; & se retira auec sa femme en sa maison particuliere, pour s'y preparer plus deuotement à la reception du Baptesme, auquel le Saj fut appellé Antoine, & sa femme, Paule. Depuis Antoine épris d'vn grand zele, pour ne laisser sans fruict la grace qu'il auoit receuë, fit de sa maison, comme vne Eglise, où il appelloit, & attiroit par sa reputation les habitans du lieu, qui s'y rendoient à si grande foule pour receuoir ses instructions, que le Temple des Idoles fut entierement deserté; ne se trouuant d'ailleurs plus personne qui en voulust prendre la charge apres qu'Antoine l'eût quittée. Dequoy la Concubine, Dame du lieu, ayant appris ce qui s'estoit passé, entra en si haute rage, qu'elle manda à son Frere qui commandoit dans le lieu à son nom, qu'il fist r'entrer le Saj conuerty dans sa premiere charge, & au cas qu'il refusast de la reprendre, qu'il le fist foüetter au milieu de la Place publique. Ce qu'il executa, sur le refus courageux qu'Antoine luy en fit, l'ayant fait attacher à vn poteau au milieu de la Place, & foüetter cruellement à la veuë de tous les habitans qui en fremissoient. Ce qu'Antoine souffrit auec

auec vne grande constance, & sans se rebutter de cét indigne traittement qu'il auoit receu ; voire glorieux du témoignage public qu'il auoit donné de sa Foy, il s'appliqua auec plus d'ardeur que deuant à prescher l'Euangile de IESVS-CHRIST, & à solliciter tous les hommes de se ranger de son party ; pendant que sa femme Paule, qui ne luy cedoit point en zele, & en vertu, appliquoit les mesmes soins à instruire les femmes, & à les disposer au Baptesme. Ce qui estant venu à la connoissance de la Concubine, peu s'en falut qu'elle ne fist éclatter sa fureur sur la teste du pauure Antoine : Craignant neantmoins de faire mourir sans cause vn homme de bien, & tenu sans reproche, elle eut le pouuoir de le bannir de son païs, & de luy confisquer ses biens, qu'il abandonna d'vn grand courage pour Dieu, & pour la gloire de son Nom ; n'estant point tant fasché d'en estre priué, que de s'esloigner d'vne centaine de Chrestiens qu'il auoit gagnez à Dieu, qu'il laissoit encores tendres en la Foy, & foibles pour resister à vne forte tentation. Et eux aussi eussent esté inconsolablement affligez de se voir priuez en vn mesme iour de deux personnes qui leur estoient si necessaires, & qu'ils tenoient en lieu de Pere, & de Mere ; s'ils n'eussent adoucy leur affliction par l'expedient qu'ils prirent en cét abandon, d'aller faire leurs exercices de deuotion en vne Bourgade voisine, appartenante à vn autre Seigneur, où ils se figuroient qu'ils seroient bien receus, & en liberté de faire profession de ce qu'ils estoient.

L'exil d'Antoine causé par la passion d'vne femme insolente, fut selon la raison, & le dessein de Dieu, qui l'addressoit par sa prouidence à vn païs estranger, où il deuoit par son industrie, & par son zele, disposer beaucoup de Payens à receuoir la Foy. Aussi il n'y fut pas plutôt arriué, qu'il commença à y faire l'office de Catechiste, & d'Apostre, à prescher, & publier nos mysteres, à ébranler les consciences, à conuaincre les esprits, & à faire des conquestes sur le Demon. En effet, il ne venoit iamais à la Ville Royale (ce qu'il faisoit souuent) qu'il ne nous amenât à baptiser, tantost vingt, tantost trente, & vne fois mesme quatre-vingts Catechumənes; & entre ceux-cy vn bon nombre de sçauans aux lettres Chinoises, encore que luy n'y fust pas beaucoup versé, & que semblables personnes pour le marque de cette capacité ne soient pas en grande estime parmy les Tunquinois: Mais l'Esprit de Dieu qui residoit en son ame, & animoit tout ce qui partoit de luy, le rendoit respectable, mesme à tous les Sçauans; & ses paroles puissamment efficaces, voire enuers les plus endurcis. Ayant vne fois reconnu vn de ces nouueaux Chrestiens fort relâché aux exercices de la deuotion, & qu'il s'absentoit mesme sans cause les Dimanches, des Assemblées communes, il l'alla trouuer, & luy ayant representé le mauuais estat où il se trouuoit, & le precipice qu'il ouuroit à sa totale ruine, se disposa parfaittement à r'entrer dans son deuoir, & à se remettre aux bonnes graces de Dieu; luy proposant l'exemple du Centenier Longin, que de la cruelle playe qu'il fit au costé du Sauueur receut la lumiere, & la grace du Ciel. Et nous ne sçauons pas qu'il eust appris d'autre que du S. Esprit, cét exemple de Longin, dõt il se seruit pour r'amener le Chrestiẽ débauché.

Vn grand

Vn grand nombre de Payens reçoit le Baptesme.

CHAPITRE XIV.

IL y a non loin de la Ville Royale vn Pont celebre, dit *Caugien*, qui donne le nom à tout vn païs voisin, qui est habité de plusieurs Idolatres, hommes, & femmes, vnis par vne particuliere profession qu'ils font de s'employer à de bonnes œuures vtiles au public; comme à releuer les Ponts qui sont tombez, à bâtir des maisons pour receuoir les Pelerins, & aux semblables; Et comme les hommes de cette profession sont appellez *Saj*, les femmes sont nommées *Vaj*: Et pour expliquer l'vnion d'estat, & de profession qui est entr'eux, on les nomme d'vn nom composé de deux, *Saj Vaj*. D'où est venu que ceux-là mesme qui sont fort adonnez au culte des Idoles, & qui en suite portent leurs soins particuliers à prattiquer semblables bonnes œuures, sont communement appellez *Saj Vaj*. Il y auoit donc vn grand nombre de ces *Saj Vaj*, habitans de la Bourgade ditte *Cau gien*, distante enuiron demie lieuë de la Ville Royale, lesquels ayant eu connoissance de nostre arriuée à ladite Ville, touchez de quelque secret mouuement du Sainct Esprit, vinrent soudain à grandes trouppes nous trouuer, nonobstant l'incommodité du temps qui estoit pluuieux, & des chemins qui estoient tous détrempez de bouës, pour estres instruits de la Loy que nous preschions : Et témoignerent depuis vne si grande auidité de l'apprendre, qu'ils ne manquoient aucun iour, quelque temps qu'il fit, de se rendre à nostre Eglise à l'heure que nous y enseignions le Catechisme :De sorte que dans peu de temps douze d'entr'eux des mieux instruits furent baptisez, qui ont depuis beaucoup aydé au progrez du Christianisme en ce païs-là, & trauaillé de grand ardeur au bastiment, & à la dotation du premier Hospital à receuoir les pauures, qui ayt esté dressé dans le Royaume de Tunquin.

Ce ne fut pas seulement des Idolatres, & des ignorans qui faisant ioug à la verité, furent appellez en ces commencemens à la profession du Christianisme ; Il ne manqua pas de lettrez, & de Sçauans qui vinrent prendre chez nous, auec beaucoup d'humilité, les premieres instructions de la Foy ; Et entr'autres vn *Oun ghe* (ainsi appelle t'on ceux d'entre les lettrez, qui ont esté, ou qui sont dans la fonction de quelque charge publique) âgé de soixante dix ans, vint auec sa femme, déja vieille, demander l'instruction que nous donnions aux autres, & apres cela le Baptesme ; lequel ils receurent auec de tendres témoignages de gratitude enuers Dieu qui les auoit attendus si long-temps, & conseruez iusques à cét âge, pour les éclairer des lumieres de la vraye Foy. Et ils firent tant d'estat de la grace qu'ils auoient receuë, que pour témoigner leur reconnoissance ils nous amenerent vn nombre de leurs parens de diuerses Prouinces, pour leur faire auoir part à vn bien qu'ils estimoient tant. Celuy-cy fut suiuy d'vn ieune Licencié fort habile, qui ne marchanda pas beaucoup sa conuersion, & fut appellé Iean en son Baptesme, & depuis si heureux à imprimer ses sentimens dans l'esprit de sa mere, & de toute la famille, qu'il nous l'amena, toute bien instruitte des principes de la Religion, pour luy donner le Baptesme; son pere s'y accordant de bon cœur, quoy qu'il manquast luy mesme de cœur, & ne se peust alors resoudre de le prendre.

Nostre logis fut des le commencement frequenté de plusieurs autres lettrez, que la curiosité nous amenoit, plûtost que la deuotion, ou le desir d'apprendre ce qui estoit de leur bien; aussi n'en rapportoient-ils pas beaucoup de fruict, aueuglez de la vanité de leur suffisance; & cherchans plûtost de contredire à ce que nous disions, & preschions de nos mysteres, que de s'en instruire pour leur proffit; en qui nous trouuions verifiée la parole du Fils de Dieu, qui dit; qu'il y en a beaucoup d'appellez, mais peu de choisis.

* *
*

Le Roy de Tunquin nous fait bastir prés de son Palais, Maison & Eglise, où nous faisons nos fonctions auec grand concours.

CHAPITRE. XV.

LE Nauire des Portugais qui nous auoit amenez à Tunquin, estant prest à partir, le Roy qui de sa grace nous-y auoit arrestez, voulut par vn surcroist de bonté, écrire vne lettre de ciuilité par le retour du Nauire, au P. André Palmier lors Visiteur, pour le remercier de nous auoir enuoyez à son Royaume, & luy expliquer la satisfaction qu'il receuoit de nostre venuë. Mesme qu'en témoignage d'affection, & de magnificence, il ne voulut point qu'elle fust écritte sur le papier du païs à l'ordinaire (encore qu'ils en employent de fort beau, peint, & doré auec grand artifice) mais sur vne lame d'argent estenduë, puis grauée, & pliée en rouleau.

Toutefois il arriua par malheur que le Nauire perit par vn fortunal de mer contre l'Isle d'Ainan : Tellement que la lettre du Roy estant tombée au pouuoir des habitans de l'Isle, qui auoient recueilly le bris du naufrage, fut dépuis racheptée par le P. Palmier, & portée à Macao.

Cependant comme nous eusmes reconnu que le logis de nostre habitation estoit trop étroit pour nos

fonctions

fonctions, & moins propre à satisfaire au concours du grand monde qui venoit à nous : Nous allasmes trouuer le Roy, & luy exposâmes tres-humblement nostre incommodité, le suppliant de nous assigner vn autre lieu plus commode la part où il luy sembleroit bon. Ce que le Roy non seulement approuua, mais adiousta de sa grace qu'il auoit resolu de nous dresser vne habitation dans son propre Palais ; & partant que nous fissions choix du lieu que nous iugerions plus propre pour nos fonctions, & qu'il commanderoit aussi-tost de le bastir, & accommoder à nos vsages. Sur ce il ne manqua pas de personnes bien affectionnées qui nous conseilloient d'accepter l'offre du Roy, & de nous loger dans l'enceinte du Palais, tant pour nous garantir du danger des embrasemens qui sont assez frequens en cette Ville, comme des voleries ordinaires que les larrons y exercent. Toutefois parce que l'entrée du Palais du Roy pour beaucoup de considerations eust esté plus difficile à l'abord des nouueaux Chrestiens, nous choisismes plûtost de nous loger hors du Palais auec quelque incommodité, quoy que non gueres loin, pour aller plus commodement vers le Roy quand nous serions appellez. De sorte que dans peu de iours nous eûmes vne maison dressée par le commandement du Roy, en la place que nous auions choisie, auec tous les auantages que nous eussions peu desirer. Le bastiment n'estoit que de bois à la façon du païs, mais bien capable, & d'vne structure pareille à celle des maisons qui sont habitées des Nobles.

Ce fut donc sur la fin du mois de Nouembre, quatre mois aprés nostre entrée dans la Ville Royale, que nous passâmes à nostre nouuelle habitation, dont vne partie fut dediée à nous seruir d'Eglise, & où (soudain que nous en eusmes pris possession) nous fusmes visitez d'vne si grande affluence de monde, qu'il nous falust Prescher iusques à six fois le iour, trois fois dans la matinée, & trois fois apres le disné, pour satisfaire à l'attente de ceux qui venoient, & qui se succedoient les vns aux autres. Le fruict aussi que nous recueillions de nos trauaux, & de la semence de la parole de Dieu que nous jettions, estoit si grand qu'il nous faloit prendre deux iours dans la semaine, pout donner le Baptesme à ceux qui le demandoient, & ordinairement à vingt, & quelquefois à quarante personnes, entre lesquels il y auoit des gens de condition, mesme de la Maison du Roy. Il est vray qu'il nous falut au commencement soûtenir la dispute contre certains esprits curieux, & contentieux, qui ne venoient nous oüir, que pour contredire à la doctrine que nous preschions. Ce qui non seulement troubloit l'ordre de nos sermons, occupant le temps precieux qui leur estoit destiné, que nous donnions à répondre à leurs questions, & à resoudre leurs doutes; mais jettoit encore du trouble dans leurs esprits, & empeschoit le fruict de l'Euangile. Dont nous prîmes resolution, de n'admettre personne à proposer des questions, qui ne se fust rendu durant huict iours auditeur assidu de la doctrine que nous enseignions: D'où il arriua, que, ou ces esprits coquilleux se retiroient par impatience deuant ce terme, ou s'ils se rendoient assidus à nous ouïr durant tout ce temps, ils estoient à la continuë éclaircis de leurs doutes, & n'auoient rien plus à nous

pro

proposer au contraire : Et ainsi il y auoit moins de perte de temps, & moins de danger de troubler par ces contentions puntilleuses, ou friuoles, les Auditeurs bien intentionnez.

La methode que nous gardions à enseigner le Catechisme.

CHAPITRE XVI.

ENcore que plusieurs de ceux qui ont annoncé la doctrine de l'Euangile aux autres Royaumes des Infideles, ayent esté d'aduis qu'il faloit premierement détruire les erreurs du paganisme, & desabuser les esprits saisis de fausses opinions, auant que d'establir, & d'enseigner les poincts, & les principes de la Religion Chrestienne; suiuant l'ordre que Dieu donna à vn Prophete, luy disant; Ie t'ay mis pour détruire, & arracher; pour édifier & planter : Et pour le tres-auguste mystere de la saincte Trinité, de ne l'exposer aux Catechumenes qu'au temps qu'ils se trouueroient disposez à receuoir le Baptesme; pour n'embroüiller d'abord leur esprit des doutes qui leur pourroient naistre sur ce tres-haut, & ineffable mystere. I'estimay neantmoins par l'experience que i'en pris, deuoir tenir entre deux vne methode d'instruction pour les peuples de ce Royaume. C'est à sçauoir de ne combattre point les erreurs des sectes Tunquinoises, auant que d'auoir posé quelques principes connoissanoissables par la seule lumiere de la Nature ; comme de la Creation du monde, de la fin pour laquelle le souuerain principe de l'estre creé, a fait & ordonné la creature raisonnable, & des obligations qu'elle a de le reconnoistre, & de le seruir : tant pour ietter dans leur esprit quelque fondement asseuré, sur lequel le reste de leur creance se puisse aucunement appuyer; comme pour ne les rebutter point d'abord d'oüir décrier & rendre ridicules leurs deuotions, quoy que fausses, & leurs obseruations superstitieuses, ce qui est souuent arriué. Il m'a donc mieux reüssi, autant que ie l'ay pû remarquer, de leur imprimer quelques sentimens de pieté, & d'amour naturel enuers le Createur, & le premier principe de leur estre. Puis par le recit de l'histoire du deluge general, & de la confusion des Langues, leur donner quelque apprehension du Dieu qu'ils doiuent craindre & adorer ; & de là descendre à la refutation de l'Idolatrie, laquelle mesme le Diable n'a pas introduitte dans le monde qu'apres le deluge. En quoy ie suis bien d'accord auec les autres, qu'il ne faut point exposer aux Payens que l'on veut conuertir, les mysteres de la Saincte Trinité, de l'Incarnation, & de la Passion du Fils de Dieu, & ietter la sainte semence de ces grandes veritez dans leurs cœurs, deuant que d'en auoir arraché les erreurs, & la superstition de l'Idolatrie.

Toutefois il ne me semble pas qu'il faille attendre le temps proche du Baptesme, pour proposer aux Catechumenes la creance de la Trinité des diuines Personnes : mais plûtot commencer par la declaration de ce mystere, d'où il est plus aisé de descendre à l'Incarnation

nation du Fils de Dieu, qui est la seconde Personne; puis aprés à ce qu'il a souffert pour sauuer le monde perdu par le peché, à sa Resurrection, & aux autres mysteres de nostre Religion; qui est la suitte, & la methode qui a esté obseruée par les Apostres au Symbole de la Foy qu'ils nous ont laissé. Et pour moy durant tant d'années que i'ay employées à l'instruction des Payens, ie n'en ay iamais trouué aucun qui se soit rebutté de nostre Foy, sur la proposition du secret incomprenable du mystere de la Trinité: voire i'ay toûjours reconnu qu'ils ont bien plus de peine à croire celuy de l'Incarnation: Et la raison en est, parce qu'ils ne treuuent pas étrange que Dieu, dont ils connoissent par vn raisonnement naturel, la nature inconceuable & éleuée au dessus de nos connoissances, soit aussi moins explicable par nos discours en ses proprietez, & aux personnes que nous proposons à leur creance. Mais la grande peine que nous auons, est à leur persuader que celuy qui est vn pur esprit, qui est eternel, & immortel, & qui regne dans le Ciel couronné de gloire, se soit reuestu de chair, ayt pris naissance dans le temps, ayt esté sujet à la mort, & exposé à toutes sortes d'opprobres, & de miseres. C'est pourquoy quand il est question de proposer aux Catechumenes les mysteres de la Passion; il le faut faire auec addresse, & vn peu autrement que l'on ne fait pas à nos Chrestiens, en obseruant ces trois choses. La premiere de releuer beaucoup les prodiges qui arriuerẽt en la mort de IESVS-CHRIST; comme toute la nature s'éffraya de l'attentat commis en sa personne; comme le Soleil retira ses rayons, & ne voulut point éclairer la terre coupable d'vn si execrable sacrilege ; comme les tombeaux s'ouurirent, les rochers se fendirent, la terre trembla, & toutes les creatures témoignerent la douleur qu'elles auoient de la mort de leur Createur. D'où il faut conclurre, que s'il est mort, ce n'a esté que de sa volonté, & par la permission du pouuoir qu'il en a donné à ses meurtriers, pour operer le rachapt, & le salut du genre humain. En second lieu, aprés auoir expliqué le grand amour, & les admirables vertus qu'il a témoignées en patissant, & mourant ; il est à propos de leur exposer pour la premiere fois l'image du Crucifix pour estre adorée, auec cierges allumez, & autres semblables ceremonies de deuotion. Tiercement il ne leur faut iamais expliquer la Passion, & la mort du Sauueur, que l'on n'adjouste aussi-tost le recit de sa glorieuse Resurrection, comme il ressuscita de sa propre vertu le troisiéme iour, & se leua triomphant du tombeau, où on l'auoit mis ; afin que de là il apparoisse mieux ; que s'il s'est pû donner la vie en surmontant la mort, il estoit Seigneur de la vie, & de la mort, & comme tel il se pouuoit empescher de mourir, & se déliurer des mains des Iuifs, s'il l'eust ainsi voulu. Et ce discours leur doit estre souuent reïteré, & imprimé dans l'ame, afin qu'ils conçoiuent plus d'amour, & de respect enuers le Sauueur : L'experience nous ayant fait connoistre, que plus ils sont affectionnez, & deuots à la Passion du Sauueur, ils sont aussi estants faits Chrestiens, plus fermes, & plus constans à la pratique de la vertu.

Quelques

Quelques occasions confirment grandement les nouueaux Chrestiens en la Foy.

CHAPITRE XVII.

PARMY ceux qui se rendoient fort assidus à l'instruction des Catechismes que nous faisions tous les iours en nostre Eglise, il y eut vn certain Saï, à qui la Mere du Roy, deuant qu'elle eust embrassé nostre Religion, auoit donné la charge de l'vn des principaux Temples des Idoles, voisin du Palais Royal, qu'elle auoit fait bastir. Cét homme durant cinq iours continus qu'il frequenta nos assemblées, prestant vne singuliere attention à la doctrine Chrestienne qui estoit expliquée, auoit donné à tous ceux qui l'auoient consideré, vne grande esperance de sa conuersion : Quand le cinquiéme iour sa femme entra dans nostre Eglise, effarée, & transportée de fureur comme vne Proserpine, & s'addressant à son mary qu'elle auoit cherché dans la trouppe: Et comment, luy dit elle, es tu deuenu si fol, & si abandonné de sens, d'embrasser vne Loy qui t'obligera de quitter tes Dieux, & ton Temple? he! inconsideré que tu es, quand tu auras quitté le seruice de ton Temple qui te donne dequoy viure, où prendras tu dequoy entretenir ta maison, ta femme, & tes enfans? & d'où tireras-tu la subuention de toutes tes necessitez? Ainsi declamoit hautement cette furieuse, sans que le bon Saï osast luy repliquer vn seul mot, ou resister à l'instance qu'elle luy faisoit de sortir de l'Eglise, & de se retirer à son logis : Ce qu'il fit laschement auec le regret de ceux qui auoient beaucoup esperé de sa conuersion.

Cependant l'infidele lascheté de ce Saï ne seruit pas de peu à confirmer les nouueaux Chrestiens en leur Foy par vne occasion qu'il en donna, qui fut l'effet (comme il n'en faut point douter) d'vne speciale prouidence de Dieu. Car cét homme qui auoit encore l'esprit saisi des poincts de la doctrine Chrestienne qu'il auoit ouïs, estant entré le matin d'vn iour de Dimanche dans nostre Eglise, à l'heure que les Chrestiens se preparoient pour entendre la Messe, il leur monstra vn Liure écrit en lettres Chinoises, qui estoit marqué en la premiere page du sainct Nom de IESVS, peint en gros caracteres : Ce que ie voulus voir, & reconnus aussi-tost, que c'estoit vn Liure apporté de la Chine, & composé par quelqu'vn de nos Peres ; mais i'estois ébahy comment il pouuoit estre tombé entre les mains de ce *Saj*. Sur quoy il me satisfit en me racontant, comme son Pere autrefois ayant accompagné l'Ambassadeur qui est enuoyé de trois ans en trois ans pour prester l'hommage, & payer le tribut ordinaire au Roy de la Chine, auoit rapporté ce Liure de la Cour de Pequin ; duquel il faisoit si grand estat, que mourant il le luy auoit laissé en heritage, & comme vn precieux thresor qu'il preferoit au reste de ses biens ; luy adjoustant qu'il l'auoit receu estant à Pequin en compagnie de l'Ambassadeur, des Docteurs du grand Occident, auec asseurance qu'ils luy auoient donnée, que celuy qui croiroit, & obserueroit ce qui estoit

contenu

contenu dans ce Liure, passeroit sainctement, & heureusement de ce monde dans le Ciel. Que dépuis la mort de son Pere, qui l'auoit laissé ieune orphelin, aagé seulement de dix ans, il auoit cherement conserué ce Liure dans vne cassette l'espace de trente ans; & l'ayant quelquefois ouuert, & leu ce qu'il contenoit, il n'y auoit iamais rien entendu, iusques à ce dernier temps, qu'aprés auoir ouy nos Sermons, il auoit commencé d'y comprendre quelque chose. Ie l'interrogeay s'il entendoit la signification de ces grandes lettres qui estoient figurées au commencement du Liure; & il me respondit ingenuëment, que nón. En suitte de quoy ie luy monstray les mesmes lettres dans vn autre de nos Liures, qui exprimoient le sainct Nom de IESVS: Ce qui donna vne grande joye à tous les nouueaux Chrestiens, voire les confirma grandement en la creance des veritez qui leur auoient esté enseignées; quand ils eurent reconnu, comme ie leur fis voir, que le contenu du Liure que le *Saj* auoit apporté, n'estoit autre que leur Catechisme, sans difference ny en l'ordre des choses, ny en la methode de l'instruction. Nos Chrestiens presserent fort ce *Saj* de leur laisser son Liure, pour le transcrire, mais il leur refusa, & le voulut emporter. Il ne laissa pas de confesser naïfuement deuant tous, sans en estre presśé de personne, que la foy Chrestienne qui estoit comprise dans son Liure, & que nous enseignions en conformité, estoit le vray, & asseuré chemin du salut; & que s'il n'en faisoit pas alors luy mesme la profession que sa conscience luy dictoit, sa pauureté en estoit cause, n'ayant pas le moyen de viure d'ailleurs, &

d'entretenir sa famille, que du seruice qu'il rendoit à son Temple. Plaise à Dieu qu'il puisse vn iour se mieux reconnoistre, & vaincre cet obstacle qui le retient dans l'infidelité.

Nos Neophytes se sont encore grandement affermis en la creance, & en l'estime de la Religion Chrestienne dont ils font profession, voyants beaucoup de prodiges pleins de merueilles, que Dieu operoit en ce mesme temps par la vertu de la saincte Croix, & par l'eau benite; principalement lors que nous les appliquions aux malades, mesme moribonds, & à ceux qui estoient possedez des malins esprits. Aussi quand nous estions appellez pour rendre ces assistances à ceux qui les demandoient (ce qui arriuoit si souuent qu'à peine y pouuions nous suffire) nous estions accompagnez d'vn si grand nombre de Payens, meslez parmy les Chrestiens, & les Catechumenes, qu'ils tenoient toutes les ruës par où nous allions; leur curiosité les portant à venir remarquer la ceremonie auec laquelle nous imposions les mains aux malades, où nous leurs appliquions; & aux possedez, l'eau benite, & la Croix, d'où ils voyoient souuent arriuer non sans estonnement, qui les tenoit tous rauis, que les malades estoient soudainement gueris, & les possedez deliurez du demon qui les tourmentoit.

*
* *

Les

Les nouueaux Chrestiens guerissent miraculeusement les malades, auec l'Eau-beniste, & la saincte Croix.

CHAPITRE XVIII.

ON peut iustement appliquer à la nouuelle Eglise de Tunquin, ce que Sainct Gregoire le grand disoit de l'Eglise Chrestienne naissante; Que tout ainsi que l'on arrose les arbrisseaux qui sont recentement plantez, iusques à ce qu'ils ayent pris racine & consistence dans la terre; Aussi il falloit que l'Eglise Chrestienne fust au commencement nourrie par les miracles, iusques à ce qu'elle eust pris quelque accroissement, & des forces suffisantes pour se maintenir. Et ie veux dire qu'il faloit aussi que pour fortifier au commencement les nouueaux Chrestiens de l'Eglise de Tunquin, Dieu par quelques operations miraculeuses donnast approbation à la creance dont ils faisoient profession. Ce qu'il fit principalement par le moyen de l'eau-benite, de laquelle se seruant soit par aspersion, soit par infusion de quelque goutte dans la bouche des malades, ils ont operé grande quantité de guerisons. Dont ils ont eu depuis cette eau en telle veneration, que non seulement ils la tiennent dans leurs maisons, mais encore faisans voyage ils la portent dans des boëttes comme du baûme precieux,

precieux, pour s'en seruir au besoin pour eux, & pour les autres.

Vn certain soldat nommé Simon en son baptesme, ayant à faire voyage à son païs distant plusieurs lieuës de la Ville Royale, nous demanda vn petit vase plein d'eau benite pour y porter. Où il ne fut pas plustôt arriué, qu'y ayant trouué beaucoup de ses compatriotes affligez de maladie, il les guerit tous, en leur faisant prendre par la bouche vn peu d'eau benite. Et la presse estoit si grande de ceux qui le faisoient appeller de tous costez, qu'encore qu'il n'en distribuast à chacun qu'vne gouttelette, son vase neantmoins en peu de temps fut presque tout épuisé : de sorte que s'apperceuant qu'il n'en restoit que fort peu au fonds, & ne voulant pas frustrer ceux qui l'appelloient sans cesse, de la guerison qu'ils auoient esperée, il prit vn conseil que Dieu sans doute luy inspira, qui fut de s'en aller à la fontaine d'vne montagne voisine, où ayant versé dans vn plus grand vase ce qui luy restoit de son eau benite, il le remplit apres de l'eau de la fontaine, sur laquelle il prononça par vne innocente simplicité toutes les prieres Catholiques qu'il auoit apprises, y iettant mesme quelques grains de sel, comme il nous l'auoit veu prattiquer. Et ce fut merueille qu'ayant depuis donné de cette eau à vne grande quantité de malades, il les guerit tous, Dieu le voulant ainsi, comme il faisoit auparauant auec la premiere.

Vn grand Seigneur, encore Payen, Gendre du Roy, voyant que dans l'vne des Bourgades de son domaine, la plus part de ses sujets estoient attaints d'vne d'vne maladie contagieuſe qui auoit rauagé tout ce lieu, & emporté vne partie des habitans, ce qui auoit déja diminué notablement ſon reuenu ; nous vint demander inſtamment l'aſſiſtance de nos remedes, & particulierement de noſtre eau benite pour arreſter le cours de cette maladie populaire qui deſoloit tout. Et pour cét effet il auoit commandé à deux de ſes valets d'apporter deux grands vaſes, pour les rapporter pleins de l'eau que nous auions benite. Nous luy accordâmes volontiers ce qu'il demandoit, iugeans que c'eſtoit vne œuure de Dieu, & choiſimes ſix de nos Chreſtiens les plus zelez, pour aller rendre à cette Bourgade affligée cét office de charité. Ils y allerent pleins de courage, chacun d'eux portant ſa Croix, & ſon Chapelet : Et ſoudain aprés leur arriuée dreſſerent dans la premiere maiſon où ils furent retirez, vn petit autel, auec vne Image de deuotion, deuant laquelle ils firent vne courte, mais feruente priere ; puis ils firent charpenter trois grandes Croix, qu'ils porterent, & planterent aux d'eux extremitez, & au milieu du Bourg, en ſigne de victoire. Ce qu'ayant fait ils ſe partagerent, & parcoururent deux à deux toutes les maiſons infectes, en chacune deſquelles ils attachoient vne Croix au lieu le plus eminent, auec deſſein d'en chaſſer les demons qui en auoient pris poſſeſſion, qui furent ouïs en quelques endroits, ſe plaindre en grommelant de la violence qui leur eſtoit faitte. En ſomme dans huict iours, par la vertu de la ſaincte Croix, & par l'application de l'eau benite qu'ils faiſoient prendre aux malades, ils les guerirent tous, au nombre de deux cens ſoixante-dix, vn ſeul excepté qu'ils trouuerent en l'extreme agonie prest à rendre l'ame, auquel ils donnerent le Baptesme, apres vne sommaire instruction des mysteres de la Foy, & l'acte de Contrition auec lequel ils'y disposa. On remarqua que tous ceux qui guerirent de ce mal contagieux, apres auoir pris vn peu d'eau benite, iettoient par la bouche vne eau sale & puante, qui estoit vn indice du charme diabolique qu'ils auoient receu, & la marque de leur guerison.

Ces bons Chrestiens estans reuenus de ce lieu publioient les victoires qu'ils y auoient remportées sur Satan, auec demonstration de grande joye; qui fut aucunement détrempée par l'accident qui arriua à celuy que nous auions étably comme le superieur, & le chef des autres: Car il mourut peu de temps apres son retour subitement, & sans remede. De laquelle mort si soudaine, comme nous témoignions estre faschez, & aucunement ébahys; Ne vous estonnez pas, (nous dit vn de ses compagnons) de la mort de cét homme: Elle est arriuée par vn iuste iugement de Dieu, car ayant esté instruit de rendre gratuitement à tous les offices de pieté & de charité qui nous auoient esté commandez, il n'en a pas ainsi vsé; ayant receu vne belle robbe que luy a presenté en recompense de ses peines le Seigneur du lieu où nous auons esté. Ce que ce Chrestien ayant raconté en presence des autres, ils furent tous saisis d'vne grande frayeur. Et il nous souuint alors de la lépre dont Grezi fut frappé pour vne semblable auarice, ayant esté puny de la mesme maladie de laquelle Naaman auoit esté gueri. Car de mesme ce Chrestien auoit esté frappé de la maladie,

ladie, & de la mort de laquelle les autres auoient esté deliurez, pour auoir pris recompense de la santé qu'il leur auoit donnée. Ce qui rendit depuis les Chrestiens si reseruez en cette matiere, qu'ils faisoient mesme scrupule de boire, & de manger chez les malades qu'ils alloient guerir.

Quelques nouueaux Chrestiens s'offrent pour nous seruir toute leur vie.

CHAPITRE XIX.

COmme c'est la coustume au Royaume de Tunquin, que certains meûs d'vne fausse deuotion se dedient pour toute leur vie au seruice des Idoles, ou des Demons qui les tiennent comme esclaues de leur puissances: Vn bon soldat, déja Chrestien, nommé Antoine, robuste de corps, & qui estoit aagé, de plus de trente ans touché d'vn sentiment plus religieux, & plus sainct, demanda congé à son Capitaine quoy que payen, de quitter le seruice qu'il rendoit dans les armées au Roy de Tunquin, pour seruir le Roy du Ciel, & IESVS-CHRIST en son Eglise. Ce qu'ayant obtenu il ne voulut point donner ny vendre ses armes à vn autre qui s'en pouuoit mal seruir, mais les ietta dans vn lac profond, afin que personne n'en pût iamais estre offencé: Et s'en vint apres à noſtre maiſon, nous demandant auec grande humilité & deuotion d'eſtre receu chez nous pour ſeruiteur; eſtant preſt (comme il diſoit) de nous ſeruir, & obeïr en tout ce que nous luy voudrions commander, ſans attendre de nous aucune recompenſe, mais ſeulement de Dieu, qu'il croyoit ſeruir en nos perſonnes. Nous euſmes fort agreable l'offre de ſa bonne volonté, & le receûmes en noſtre maiſon, où il nous rendit de grands ſeruices, principalement à porter ſur ſes eſpaules, depuis la riuiere qui eſtoit fort éloignée de noſtre habitation, toute l'eau qui nous eſtoit neceſſaire, tant pour le meſnage, que pour faire de l'eau beniſte, à quoy il falloit tous les iours employer vne grande quantité d'eau, pour ſatisfaire à la deuotion de tous ceux qui en demandoient. Et c'eſtoit auſſi vn motif qui piquoit merueilleuſement la diligence du bon Antoine, quand il ſe figuroit que l'eau qu'il portoit deuoit ſeruir à chaſſer les Diables, à donner la ſanté aux malades, & à eſtendre le nom, & la gloire de Iesvs-Christ. Il a perſeueré durant vingt-ans, iuſques à maintenant dans les ſeruices d'humilité, qu'il nous a rendus d'vne tres-grande affection & deuotion, aux temps meſme les plus difficiles, comme il ſera dit en ſon lieu.

Et Dieu ne nous pourueut pas ſeulement par ſa bonté de ſeruice domeſtique pour nos neceſſitez, mais encore d'ayde pour la conuerſion & l'inſtruction du peuple, à quoy ie ne pouuois point ſuffire tout ſeul, eſtant obligé de preſcher, ou Catechiſer, quatre, cinq, ou ſix fois le iour. Celuy qui ſe preſenta le premier capable de cette fonction, fut vn nommé

François,

François, qui s'y employe encore aujourd'huy fort vtilement, & auec vn grand zele; la conuersion duquel arriua en cette façon. Ie faisois vn iour vne inuectiue en presẽce des nouueaux Chrestiens, & des Payens contre l'impieté du Xaca, ou du Thicca, de qui nous auons parlé ailleurs, qui a le premier introduit parmy les Tunquinois le culte superstitieux, & sacrilege des Idoles. Et à ce discours se trouua present nostre François qui faisoit alors l'office de *Saj*, par lequel ayant esté conuaincu de l'abus criminel de l'Idolatrie qu'il auoit solennellement exercée, à la fin du Sermon il se leua sur pied, & s'addressant à moy, parla deuant tous en cette sorte. I'ay passé déja dix-sept ans de mon âge seruant auec fidelité, & assiduité au Temple des Idoles, sur l'opinion que i'auois que par mes seruices ie pouuois meriter au prés des Dieux que i'adorois, qu'ils feroient quelque bon traittement en l'autre vie à l'ame de mon Pere defunct, qui me laissa estant encore enfant: Mais comme i'apprens de vostre discours, i'ay perdu mon temps à seruir ces fantosmes, & me suis bien trompé en l'opinion que i'auois prise d'eux. Que dois-je faire donc pour reparer ma faute, & corriger l'abus où i'ay esté? Ie luy respondis, que ie luy conseillois d'auoir bon courage; & que le grand Seigneur de tout, qui merite seul tous nos seruices auoit tant de bonté, qu'ils ne rejettoit personne de ceux qui se conuertissoient à luy de tout leur cœur: Qu'il luy faloit faire comme font les voyageurs qui ont perdu vne partie de leur iournée en des routes égarées; car aussitost qu'ils s'apperceuoient de leur mesprise, s'estant remis dans le bon chemin ils auançoient le pas auec autant plus de diligence, qu'ils auoient plus perdu de temps à le retrouuer. Que luy de mesme, ayant perdu tant de belles années à seruir en vain, & criminellement tant de fausses diuinitez, il deuoit sans delay renoncer au seruice qu'il leur auoit rendu, & se ranger à la profession de la verité qu'il auoit commencé de connoistre, où il trouueroit le pardon de ses fautes, & la recompense legitime de ses merites. Il écouta de bon cœur l'aduis que ie luy donnay, & l'executa aussi-tost, ayant quitté le Temple qu'il seruoit, & les grands emolumens qu'il en tiroit pour obeïr à la vocation, & à la grace du Sainct Esprit, de laquelle il fit part à vn grand nombre d'Idolatres qui auoient grande creance en luy, lesquels il amena à la connoissance de la verité; & luy (ayant esté baptisé au iour de la feste de sainct François Xauier) receut en son Baptesme le nom de François. Et sa deuotion ne s'arresta pas là, car quelques iours apres il nous vint retrouuer, nous demandant instamment qu'il luy fust permis de demeurer auec nous. Ce que nous luy accordâmes volontiers, tant pour auoir en luy vn témoin considerable de nostre vie priuée, comme pour le rendre plus sçauant des poincts du Catechisme, que nous luy dictions vne heure châque iour, qu'il apprit par cœur durant quelques mois, s'estant par sa diligence rendu capable de l'enseigner aux autres, comme il a fait depuis, auec grand proffit. Ce fut alors qu'il nous confessa, qu'vne des raisons pour lesquelles il auoit recherché de viure auec nous, c'estoit pour découurir si nostre vie s'accordoit auec nostre doctrine; & qu'ayant reconnu que nous menions vne vie encore plus

plus étroitte, que celle que nous conseillions aux autres, il auoit esté fort conuaincu, & confirmé en sa creance. Il est entré depuis en nostre Compagnie, quinze ans apres sa conuersion, sans iamais cesser, (mesme du temps de son Nouitiat pour la necessité que nous auions d'ouuriers) de faire l'office de Catechiste, qu'il exerce dignement, & auec vn fruict inestimable des peuples.

Le Roy de Tunquin commence de prendre quelque auersion de nous.

CHAPITRE XX.

A Peine pouuions-nous souhaitter de plus grands, & plus heureux succez en la nouuelle Chrestienté de Tunquin; estant vray que depuis la feste de Noël, iusques à celle de Pasques, il s'estoit conuerty plus de cinq cents Payens, entre lesquels il y en auoit quelques-vns de la premiere Noblesse, & quantité d'autres qui ayant tenu plusieurs femmes deuant leur Baptesme, selon l'vsage du païs, les auoient courageusement congediées, n'en retenans qu'vne legitime: qui auoit esté vne action de victoire si agreable à Dieu, qu'en recompense il auoit fait la grace à vn nombre d'eux de chasser par leurs prieres les demons du corps des possedez.

Ce fut aussi ce qui échaufa la rage du demon contre nous, qui trauailla depuis de tout son pouuoir à for-

mer

mer dans l'esprit du Roy quelque auersion de nous, & de nos ministeres. A celà il employa premierement ces mesmes Concubines que les Chrestiens conuertis auoient congediées, lesquelles dedaignans de se donner à des hommes de moindre condition que les premiers, excitoient de grands vacarmes par la Ville; de sorte que le bruit, & les plaintes en vinrent aux oreilles du Roy, qui en entretenoit luy mesme beaucoup & ne les voulant pas quitter, s'offensoit qu'il y eust de ses sujets, meilleurs, & plus consciencieux que luy. Dont piqué contre nous, qui obligions les nouueaux Chrestiens à faire ce diuorce; il nous enuoya vn message fascheux, & bien aigre, qui ne sentoit pas de la bien-vueillance qu'il nous auoit iusques alors temoignée. Le message estoit conceu en ces termes. *Quelle est cette Loy (Peres) que vous publiez en mon Royaume? Vous ordonnez à mes sujets, qu'ils ne doiuent auoir qu'vne femme, & ie veux qu'ils en ayent plusieurs, afin qu'ils ayent aussi plus d'enfans qui me soient fideles. Déportez vous donc desormais de publier cette Loy: que si vous n'obeïssez point, il me sera aisé de vous faire coupper la teste, & de vous empescher d'attenter desormais à continuer de faire ce que ie vous defens.* Ayant appris ce message que l'on nous disoit estre enuoyé de la part du Roy, nous entrasmes en quelque doute s'il venoit de luy, qui ne nous auoit iamais parlé de cét air, ny tenu semblables discours; ou s'il n'estoit point de l'inuention de celuy qui le portoit, que nous sçauions estre engagé dans les amours d'vn grand nombre de Concubines. Nous souuenant de ce qui nous estoit arriué, il n'y auoit pas long temps, qu'vn larron estant entré la nuict dans

nostre

nostre maison, & ayant rencontré vn bon vieillard qui ne dormoit point, il luy dit, pour l'empescher de crier, qu'il auoit ordre du Roy de me venir tuer dans le lict; ce qui ferma la bouche au vieillard, qui le laissa entrer dans ma chambre, d'où il enleua tout ce qui luy pleut, encore qu'il ne m'offensa point en la personne. Nous demeurasmes donc en ce doute sans nous pouuoir bien resoudre, & n'en osasmes point pourtant parler au Roy, mais continuâmes à nostre ordinaire de combattre, & de condamner la pluralité des femmes, sans craindre la menace que l'on nous auoit portée de la mort, que nous auions plûtost en desir, & qui eust esté la plus glorieuse recompense de nos petits trauaux, que nostre bon-heur nous eust pû preparer en ces terres.

Le Diable nous suscita de plus d'autres ennemis auprés du Roy; ce furent les Eunuques, qui ont en garde les Concubines. Car craignans que le Roy qu'ils auoient reconnu par le passé nous estre fort affectionné, se fist en fin Chrestien, & que selon la profession du Christianisme il congediast ses Concubines, par le moyen desquelles ils obtiennent tout ce qu'ils veulent; ils persuaderent au Roy que i'estois vn sorcier qui ensorcelois les gens de mes paroles, leur faisant faire ce que ie voulois, & les tuois aussi quand ie voulois de mon souffle. Ce qu'ils faisoient afin que le Roy ne me voulut plus ouïr parler, & ne m'appellast plus auprés de sa personne, que ie pouuois (comme ils disoient) faire mourir de mon souffle. Dont ne sçachant point cette maligne impression qu'ils auoient donnée de moy, i'estois bien ébahy que le Roy ne m'appelloit plus à sa conuersation, & à sa table mesme, comme il auoit auparauant accoustumé, me faisant seoir auprés de luy, & me seruant de sa main : Que si i'auois esté depuis receu, mesme rarement, pour parler à luy, c'estoit de loin ; de sorte que, comme il estoit vn peu sourd, il faloit qu'vn Eunuque luy rapportast mes paroles qu'il deguisoit à sa fantaisie : Et ie ne sçauois point alors d'où prouenoit ce changement.

Et ce bruit que i'estois sorcier, & que ie tuois les gens de mon souffle s'ils m'approchoient, fut si fort semé par toute la Cour ; qu'vn iour vn des Capitaines du Roy estant venu à nostre Eglise à l'heure que ie preschois, & se tenant à la porte, comme ie le voulus inuiter ciuilement à s'approcher de moy, pour mieux ouïr ce que ie disois, il sortit, & se retira : Et me dit-on apres, que c'estoit de crainte que s'approchant de moy, comme ie l'y auois appellé, ie ne le fisse mourir de mon souffle. En quoy i'admiray, & la simplicité des hommes, & la malice artificieuse du Diable, pour les détourner d'ouïr la parole de Dieu. Ce malin mesme tascha de decrier par ce moyen, & rendre suspect le Baptesme que nous donnions : Car vn iour de Dimanche, apres le disné, estant tout prest à donner le Baptesme à plus de quatre vingts personnes, estant arriué à la ceremonie du sel beny que ie tenois dans vn plat, vn Payen suscité par le Diable entrant dans l'Eglise se mit à crier à haute voix ; *Prenez garde, miserables, prenez garde au sortilege qui est dans ce plat.* Ce qu'ayant dit, il s'enfuit. Ce qui m'obligea à monstrer à tous les assistans, qu'il n'y auoit dans ce plat que du sel du païs, qui auoit esté beny. Ce qu'ils creurent, &

ne furent pas pour cela empeschez de receuoir deuotement le Baptesme.

Les moyens que nous prismes pour adoucir l'esprit du Roy, & le détromper durant les poursuittes malicieuses de nos ennemis.

CHAPITRE XXI.

En ce mesme temps, auquel nous n'estions point receus, comme deuant, en la confidence du Roy, il arriua vne eclypse de lune, de laquelle nous fismes courir la description figurée, & peinte dans vne charte, quelques iours deuant qu'elle parust auec vne sommaire explication de sa durée, de son commencement, & de sa fin : Adjoustans que quand bien on lascheroit, comme l'on auoit accoustumé, toute l'Artillerie du Royaume, on n'abbregeroit pas vne minute de sa durée ; & quand on ne feroit rien pour secourir la lune, & pour chasser ou étonner le Dragon qui s'efforce alors de deuorer cét astre, neantmoins il ne seroit eclypsé du corps de la lune que la quantité que nous auions marquée. Et n'ayans point pour lors l'accez libre au Palais du Roy, nous eusmes moyen de luy faire tomber entre les mains la figure que nous auions publiée. Laquelle ayant bien considerée, il fit defense sous grieues peines, qu'on ne tirast aucun Canon, & qu'on ne fit autre chose de celles qui estoient accoustumées en la nuict que l'eclypse deuoit paroistre. Et ayant bien obserué que tout estoit arriué en la façon que nous l'auions predit, il loüa grandement nostre science, & entreprit de nous defendre contre ceux qui faute de nous connoistre, parloient mal de nous : Encore qu'il nous eust encore en quelque apprehension, & n'eust pas en nous la confiance qu'il auoit auparauant; ayant son esprit combattu par deux autres sortes de personnes qui auoient entrepris de nous perdre.

Les premiers estoient les enchanteurs, qui, comme le Roy estoit déja enclin à leurs folles, & diaboliques superstitions, le trouuoient aussi disposé à écouter leurs calomnies. Ce qui les mit en mauuaise humeur contre nous, fut qu'ils voyoient les nouueaux Chrestiens operer par tout de merueilleux effets en la guerison des malades, ce qui mettoit leurs sortileges au rabais, & diminuoit bien de leurs prattiques, & de leurs profits. Et prenans garde d'ailleurs, qu'il estoit mort quelque nombre de malades que nous auions baptisez ayant esté appellez à l'extremité du mal, ils appelloient nostre loy, vne loy de mort, & faisoient entendre au Roy que nous estions venus pour tuer ses sujets, & ses meilleurs soldats, afin qu'ayant affoibly ses forces nous le fissions enfin tomber entre les mains de ses ennemis ; qui estoit vne calomnie grossiere, de laquelle le Roy nous purgeoit asés par la bonté de son esprit, & par raison.

Il presta plus facilement l'oreille aux accusations que les *Saj* forgerent contre nous, lesquels estant grandement piquez de voir leurs Temples desertez, &

leurs

leurs emolumens affoiblys, firent tous leurs efforts auprés du Roy, qui approuuoit fort le culte que l'on rendoit aux Idoles, pour le nous rendre ennemy. Il estoit arriué en ce temps qu'vn bon Gentil-homme s'estoit conuerty auec toute sa famille, lequel ayant fait bastir (lors qu'il estoit encore Payen) vne maison qu'il destinoit pour seruir de Temple aux Idoles, sans qu'il y eust pourtant encore dresśé d'autel, ny posé d'Idole: Comme il eust pris le Baptesme, il changea de dessein, & delibera de conuertir sa maison en Eglise, où Dieu, & IESVS-CHRIST son Fils fussent seruis, & adorez. Il la nous offrit donc pour en faire la dedicace à la façon, & auec les ceremonies qui sont en vsage parmy les Chrestiens. Nous ne voulûmes toutefois rien entreprendre, ny l'accepter qu'apres l'auoir veuë, & l'estat auquel elle estoit; de crainte qu'elle ne se trouuast de la condition d'vn certain autre Temple qui estoit hors de la Ville, & auoit esté basty par quelques Chrestiens deuant leur conuersion, qu'ils nous auoient de mesme offert pour le conuertir en Eglise; Lequel ayant trouué pollu d'Idolatrie, & les Idoles encore sur les autels, nous ne le voulûmes point receuoir, mais le laisser perir par abandon, de crainte qu'en brisant les Idoles contre la volonté de ceux qui les adorent, nous attirassions sur eux leur haine, & leur persecution: qui a esté la raison de la defence que les Canons en ont tres-sagement faite. Mais pour cette maison apres l'auoir visitée, & reconnu qu'elle estoit bien située, sans auoir iamais seruy aux Idoles, nous l'acceptasmes, & la dediasmes solennellement à la Mere de Dieu, ayant posé sur l'autel son Image, portant son Fils nostre Sauueur, comme il fut adoré des Mages ; sur lequel nous celebrasmes encore le sainct Sacrifice de la Messe, à la fin de laquelle se fit vn Sermon propre de la ceremonie de cette dedicace, deuant vne grande audience de peuple, composée tant de nouueaux Chrestiens que de Payens, qui en témoignerent grande satisfaction.

Mais le Diable n'en estoit pas content, qui bruslant de rage, & d'enuie suscita les Prestres ses Ministres pour nous aller calomnier deuant le Roy, comme ils firent, que nous auions brisé les Idoles d'vn de leurs Temples ; que c'estoit au Roy à y pouruoir, & à iuger, si la loy que nous preschions, qui destruisoit le culte des Idoles, & l'ancienne Religion receuë dans le Royaume, y deuoit estre tolerée. Sur quoy le Roy, sans autre information par vn conseil precipité fit vn Edit par lequel il defendoit sous griéues peines à tous les sujets de son Royaume, d'embrasser desormais la loy des Chrestiens qui brisoit les Idoles qui y auoient esté de tout temps adorées. L'Edict fut affiché contre la porte de nostre habitation en nostre presence, & deuant la plus part des nouueaux Chrestiens : Ce qui nous mit en grande alarme, & nous obligea d'accourir soudain au Palais du Roy, & luy demander audience, qu'il nous accorda ; en laquelle nous luy exposâmes comme la haine de nos ennemis ne cessoit de controuuer tous les iours des fausses & calomnieuses accusations pour nous perdre, qu'vne prudence si éclairée comme celle de sa Majesté sçauroit bien decouurir ; que c'estoient les graces & les grandes faueurs

faueurs que nous auions receuës de sa bonté qui auoient attiré sur nostre innocence l'enuie, & les calomnies de nos accusateurs : Que nous le supplions tres-humblement de ne nous condamner point sur les faux rapports de nos ennemis auant que de nous auoir ouïs ; Et pour celà qu'il luy pleust, en attendant d'estre mieux informé, reuoquer l'Edit qui auoit esté attaché par son commandement à la porte de nostre logis.

Ce fut vne merueille, comment nostre supplication adoucit, & nous gaigna l'esprit du Roy, qui nous accorda sur le champ nostre demande ; nous redonnant vn ample pouuoir de prescher nostre loy, auec la condition que nous ne briserions point les Idoles. Nous luy rendismes nos tres-humbles remercimens pour la grace qu'il nous faisoit, & l'asseurâmes en suite que nous n'auions iamais enseigné les Chrestiens de briser les Idoles, voire que nous leur auions fait vne expresse defense de leur faire aucune injure, & recommandé étroitement de viure en paix auec tout le monde. Ce qui contenta tellement le Roy, qu'il nous fit suiure auec des presens de diuerses viandes, desquelles nous fismes part aux Chrestiens qui estoient demeurez dans l'Eglise, pour faire leurs prieres à nostre Seigneur quand nous estions allé trouuer le Roy ; lesquels nous voyans reuenus auec le gain de nostre cause, & les bonnes graces du Roy recouuertes (ce qu'ils concluoient des presens dont il nous auoit regalez) donnerent à Dieu mille benedictions.

De

De la deuotion auec laquelle les nouueaux Chrestiens celebroient les festes de l'année.

CHAPITRE XXII.

NOVS auions déja celebré la feste de la naissance de nostre Seigneur auec toute la solennité dont nous nous estions pû aduiser; C'est à sçauoir par le Baptesme public de plusieurs Catechumenes, qui furent regenerez en IESVS-CHRIST, au iour qu'il estoit nay pour nous au monde : De plus par les Noëls, & cantiques de deuotion qui furent chantez la nuict de sa Saincte naissance auec vne joye extraordinaire des nouueaux Chrestiens. Et parce que cette nuict, on ne permit pas, par consideration, aux femmes l'entrée de l'Eglise, elles furent si matineuses, qu'elles se trouuerent auoir remply toute l'Eglise à la pointe du iour. Apres nous presentâmes à tous vne figure du petit Enfant IESVS nouueau-nay à adorer, & à baiser, ce que tous firent auec des tendresses inexplicables de deuotion.

Il failoit en suite commencer la nouuelle année : Et comme c'est la coustume des Payens d'en prophaner les trois premiers iours par quelques superstitions, nous ordonnâmes aux Chrestiens de plus saincts exercices à prattiquer ces trois iours; & à la place de la caisse qu'ils attachent à vne haute perche à l'entrée de leurs maisons, dont nous auons parlé au premier Liure,

Liure, nous les exhortâmes d'y attacher la saincte Croix, ce qu'ils firent. Tellement que l'on voyoit presque en toutes les ruës de la Ville ce signe venerable de nostre salut, releué sur la couuerture des toicts, qui donnoit de la terreur aux Demons, & de la ioye aux Anges. Le Roy mesme s'en apperceut, estant porté par les principales ruës sur l'entrée de l'an, en la pompe qui a esté décritte ailleurs; & voyant ces Croix hautement plantées, voilà, dit il, le signe des Chrestiens. Pour les trois premiers iours, ils les passerent en cette sorte, comme nous les auions instruits : Le premier en memoire du bien-fait de la Creation, & conseruation, qu'ils consacrerent à Dieu le Pere : Le second en reconnoissance du bien-fait inestimable de la Redemption, qu'ils dedierent au Fils de Dieu : Et le troisiéme en tres-humble remerciment au S. Esprit de la grace de la vocation au Christianisme. Et il ny eut personne d'eux qui ne s'affectionnast à cette saincte prattique, & n'en receust de la consolation.

Suiuit peu de temps apres la feste dediée à la Purification de la Vierge; en laquelle nous fismes solennellement la benediction des chandelles, ayant donné ordre qu'vn chacun des nouueaux Chrestiens en portast à la main vne allumée dans l'Eglise, ce qu'ils firent auec joye, & auec des sentimens tendres de deuotion; & outre cela que tous en emportasset vne autre dans leur maison, pour leur seruir en cas de mort, & leur en renouueller mesme le souuenir, qui ne leur est point desagreable. Car encore que les Payens ayent le nom mesme de la mort en horreur, & que personne n'ose le prononcer deuant vne personne de condition, & que pour ne l'offenser il faille vser de détour, & de circonlocution. Les Chrestiens neantmoins, mesme ceux qui sont de qualité, ne se rebuttent nullement d'oüir ce nom qui fasche les autres, & d'apprendre les moyens de se preparer à bien mourir, à quoy ils ne doutent point que ces chandelles benites ne seruent, pour chasser en ce dernier, & dangereux periode de leur vie, le Prince des tenebres, & l'ennemy de leur salut.

Nous nous approchâmes du sainct ieusne du Caresme, obserué religieusement en l'Eglise Chrestienne, lequel il n'a pas esté mal aisé d'introduire parmy les Tunquinois conuertis. Car n'ignorans pas les ieusnes rigoureux que certains Payens prattiquent par vne fausse deuotion à l'honneur de leurs Idoles, s'abstenans non seulement de la viande, & des œufs (sans parler du laictage qui n'est pas en vsage en ces païs) mais aussi de toute sorte de poissons, & ce non seulement pour vn ou deux mois, mais encore pour toute leur vie, iusques à tomber dans cette folle superstition de croire qu'ils font vn grand peché, de tuer quelque beste, ou oiseau que ce soit, ne faisans point de difference de crime entre le meurtre d'vn homme, & d'vn poulet. Sçachans, dis-je, que les ieusnes commandez par l'Eglise ne vont pas à cette rigueur, il ne se trouue personne de ceux que la mesme Eglise n'a pas exemptez de sa loy, qui ne les garde fort religieusement tout le temps du Caresme. Voire leur ayant fait entendre au commencement de l'Aduent, que c'estoit vne saincte deuotion de quelques vns de ieusner tout ce temps, iusques aux festes de Noël, il y eut

eut fort peu de nouueaux Chrestiens qui n'entreprissent par deuotion ce ieusne.

Nous fismes la benediction des Rameaux selon la coustume à la fin du Caresme : Et parce qu'il n'y a point d'Oliuiers en tout le Royaume d'Annan, & que le païs abonde en belles palmes, nous en vsasmes en cette ceremonie. Et le concours fut si grand non seulement des Chrestiens, mais encore des Payens pour auoir de ces palmes benites, que tout nostre logis, mesme hors de l'Eglise, n'estoit pas capable de les contenir, encore que la place en soit asés grande, de sorte que plusieurs en furent exclus. Les Chrestiens garderent religieusement celles qu'ils emporterent à leurs maisons, & s'en seruirent contre les esprits malins, & à la deliurance des possedez. Tous se confesserent en ce sainct temps, auec grand sentiment, mais ne se communierent point, faute d'hosties, tout ce que nous en auions ayant esté consumé par le feu. Il ne se peut dire auec combien de tendresse, & de larmes, ils vinrent à l'adoration du Crucifix au iour du grand Vendredy, qui est vne deuotion de laquelle ils sont fort sensiblement touchez.

Ne pouuans pas faire en la saincte semaine l'office des Tenebres, pour le peu de personnes, que nous estions, & n'y pouuans pas estre aydez par les nouueaux Chrestiens, qui ne sont pas intelligens de nos liures. Pour n'en frustrer point leur deuotions nous leur partageâmes les mysteres de la Passion en quinze chefs principaux : En sorte qu'apres auoir recité par ensemble vne dizaine de leur Chapellet, il se faisoit vne lecture, & vne brieue consideration de l'vn de ces chefs de la Passion, & l'on éteignoit aussi l'vne des quinze chandeles qui estoient allumées selon la coustume de l'Eglise Romaine. Durant laquelle ceremonie ils jetterent tant de larmes, auec des cris, & des gemissemens de compassion sur les souffrances, & la mort du Sauueur, qu'ils estoient oüis de tout le voisinage : De façon qu'il falut les aduertir de se moderer, pour ne donner point de sujet aux Payens de iuger mal de leur deuotion, n'en estant pas capables.

L'heureux trespas de quelques Chrestiens.

CHAPITRE XXIII.

DANS l'Octaue de la feste de Pasque, que nous auions celebrée auec grande joye, & solennité, Dieu appella à soy trois Chrestiens des plus deuots, cueillant d'entr'eux, ce qui estoit de plus meur pour l'eternité.

Le premier fut vn certain qui n'estoit Chrestien que depuis sept mois, & auoit esté nommé en son baptesme Thadée ; homme de bien, & tres-religieux obseruateur de tous les deuoirs d'vn bon Chrestien; foible de corps, mais vigoureux d'esprit, & qui employoit les iours, & les nuicts à la meditation de la loy de Dieu. Estant tombé grieuement malade, & pressentant que sa fin n'estoit pas éloignée, il nous fit appeller, pour s'instruire des moyens de la faire bonne, & Chrestienne. Nous fusmes aussi-tost à luy, &

l'ayans

l'ayans trouué fort abbaissé, nous l'aduertismes de se munir des Sacremens pour faire heureusement ce dernier, & dangereux passage, & de commencer par la confession. Sur quoy nous ayant demandé, s'il luy faloit confesser les pechez qu'il auoit commis deuant son baptesme; & nous luy ayans respondu, que non, ces pechez ayant esté entierement effacez par ce premier Sacrement, & quoy qu'il fust bon de renouueller le repentir de tous ses pechez passez, qu'il ne deuoit neantmoins confesser que ceux qu'il auoit commis depuis le baptesme, qui sont la propre matiere du Sacrement de penitence, qui est appellé pour cela, la seconde table apres le naufrage. Ce que le bon Thadée ayant entendu, loüé soit Dieu, dit il, ie ne sçay donc que confesser; ma conscience ne me reprochant point depuis mon baptesme d'auoir commis aucun peché, m'estant toûjours soigneusement étudié d'accomplir auec toute l'exactitude qui m'a esté possible, la loy, & les commandemens de Dieu. Et ce disant, il auoit sur sa teste son liuret de prieres, où estoit écrit le Decalogue. Ie priay pour luy aupres de son lict, selon la coustume, & apres quelque consolation que ie luy donnay, m'estant vn peu retiré pour le laisser reposer, estant reuenu peu de temps apres, ie le trouuay auoir pris le dernier repos en nostre Seigneur; serrant étroittement des bras sur sa poitrine son cher liure de prieres, où estoit écrit de diuin Decalogue.

Deux autres moururent presque en mesme temps, illustres pour leur naissance, mais plus pour leur rare, & religieuse pieté. Ils auoient tous deux pour nom de leur baptesme, Pierre, & moururent tous deux au iour que l'Eglise fait lire l'Euangile de la visite de S. Pierre au tombeau de nostre Seigneur, à nostre grand regret, & de tous les Chrestiens, qui voyoient tombées en eux les deux principales colonnes de l'Eglise naissante de Tunquin. Le premier estoit ce Capitaine de la garde du Roy, de la conuersion duquel il a esté parlé cy-dessus, qui auoit esté toûjours pour sa fidelité tres-cher au Roy regnant, & au feu Roy son Pere. Ce vertueux Capitaine ne fut pas plûtost enrôllé en la milice de IESVS-CHRIST, qu'il declara à ses enfans, qui estoient en bon nombre, qu'il ne les tiendroit iamais en cette qualité, s'ils ne reconnoissoient le grand Dieu createur de tout, pour Pere, & IESVS-CHRIST son Fils; de sorte qu'il les attira tous à la profession du Christianisme, auec sa femme, & ses domestiques. Il témoignoit encore son zele, & sa deuotion en l'assiduité qu'il rendoit à nostre Eglise: Car soudain qu'il auoit fait au Palais ce qui estoit de sa charge, & accompagné le Roy à l'audience publique, auec la garde de sa personne, il se rendoit à nostre Eglise, & apres auoir fait sa deuotion, il se retiroit à la porte, pour empescher que le bruit, & la foule de ceux qui arriuoient ne troublast les sermons, tellement qu'il sembloit estre le portier de nostre maison: Et comme il estoit de credit aupres du Roy, il contenoit tout le monde en son deuoir, & les Payens mesme, qui ne venoient souuent à nostre Eglise que par curiosité. Dieu le prepara à sa mort par vn sujet de charité, & de patience qu'il luy donna sur la fin du Caresme; auquel temps il eut dans sa maison iusques à seize malades, tant de ses enfans, que de ses ſeruiteurs, deſquels quelques vns moururent, & auſquels il rendit iour, & nuict toutes ſortes de charitables aſſiſtances; ſe montrant auſſi conſtant, & infatigable à les ſeruir, qu'il fut patient à les voir mourir. Tant de peines qu'il prit luy cauſerent vne forte maladie, durant laquelle nous l'aſſiſtâmes ſans le quitter preſque iamais, iuſques à ce qu'il rendit tres-deuotement, & auec vne franche, & genereuſe reſignation ſon eſprit à Dieu. Nous l'euſſions ſouhaitté plus long-temps en vie, pour l'appuy, & les grands auantages que nous tirions de ſon credit. Mais Dieu par ſa ſecrette prouidence en voulut autrement diſpoſer. Nous euſmes apres ſa mort des occaſions de regretter ſa perte, & beaucoup de crainte, auec raiſon, de voir le baſtiment de cette pauure Egliſe détaché, depuis que ſa grande colonne auoit defailly. Et cependant nos ennemis eurent bien la malice de nous calomnier d'auoir tué par nos enchantemens vn homme qui nous eſtoit ſi neceſſaire, & le voulurent méme perſuader au Roy pour nous faire haïr de luy.

La mort qui arriua au meſme iour de l'autre Pierre, acheua de nous accabler de dueil: C'eſtoit ce Gentil-homme duquel il a eſté nagueres parlé, qui conuertit en Egliſe la maiſon qu'il auoit en ſon infidelité deſtinée pour les Idoles: Il eſtoit tres-cher, & intime au frere du Roy, & eſtant allé pour quelques affaires qui luy eſtoient importantes en la Prouince de *Thin hoa*, il y eſtoit tombé grieuement malade, & ne voulant pas mourir ſans nous voir, & ſans receuoir nos dernieres aſſiſtances, il prioit Dieu de tout ſon cœur qu'il luy en donnaſt le moyen. Se voyant donc condamné

damné par les Medecins à la mort, il se fit porter par ses soldats à la Ville Royale, distante de plusieurs iournées, n'apprehendant point la longueur, & la fatigue du chemin, ny mesme la mort qui luy auoit esté dénoncée, pourueu qu'il peust arriuer, & nous voir estant en vie. Le bon Dieu luy accorda ce qu'il souhaittoit si ardemment. Il arriua à son logis épuisé de vigueur, & auec tant soit peu de reste de vie, n'ayant de forces que celles que luy donnoient son courage, & sa deuotion. A la nouuelle de son arriuée nous accourûmes à luy, qui ne nous eut pas plûtost veus, qu'il commença comme vn autre Simeon, à chanter qu'il mouroit content; laissant son ame entre nos mains pour la remettre entre celles de son Createur. Il en voulut rendre ses actions de graces à Dieu, & pour cela s'estant fait mettre à genoux pour le prier à sa coustume, il expira paisiblement, & sans effort entre les bras de ceux qui le tenoient en cette deuote posture. Sa femme vertueuse Demoiselle, nommée Anne, nous pria d'enterrer son corps à la façon des Chrestiens dans nostre Eglise: Ce que nous fismes auec la plus grande solennité qu'il nous fut possible, tous les nouueaux Chrestiens assemblez s'estans trouuez à ses obseques.

* *
*

Les

Le Roy par vn nouuel Edict nous deffend de prescher la Loy de IESVS-CHRIST *en tout son Royaume.*

CHAPITRE XXIV.

LE decez de ces deux personnes si fort qualifiées seruit à nos ennemis de matiere de discours, & de calomnie pour attirer du blâme, & à nous, & à la Religion dont ils auoient fait profession, & pour nourrir mesme quelque auersion que le Roy en auoit conceuë. Ce qui fut cause que nous passasmes tout le temps de Pasque qui est vn temps de joye, dans beaucoup d'ennuis, & d'apprehensions : Encor que la predication de l'Euangile, & nos autres fonctions eussent toûjours leur cours, & que le fruict en parust en la multitude de ceux qui receuoient le baptesme, & accroissoient le nombre des Chrestiens, qui montoit déja en cette année 1628. deuant la feste de la saincte Trinité, à plus de seize cens. Les dispositions encore n'estoient pas petites dans la plus part des Prouinces du Royaume, où vn bon nombre de Chrestiens conuertis, en la Ville Royale s'estoient retirez, meus d'vn grand zele de rendre leurs compatriotes participans du bien qu'ils auoient receu; De façon que nous les voyons de temps en temps arriuer icy auec les fruicts de leur conquestes, suiuis de belles trouppes de leurs parens, & amis, qui nous demandoient le Baptesme. En quoy la ferueur d'vn soldat nommé Pierre, fut remarquable, qui nous amena de son païs distant de plus de deux cents milles, sa femme & ses enfans encore tendres d'âge, pour les faire enfans de Dieu par le Baptesme, n'ayant point voulu épargner de peine, ny de pas, pour les auancer vers le Ciel.

Mais cependant le Diable ne s'endormoit point dans le dessein qu'il auoit commencé d'arrester les beaux progrés que la Religion Chrestienne faisoit en ce Royaume. Il suscita donq vn homme à perir, & perdu de conscience, originaire du païs, tenu par le *Ciüa canh*, lequel ayant durant quelque temps fait l'office de *Saj*, & n'y trouuant pas son compte, pour estre son Temple presque deserté depuis l'approbation cõmune que les peuples donnoient à la predication de l'Euangile, resolut de prendre vn autre mestier, & s'estant fait Chef de quelques bandoliers, alloit à la petite guerre sous les enseignes du rebelle *Ciüa canh*, exerçant toute sorte de voleries dans le Royaume de Tunquin. Mais en fin ayant esté pris par les trouppes du Roy, qui couroient le païs pour le nettoyer des voleurs, & mené dans les prisons, voyant bien qu'il ne pouuoit pas euiter la mort, il s'aduisa d'vn moyen pour la dilayer ; promettant (si on luy vouloit faire quelque grace) de découurir vne secrette conspiration contre le Roy, & son Estat. On le voulut ouïr ; & il dit en sa deposition, que le Prestre European qui preschoit librement au milieu de la Ville, & de la Cour du Roy de Tunquin, auoit de secrettes intelligences, tant auec le *Ciüa canh*, comme auec le

Roy

Roy de la Cocinchine; & qu'ils auoiēt arresté entr'eux, qu'au temps auquel il leur donneroit aduis, chacun venant de son costé auec vne armée leste, luy auec ses Chrestiens mettroit le feu dans le Palais du Roy, & que dans cette surprise il leur seroit aisé de reduire à leur pouuoir le Roy, & le Royaume. C'est la calomnie que ce voleur fabriqua contre nous, qui fut aussi-tost portée au Roy, & qui vint à la connoissance mesme de nos Chrestiens, qui soudain nous en donnerent aduis. Mais nous ne iugeâmes point dans l'asseurance que nous prenions de nostre innocence, d'y deuoir apporter autre remede, que de remettre le tout aux soins de la prouidence de Dieu, qui s'est chargée de la defense des siens, ne voulans rien dire, ny nous purger iusques à ce que nous eussions esté appellez du Roy.

Cependant le Roy sur le bruit de tant d'accusations anciennes, & nouuelles qui nous estoient imputées, ne sçachant que croire, ny que faire, se resolut enfin, de nous empescher d'agir, & de nous rendre inutiles en son Royaume, par vn Edict solemnel qu'il publia en cette forme. *Nous, Roy de Tunquin, encore que nous soyons assez informez que les Prestres Europeans qui sont en nostre Cour, n'ont point enseigné au peuple iusques à maintenant de mauuaise, & pernicieuse doctrine: Toutefois ne sçachans point qu'est ce qu'ils feront à l'auenir, ou qu'est-ce qu'ils machinent de present; Nous defendons desormais sous peine de la vie à tous nos sujets, de les aller trouuer, ou d'embrasser la Loy qu'ils preschent.* C'est la teneur de l'Edict, qui ne fut point affiché en papier à l'ordinaire, mais graué sur vn tronc applany, qui fut planté deuant nostre logis.

C'estoit le iour de la saincte Trinité durant lequel toute la Ville fut en tumulte, qui passa iusques à nostre maison, deuant laquelle il y eut vn flux, & reflux perpetuel de Payens, qui en approchoient confusement à trouppes pour insulter sur nostre disgrace, & puis se retiroient nous intimidant de menaces : de sorte que dans ce trouble,& ces apprehẽsions, ny nous n'osions pas méme celebrer la Messe,ny les Chrestiens entrer dans nostre Eglise, pour prier Dieu, ou pour nous consoler. Quelques vns nous voulurent asseurer, que l'on nous deuoit ce mesme iour faire mourir. Ce qui ne nous estonna pas beaucoup, nous proposant la gloire qui nous reuiendroit, si à ce mesme iour auquel le Sauueur nous commandoit en l'Euangile d'aller enseigner tous les peuples, & de les baptiser au nom du Pere, du Fils, & du sainct Esprit, nous estions si heureux que de répandre nostre sang en la confession de la mesme tres-saincte, & eternelle Trinité: Pource ayant dit adieu à tous nos Chrestiens qui parurent alors, & les ayant fait retirer de crainte qu'il ne leur mesarriuast à nostre occasion ; A peine nous nous fusmes mis à genoux deuant nostre autel, attendant ce qu'il plairoit à Dieu disposer de nous ; Que voicy entrer vn ie ne sçay qui, armé d'vn gros baston, qui nous fait commandement de demolir nostre autel, & d'oster l'Image qui estoit posée dessus. Nous luy respondismes, que c'estoit de l'authorité du Roy que cette maison auoit esté dressée auecque l'autel, & que ce n'estoit aussi que par son commandement qu'il deuoit estre osté, & enleué de sa place. Mais luy
haussant

haussant la voix insolemment ; C'est moy (dit il) qui le commande, & qui veux que tout cela aille à bas. Et cela dit, haussant son baston en furieux & fanatique, il en déchargea vn coup sur l'Image du Sauueur qui estoit attachée sur l'autel, de laquelle il froissa, & deschira la main. Mais du coup duquel il outragea l'Image, il nous frappa le cœur, tellement que ne pouuans pas souffrir qu'il continuast à luy faire iniure, nous la prismes, & la couurismes de nostre corps, luy presentant nos espaules pour frapper dessus nous, pourueu que l'Image fust sauue. Il sortit de l'Eglise, apres auoir fait cét exploit de sa fureur : mais la Iustice de Dieu ne laissa pas son sacrilege impuny ; Car enuiron quatre mois apres il fut conuaincu d'auoir fait vn larcin, pour lequel le Iuge le condamna à auoir les doigts couppez en la façon qu'il auoit couppé & dechiré la main à l'Image du Sauueur.

Le dueil des Chrestiens, nostre solitude, & nos predications dans les maisons.

CHAPITRE XXV.

NOstre autel n'estoit plus en estat ; mais on n'auoit point touché à nostre habitation qui nous demeuroit libre, & entiere : Toutefois il n'estoit point permis aux Chrestiens de nous approcher, y ayant toûjours vne garde de soldats à nostre porte qui leur en empeschoit l'abord : Ce qu'ils portoient à grand regret, demeurans chez eux tous tristes, dans les larmes, & dans le dueil de se voir priuez de nous, & de l'entrée de nostre Eglise. Nous prismes bien vne fois la resolution d'aller trouuer le Roy, & de luy faire sçauoir toutes choses, mais les soldats ne nous le permirent pas. Dont nous deliberasmes d'attendre en silence, & en patience ce qu'il plairoit à Dieu disposer de nous. Cependant dans cette remise de nos trauaux continuez durant sept mois entiers, nos corps commencerent à sentir vne certaine lassitude, & vn abbattement de forces que nous n'auions iamais reconnu durant nos plus aspres, & plus tenduës fatigues. Dont iouïssans d'vn peu de repos que la persecution de nos ennemis nous auoit procuré, nous employasmes quinze iours dans la douce retraitte des exercices spirituels, à dessein de renoueller nostre esprit, & de reparer, & augmenter les forces de nostre ame. En quoy Dieu vsa encore enuers nous de grande bonté, & d'vne prouidence particuliere, nous ayant donné le moyen dans ce repos de remettre vn peu les forces de nostre corps, qui estoit pour defaillir dans la continuation de la peine. Estant donc aucunement refaits d'esprit, & de corps, & ne pouuans pas prescher en public, comme nous auions fait iusques alors, nous resolûmes de chercher quelque expedient pour aller prescher dans les maisons priuées. Il est vray que l'amour ingenieux de nos Chrestiens leur auoit fait trouuer des inuentions pour venir à nous: Car les vns s'habilloient en pauures quaymans, pour se glisser dans nostre logis; sous ombre de demander l'aumosne : les autres passoient par des bresches qu'ils

auoient

auoient faites secrettement aux maisons de leurs voisins & de leur consentemẽt : Les autres enfin couuerts la nuict de l'obscurité des tenebres entroient chez nous, quand les gardes dormoient. Mais nous craignans toûjours que les gardes ne s'en apperceussent, ce qui les eust exposez à quelque chastiment, aymasmes mieux sortir nous mesmes secrettemẽt, & les aller trouuer dans leurs maisons, tant pour les consoler, que pour donner le baptesme à plusieurs qui le demandoient.

Le premier que nous fusmes visiter fut vn homme de condition nommé Ignace, Capitaine d'vne compagnie de Caualerie, qui auoit vn extreme desir de nous voir, & qui n'osant pas venir à nous durant le temps que nous gardasmes la retraitte, nous auoit souuent enuoyé de ses valets, & particulierement vn ieune Chrestien âgé de dix-sept ans, nommé Linus, qu'il auoit adopté, n'ayant point d'enfant masle; ieune hõme bien fait, mais si zelé & si adroit, qu'ayant esté le premier conuerty de la famille d'Ignace, il auoit attiré, & gaigné à la foy, non seulement tous les domestiques, mais encore son Pere d'adoption. Ce fut donq dans sa maison qu'Ignace nous prepara vn Oratoire commode, & capable pour y faire nos sermons, & pour y donner le baptesme à ceux qui se trouueroient disposez pour le receuoir : où nous demeurasmes quelques iours, & ne recueillismes guere moins de fruict de nos trauaux, que si nous eussions esté dans nostre maison. Neantmoins estans appellez en ce mesme temps à la campagne où nous estions asseurez de trouuer vne grande moisson preparée, & des Chrestiens conuertis qui nous souhaittoient auec passion, nous prisimes l'occasion d'y faire vn petit tour. L'vn de ceux qui nous y receut auec grande joye, fut vn Chrestien zelé nommé Pierre, qui auoit amené à la foy non seulement toute sa famille mais encore beaucoup d'autres, tant du lieu où il habitoit, que de ceux d'alentour. Ce fut lors qu'il prit le soin de les appeller tous à sa maison, pour s'instruire au Catechisme que nous y faisions, où tous les iours arriuoit encore tant d'autres personnes pour cette fin, que sa maison quoy que capable ne les pouuoit pas contenir. Et nous connusmes alors la difference qu'il y auoit de ces sermons de campagne, d'auec ceux que nous faisions auparauant à la Ville; qu'en ceux-cy où plusieurs ne venoient que par curiosité, il y en auoit moins qui fussent touchez efficacement de la parole de Dieu; mais en ceux de la campagne, encore que le nombre des auditeurs ne fust pas si grand, toutefois parce que tous y venoient bien intentionnez, il y en auoit aussi plus qui en faisoient leur proffit: de sorte qu'à proportion du temps, nous baptisasmes plus de personnes, que nous n'eussions fait à la Ville.

Ie ne puis icy omettre le soin que prenoit ce bon Pere de famille à faire prattiquer à ses domestiques les exercices de la deuotion. Il se leuoit tous les jours le premier de tous deuant l'aube, & les assembloit deuant vn autel qu'il auoit dressé auec vne belle Image, où il commençoit à haute voix en la langue du païs les prieres des Chrestiens, que chacun disoit apres luy, auquel exercice il les tenoit pres d'vne demie-heure. Il en faisoit autant deuant que de s'aller coucher: Où ie remarquay entre ses enfans, vn petit âgé seulement

de

de cinq ans, qui s'estant quelque fois endormy durant la priere, son pere l'alla toûjours éueiller auec quelque coup de foüet, qui sans se plaindre, ny crier, ioignant deuotement les mains, se remettoit soudain à son deuoir. Ce qui me donna de la compassion pour ce petit innocent; dont ie priay son pere de le traitter plus doucement, & de faire plûtost cette deuotion deuant le soupper, auquel temps les enfans n'estoient pas si pressez du sommeil.

Comment les Chrestiens furent soufferts de s'assembler de nouueau dans nostre Eglise.

CHAPITRE XXVI.

DVrant le temps de la persecution qui empescha les Chrestiens de s'assembler dans nostre Eglise, ils ne laisserent pas de faire des assemblées les Dimanches, & les festes dans des maisons particulieres. A cette fin ils se diuiserent dans la Ville en six bandes, qui auoient leurs quartiers, & leurs maisons assignées, où ils deuoient se trouuer ensemble à certaines heures pour prier & faire leurs deuotions. Ce qui nous donnoit grande consolation, voyant que la persecution ne diminuoit rien de leurs ferueurs, & que leur amour dans cét orage iettoit plus de flammes. Aussi pour les entretenir dans ces genereux sentimens, nous leur addressions à chaque fois qu'ils s'assembloient des lettres, qui contenoient des aduis spirituels, tirez de l'Euangile courant, où des festes des Saincts qui se rencontroient, dont vne copie estoit enuoyée à chaque Congregation où ils estoient leus, & écoutez auec autant d'attention, & de deuotion que s'ils leur fussent venus du Ciel. Et ces assemblées particulieres continuerent durant quatre mois depuis la publication de l'Edict : Apres lesquels arriua vn accident qui nous fit donner quelque liberté de faire nos fonctions dans la Ville, & aux Chrestiens de nous approcher. Ce fut, que ce faisant quelques ieux solennels aupres de la riuiere, le Roy present, & le Canonier qui estoit Chrestien, & s'estoit donné au Roy apres auoir seruy les Portugais, ayant esté bruslé du feu qui s'estoit mis casuellement à la poudre, pendant qu'il tiroit l'Artillerie, comme le Roy l'auoit commandé en signe de rejouïssance publique; Le Roy touché de cette mort arriuée à son occasion, voulut que les Chrestiens luy fissent à ses despens les plus honnorables obseques qu'ils pourroient. Dequoy nous prismes la charge, ayant assemblé pour cét effet plus de mille Chrestiens qui accompagnerent le corps en belle pompe iusques au lieu destiné à sa sepulture, qui fut à la campagne; où ie preschay à tous sur ces paroles du sacré Cantique; *L'hyuer est passé, & les pluyes sont cessées*: Leur monstrant que les persecutions que Dieu permet arriuer à son Eglise sont pour mettre à l'essay la fidelité des Chrestiens; estant chose constante, & bien reconnuë, que les bons s'y affermissent en la foy, comme des arbres bien plantez qui prennent durant l'hyuer de plus fortes racines: mais que les lasches y empirent, & se laissent emporter à la tentation, comme me la paille au vent. Qu'au reste il falloit esperer de la bonté de Dieu que la persecution qui auoit affligé l'Eglise naissante de Tunquin ne seruiroit qu'à la mieux establir: Et cependant ne nous ayant pas voulu tenter par dessus nos forces, qu'il en auoit adoucy la violence, & nous auoit fait trouuer le moyen de nous reuoir tous assemblez. Ce que quand ie leur representois, ils couloient tous en larmes de consolation. Ie leur donnay neantmoins aduis d'vser moderement de la permission qu'ils auoient de nous venir voir, pour ne donner point de sujet aux Payens de nouuelles accusations.

Vne chose y eut il qui nous osta alors de peine, & qui fauorisa beaucoup la ferueur, & la deuotion des Chrestiens: C'est que presque toutes les maisons voisines de la nostre appartenant à des Chrestiens, nous eusmes vn moyen tres-aisé de faire nos assemblées plus secrettement, & de tenir nos fonctions moins exposées, en les faisant dans ces maisons, où elles ne furent pas moins proffitables tant à ceux de la Ville, comme aux estangers qui nous y vinrent trouuer de bien loin.

Entre ceux-cy la vocation fut remarquable d'vne femme aagée de quatre-vingts quatre ans, laquelle ayant oüy parler de la foy Chrestienne en son païs, distant cent milles de la Ville Royale, inspirée de Dieu se mit en chemin sur cette premiere, & confuse connoissance, pour venir se faire instruire: dont estant arriuée dans la Ville, & n'ayant point eu de repos qu'elle ne nous eust trouuez, elle se rendit si attentiue aux explications du Catechisme, qu'en peu de temps elle fut disposée pour receuoir le Baptesme. Ayant neátmoins sceu que nous n'y receuions ordinairement personne qui n'eust appris par cœur le Symbole des Apostres, l'Oraison Dominicale, & le Decalogue, elle ne perdit point courage, & n'en voulut point estre dispensée pour son âge; mais elle s'y appliqua d'vne si grande affection, qu'elle eut appris cela dans quatre iours; & ayant apres cela receu deuotement le baptesme, auquel elle fut appellée Anne, elle s'en retourna plus ioyeuse en son païs, d'y aller Chrestienne, que si elle y eust porté vn thresor.

Nous receûmes encore alors des preuues du zele, & de la deuotion d'vne autre Anne, déja Chrestienne, femme du Gouuerneur de la Prouince *Che Dun*; laquelle n'ayant pû gagner son mary, & l'attirer à la profession de nostre foy, pour quelques attachemens qu'il auoit à la chair, elle y amena neantmoins le reste de sa famille: Et fut si heureuse, & si adroitte à donner de bonnes impressions de nostre Religion à vn grand nombre de personnes de la Prouince, qu'elle ne venoit iamais à la Cour; où elle estoit souuent obligée de venir à la place de son mary pour les affaires de son gouuernement, qu'elle ne nous amenast des gens tous disposez à se conuertir. A quoy le bon Ignace, dont nous auons parlé, & parlerons encore ailleurs, contribuoit beaucoup par ses zelées instructions.

***

Comment

Comment le Roy nous enuoya en fin en exil.

CHAPITRE XXVII.

LE Roy connoissoit assez que toutes les accusations auec lesquelles nos ennemis taschoient de nous decrier, estoient des blasmes controuuez, & des imputations calomnieuses : Toutefois (comme nous auons depuis decouuert) le principal motif qu'il auoit eu de nous retenir dans son Royaume, auoit esté d'y attirer à nostre occasion le traffiq des Marchands Portugais, & que depuis que le Nauire qui nous auoit menez, s'en estoit retourné à Macao, & qui auoit bris à l'Isle d'Ainan, il n'en estoit point venu d'autre, il entra en opinion que les Portugais nous auoient abandonnez : Ce qui luy fit prendre resolution de nous renuoyer ; & en suite se presentant la commodité du retour de quelques Vaisseaux de la Chine, il nous enuoya dire, si nous voulions nous en aller auec eux. Nous fismes response, que nous obeïrions à ce que le Roy nous commanderoit, mais que nous n'auions rien afaire à la Chine, & auions sujet de craindre qu'il nous arriuast du mal en chemin. Que lors que nous estions sur le poinct de nous en retourner dans le Vaisseau des Portugais il nous auoit arrestez ; partant que nous le supplions tres-humblement de nous permettre d'en attendre vn autre. A cela le Roy n'eust que dire, resolu de ne nous point presser iusques au

 temps

temps que les Vaisseaux Portugais auoient la commodité de voyager en Tunquin.

Nous estions alors dans l'année 1629. quand le Roy n'ayant point vû arriuer dans ses ports de Vaisseau Portugais au temps accoustumé, la saison de la nauigation estant déja passée, il nous enuoya vn de ses Secretaires qui nous dit de sa part, que nous nous tinsions prests pour passer à la Cocinchine, où nous trouuerions des Nauires Portugais qui nous remeneroient à Macao. Et entre les causes pour lesquelles le Secretaire nous dit que le Roy nous mettoit hors de son Royaume, c'estoit parce que plusieurs de ceux à qui nous auions donné le Baptesme, estoiēt morts, peu de temps apres. Que c'estoit peut-estre la seule, ou la principale des accusations que l'on auoit dressées contre nous, qui tenoit à l'esprit du Roy. A quoy ayans respondu, qu'il ne se pouuoit faire autrement, que du grand nombre de personnes malades à l'extremité qui nous appelloient pour receuoir le baptesme, il n'en mourust plusieurs apres l'auoir receu. Lors le Secretaire meû de quelque compassion enuers nous: Ie m'estonne donc de vous autres (nous dit il) que sçachans bien que le peuple ignorant vous imputera, & à vostre, baptesme la mort de ces malades moribonds, vous alliez à eux pour les assister, ou pour les baptiser, ayant hors d'eux tant d'autres personnes aupres desquelles vous vous pouuez vtilement employer. Mais l'ayans remercié de l'affection qu'il nous témoignoit, nous luy fismes entendre que son conseil seroit bon, & que nous deurions le suiure, si nous n'auions soin que du corps; mais que Dieu nous ayant principalement recommandé

commandé le ſoin des ames, nous ne deuions point negliger d'accourir à l'aſſiſtance de ceux dont l'on attendoit la prochaine mort,deſquels,à l'heure que l'on a perdu pour eux toute eſperance de la ſanté, & de la vie du corps, nous ſauuions l'ame par le bapteſme. Il loüa grandement noſtre inſtitut, & noſtre zele, mais cependant il nous aduertit de nous tenir preſts, ſelon la volonté du Roy, à partir pour la Cocinchine.

Incontinent que les Chreſtiens eurent connoiſſance de ce mandement, ils vinrent à foule à noſtre maiſon pour nous témoigner leur déplaiſir auec beaucoup de larmes. Les Payens meſme qui auoient déja pris quelque teinture de noſtre foy, nous venoient preſſer de leur donner deuant noſtre partement le bapteſme: De ſorte que le peu de iours qu'il nous fut permis d'arreſter dans la Ville nous ne fuſmes pas ſans occupation. Ce fut donc apres quelques iours que le Roy nous enuoya vn des principaux Eunuques du Palais, qui nous apporta vingt eſcus d'or, & du drap precieux pour nous habiller, auec commandement precis d'aller de ce pas entrer dans la Galere qui nous attendoit. En ſuite dequoy il nous conſigna par ordre du Roy au Capitaine de la Galere, qui eſtoit preſent accompagné, de ſes ſoldats. Et quoy que nous fiſſions alors toute ſorte d'inſtance qu'il nous fuſt permis d'aller faire la reuerance au Roy, & de le remercier des biens que nous auions receus de ſa Majeſté durant les deux années que nous auions eſté dans ſon Royaume: on nous le refuſa. Il ne fut pas meſme dés lors permis aux Chreſtiens de nous approcher, à cauſe des ſoldats qui nous enuironnoient. Ce qui fut cauſe qu'ils s'allerent

lerent ranger à trouppes, tant hommes, que femmes dans les ruës par où nous deuions passer, les faisans retentir de pitoyables cris, & de gemissemens, de sorte que les Payens en estoient fort estonnez. Ils nous suiuirent mesme iusques à la riuiere, & ne leur estant point permis de monter apres nous dans la Galere pour nous dire le dernier adieu, comme ils le desiroient, ils entrerent dans l'eau si auant qu'ils peurent pour s'approcher de nous. Ie leur fis pour adieu vn petit discours, les exhortant d'auoir grande confiance en Dieu, qui ne les abandonneroit point de sa protection, & les ayderoit infailliblement de ses graces pour perseuerer en la foy qu'ils auoient receuë, laquelle ie me promettois de leur constance qu'il retiendroient iusques à la mort. Et parce que quelques-vns d'eux desiroient alors de se confesser, & ne le pouuoient pas, & s'affligeoient encore d'estre priuez du moyen de la faire apres que nous les aurions quittez: pour les satisfaire en cette necessité, ie fis entendre à tous qu'ils se disposassent par vn acte de contrition, & qu'ils me témoignassent le deplaisir qu'ils auoient de leurs pechez en se frappant la poitrine, & que sur cela ie leur donnerois l'absolution. Ils le firent, & reciterent l'acte de Contrition enuiron quinze cents qu'il estoient, se frappans la poitrine auec beaucoup de gemissemens, & de larmes; En suite dequoy ie leur donnay l'absolution ordinaire au nombre pluriel; *Ie vous absous* &c. & les congediay en nostre Seigneur. La pensée que i'eus alors que quelques-vns de ces bons Chrestiens qui nous auoient accompagnez pourroient bien-tost mourir sans le secours du Sacrement de penitence,

nitence (qui fit que i'vſay du remede dont on ſe ſert en peril de naufrage) ne fut pas vaine. Le bon Docteur Ioachim qui auoit vn office d'Auditeur au Palais, âgé de plus de ſoixante-dix ans, fut ſi ſenſiblement affligé de noſtre depart, qu'il nous accompagna toûjours ſans nous perdre de veuë, pleurant, & gemiſſant comme vn petit enfant qui perd ſa mere : Et ne pouuant plus nous ſuiure du corps, il nous dit adieu, comme nous partions, veſtu de la robbe longue de ſon office, abbaiſſant ſon corps quatre fois iuſques à terre (qui eſt le plus grand ſigne de veneration qui ſoit en vſage parmy ceux de cette nation) & ſe retira à ſon logis le cœur ſerré d'vne telle triſteſſe, que ſans autre nouuelle maladie, il en mourut peu de iours apres.

De l'execution de noſtre exil ; & des choſes auenuës en noſtre Voyage.

CHAPITRE XXVIII.

CE fut ſur la fin du mois de Mars de l'année 1629. que nous partiſmes de la Ville Royale de *Che ce*, ſur la Galere que le Roy nous auoit fait preparer, qui eſtoit petite, n'eſtant que de quinze ou ſeize rames à châque bande, mais commode pour voyager par les riuieres dans leſquelles il nous faloit aller. Le Capitaine de la Galere qui auoit paru au commencement vn peu rude, ayant veu les grands témoignages d'amour, & de reſpect que les Chreſtiens nous auoient rendus ſur noſtre depart, & entr'eux mesme quelques-vns de plus haute condition, que luy, commença aussi à nous faire de l'honneur, & à nous quitter la place la plus honnorable qu'il deuoit tenir dans la Galere; dans laquelle il n'auoit permis l'entrée qu'à deux Chrestiens, entre plusieurs qui s'estoient presentés pour nous accompagner en nostre voyage; c'est à sçauoir à Ignace le Catechiste, & à Antoine qui estoit le soldat qui s'estoit donné à nostre seruice depuis vn an & demy qu'il s'estoit conuerty. Nous auions laissé à deux Catechistes qui restoient (François & André) le soin principal des nouueaux Chrestiens, & l'ordre de donner le baptesme à ceux qui en seroient capables.

Durant nostre nauigation, nous ne manquions point tous les iours sur le tard d'ouurir vn discours des mysteres de nostre Religion, dont nous entretenions le Capitaine, & les sodats de la Galere, ce qui nous les auoit grandement adoucis, & rendu fauorables. Ignace aussi les endormoit tous les soirs auec des chansons Spirituelles qu'il auoit composées, par lesquelles il leur donnoit quelque goust des veritez Chrestiennes. Et le zele de nos Chrestiens nous prepara encore par le chemin (aux descentes que nous faisions à terre) de beaux sujets d'employ. Car quelques-vns de ceux qui estoient étrangers de la Ville, ayant appris la resolution de nostre exil, & le chemin que nous deuions tenir, estoient sortis en diligence, pour disposer aux lieux par où il nous faudroit passer, ceux qui estoient asés instruits pour receuoir le baptesme. En quoy se signala la pieté d'vn Gentilhomme de marque, Gouuerneur d'vn lieu appellé

Che bo,

Che bo, distant enuiron cent milles de la Ville Royale; lequel estant venu au deuant de nostre Galere accompagné de ses soldats, pria le Capitaine de nous permettre de descendre à son logis, auec promesse qu'il luy fit, de nous ramener en toute asseurance; ce qu'il obtint. Il auoit assemblé dans sa Chapelle domestique fort capable, vn grand nombre de Catechumenes qu'il auoit luy mesme instruits à la Foy; où pendant que nous trauaillions à les former du tout, & à leur donner les dernieres dispositions pour le baptesme, le deuot Gentil-homme nommé Paul, auec sa femme (vertueuse Dame) appellée Luce, allerent vn peu entretenir le Capitaine de la Galere, & ses soldats, auec des presens, & des rafraischissemens qu'ils leur firent apporter, pour les faire attendre nostre retour auecque plus de patience. Nous acheuasmes l'œuure de Dieu, & apres retournasmes à la Galere auec le deuot Gouuerneur qui nous y voulut reconduire: & comme il falloit, pour y rentrer, passer par vn lieu plein de bouë, ne se contentant pas de l'ayde que nous receuions de ses soldats, il voulut luy méme, malgré nous, & quelque resistance que nous sceusmes luy rendre, nous prendre sur ses épaules; tenant à gloire de rendre ce seruice aux seruiteurs du grand Dieu.

De là, continuans nostre voyage, nous arriuasmes dans vn iour à la Bourgade de *Che no*, où auoit esté nostre ancienne, & premiere demeure, apres nostre arriuée au Royaume de Tunquin, & où auoit esté dressée la premiere Eglise Catholique, que nous trouuasmes augmentée d'vn bel Hospital, pour y soulager les necessitez des pauures Chrestiens, & y traitter les malades; mesme les Payens qui auoient témoigné se vouloir conuertir. Là il nous fut encore permis en passant d'exhorter les fideles qui y auoiët autrefois receu le Baptesme, que nous recommandasmes aux soins des plus anciens, & à la pieté d'vne deuote femme nommée Anne, qui s'estoit dediée au seruice des malades. Mais le bastiment de l'Eglise, comme nous apprismes apres, ne subsista pas: Car apres le decez du bon vieillard Ioachin (dont nous auons parlé en son lieu) qui auoit donné liberalement le fonds pour bastir cette Eglise, ses enfans qui n'auoient pas herité de sa pieté, comme de ses biens, redemanderent en Iustice ce fonds, sous pretexte de l'Edict du Roy publié contre les Chrestiens, qui leur fut adjugé, & en suite le feu mis à l'Eglise, qui la reduisit en cendres. Il arriua neantmoins quelques iours apres l'embrasement, que la deuote Anne remuant les cendres, & cherchant si elle y trouueroit quelque chose qui eust échappé le feu, elle decouurit le tiltre de la saincte Croix, qui y auoit esté exposée, entier, & sans lesion, marqué d'vn costé de nos lettres ordinaires, & de l'autre de ces paroles, écrittes en lettres Chinoises; *Le sainct signe, du vray Seigneur du Ciel, & de la Terre.* Nous l'auons veu auec admiration au retour de nostre exil, repassant par ce lieu, & pris vne certaine asseurance, que Dieu qui auoit miraculeusement conserué cette escriture dans les flammes qui auoient consumé les poutres, ne laisseroit point perir, & abolir sa saincte Loy dans le Royaume de Tunquin. Et nostre presage n'a pas esté vain, car depuis la saincte Foy a merueilleusement

leusement refleury en tous les lieux de la Prouince: Et void-on aujoud'huy en ce lieu mesme (mais de l'autre costé de la riuiere) vne belle Eglise bastie, & vne residence des nostres, qui fait de grands fruicts en toute cette contrée.

Nous tirâmes depuis de la Prouince de *Thin hoa*, vers la Prouince de *Che an*, & allasmes surgir au Port de la Reine, appellé de ceux, du pais *Cua Ciüa*, où est adorée cette fille débauchée, dont nous auons parlé ailleurs, & où (Dieu le permettant ainsi en punition des diaboliques superstitions qui y sont prattiquées) le Diable exerce sur les payens de ce paîs là, diuerses cruautez, & se rend mesme formidable aux estrangers qui y abordent. Nostre Capitaine qui estoit Payen, comme nous en approchions, commença d'entrer en apprehension de quelque accident, & se preparoit desia à faire des sacrifices superstitieux pour appaiser les Demons, quand nous le priâmes de s'en abstenir, & prendre confiance au vray Seigneur du Ciel & de la Terre, & des Mers, qui auoit le pouuoir de le tirer de tous les perils qui le menaçoient, & le conduire heureusement au port. Il s'en abstint sur nostre parole; & nous pria cependant d'adresser nos vœux à ce grand Seigneur de tout, à nostre façon; ce que nous fismes & abordâmes heureusement au port pretendu.

Le bon soldat, nommé Simon, duquel nous auons parlé cy dessus, & des guerisons qu'il operoit auec l'eau benite, n'estoit pas éloigné de ce port, dont ayant eu la nouuelle de nostre arriuée, il nous vint trouuer en grande diligence, & obtint du Capitaine

 par

par ses prieres, que nous allassions faire vn tour iusques à sa maison, où il auoit disposé beaucoup de ses parens, & de ses voisins pour receuoir le baptesme; & ensemble preparé grande quantité de vases remplis d'eau, ausquels nous donnâmes la benediction ordinaire. Apres quoy il nous ramena la nuict mesme dans nostre Galere, comme il l'auoit promis.

Vn autre soldat, nommé André, estoit sorty de la Ville Royale en grande diligence pour prendre le deuant, s'estant figuré que nous venant rencontrer à ce port, éloigné quelques lieuës de son païs, il pourroit nous y mener, & y faire donner le baptesme à sa mere, à sa belle mere, & à sa femme : Mais nous ayant manquez pour estre venu vn peu apres nostre depart, qui fut dans la nuict, & n'ayant point de barque pour nous suiure, il se resolut à vn penible dessein, qui fut de mener sadite mere, & sa belle mere, femmes déja bien âgées, auec sa femme, tout à pied, à trauers de rudes montagnes, pour coupper le chemin, & nous atteindre deuant que nous arriuassions à la Cocinchine. Et parce qu'ils craignoient d'estre repoussez à l'entrée, à cause de la guerre qui estoit entre les deux Roys, ils s'estoient chargez de rys, pour faire semblant de l'aller vendre sur la frontiere. Dieu leur fit la grace de nous rencontrer commodement où ils l'auoient projetté, & de receuoir le bien qu'ils auoient si ardemment desiré, & qu'ils estoient venu chercher si loin auec tant de fatigue.

Nous estions alors arriuez sur les marches du Royaume, entre la Prouince *Che an*, & celle de *Bochin*, où il falut changer de Vaisseau, la Galere sur laquelle nous estions venus n'estant pas iugée pouuoir tenir contre les vagues, & les escueils qu'il nous faloit trauerser. Et comme il faloit que les soldats qui nous auoient menez, ramenassent la Galere au port de la Ville Royale : vne partie d'entr'eux qui auoient esté touchez des discours de la vraye Religion que nous leur auions tenus durant quinze iours de voyage ; c'est à à sçauoir dix-sept, ou dix-huict s'adressans à nous ; Vous nous auez (nous dirent-ils) fait souuent entendre, que nous ne pouuions point esperer de salut que dans vostre Religion, & par le moyen du baptesme ; Voila donc de l'eau, baptisez nous deuant que nous vous quittions. A quoy nous respondimes que s'ils croyoient de tout leur cœur au vray Seigneur, & Createur du Ciel, & de la terre, & à son fils Iesus-Christ nostre Sauueur, qui nous auoit racheptez par son sang, selon ce que nous leur auions annoncé, & s'ils estoient prests à quitter leurs vaines superstitions, & renoncer au culte des Idoles, qui n'estoient que fausses diuinitez, nous leur donnerions le baptesme : de quoy nous ayant protesté, & promis d'obseruer ce que nous leur auions enseigné, nous les baptisasmes sur le riuage, & leur donnasmes des lettres pour les recommander aux Chrestiens plus anciens de la ville Royale où ils alloient, & où ils arriuerent plus heureux, & plus riches qu'ils n'en estoient partis.

* *
*

Le

Le reste de nostre Voyage, & la conuersion de nostre Capitaine.

CHAPITRE XXIX.

C'Estoit en la semaine saincte que l'on nous prepara vn autre Vaisseau pour nous porter à la Prouince de *Bochin*, auquel temps il ne nous fut point loisible (estant au milieu d'vne Nation peruerse, & toute payenne) de rendre aucun témoignage exterieur de nostre deuotion, en la memoire de la Passion du Sauueur. Et toutes choses estant preparées s'estant leué vn bon vent la nuict deuant la feste de Pasque, nous fismes voile auec nostre Capitaine, & six soldats qu'il auoit retenus. Nous l'auions instamment prié deuant qu'il eust pris la resolution de faire partir le Vaisseau, de laisser toutes les ceremonies superstitieuses que les Payens ont accoustumé de practiquer pour auoir les vents, & la mer fauorables, mais qu'il mist seulement son esperance au Seigneur Dieu, qui gouuerne la terre & les mers, & à qui tous les vents obeïssent. Et il sembla alors adjouster foy à nos paroles, sur l'experience qu'il auoit du passé : Mais le bon vent qui l'auoit conuié de partir, s'estant changé apres vn peu de temps en vn orage impetueux, qui agitant furieusement les vagues, poussoit le vaisseau contre les écueils, il entra aussitost en haute colere, & commença à faire vne petite

tempeste

tempeste de sa bouche : Et n'osant pas encore s'en prendre à nous, & nous éueiller (sçachant que nous dormions en ce temps-là) il escumoit contre Ignace qui luy auoit fort dissuadé, à la sortie du port de se seruir de ses superstitions payennes. Et ce qui alluma dauantage son feu, ce fut qu'il prit garde à vne Idole posée sur la pointe d'vne horrible montagne, en veuë de laquelle se trouuoit alors le Vaisseau, s'estant figuré que cette Idole auoit suscité l'orage qui tourmentoit le Vaisseau, en punition de ce qu'il auoit negligé de l'appaiser par quelque sacrifice. Tellement que sur sa cholere il ne menaça pas de moins Ignace, que de le faire mourir, & le ietter dans la mer. Ces menaces aigres & hautes nous ayant eueillez, nous tachâmes d'addoucir son esprit ; & apres luy auoir fait vne douce plainte de ce qu'il auoit leué l'anchre pour partir sans nous éueiller, & nous donner moyen de presenter nos vœux à Dieu pour nostre heureuse nauigation, nous le remplismes d'asseurance qu'il verroit bien tost les vagues abbaissées, & le vent adoucy. Et là dessus inuoquans S. Laurens pour patron, & le prians de nous impetrer le calme, à peine eusmes nous acheué de reciter vne fois le *Pater*, & *Aue*, que le vent contraire estant tout à fait abbatu, & le Ciel essuyé, vn doux & fauorable vent commença à souffler du costé de l'Idole, qui faisoit pallir nostre Capitaine, qui applanissant les flots nous accompagna doucement iusques dans le port où nous pretendions aborder. Ce fut alors que le Capitaine rauy d'vn si subit changement arriué dans vn element si mutin, au delà de tout ce qu'il pouuoit esperer, & dans l'apprehenſion d'vn peril qu'il s'eſtoit figuré extreme, & inſurmontable à tout art, ſe reſolut d'embraſſer cette Religion en laquelle le Dieu qui y eſtoit adoré ſe monſtroit ſi ſecourable aux neceſſitez de ſes ſeruiteurs. Dont ſans delay, comme il n'auoit point beſoin de plus grande inſtruction que celle qu'il auoit priſe durant le voyage, eſtant d'ailleurs homme de bon ſens, & intelligent des lettres Chinoiſes, apres auoir fait prendre le bapteſme à ſix de ſes ſoldats, qui auoyent eſté touchez de meſme ſentiment, & ſe trouuoient pareillement bien diſpoſez, il le receut luy meſme en public, & y fut nommé Auguſtin.

Cette conuerſion arriuée à cette occaſion, ſur la fin de noſtre voyage, fut vn coup merueilleux de la miſericorde de Dieu pour noſtre Capitaine, & vn traict particulier de ſa Prouidence pour nous. Car n'eſtant nullement expedient ny aux Chreſtiens de Tunquin, ny à nos Peres de la Cocinchine que nous paruſſions exilez dans ce Royaume; eſtant à craindre que le Roy de la Cocinchine priſt quelque pareille occaſion de chaſſer nos Peres de ſon Royaume: Nous priâmes noſtre Auguſtin (lequel depuis qu'il fut conuerty écoutoit volontiers nos aduis) que puis qu'il auoit en ſes ordres de nous conſigner au Gouuerneur de la Prouince de *Bochin* qui nous deuoit faire paſſer à la Cocinchine, & nous mettre en eſtat de nous pouuoir retirer à *Macao* dans quelque Vaiſſeau Portugais, il perſuadaſt au ſuſdit Gouuerneur de nous laiſſer en liberté de chercher ce Vaiſſeau la part où nous voudrions, ſans nous faire traduire à la Cocinchine, où l'on n'auoit pas opinion qu'aucun Nauire Portugais
fuſt

fust arriué cette année là. Ce que le deuot Augustin fit adroittement, comme nous l'en auions prié.

Ce Gouuerneur estoit homme de grande reputation, pour l'integrité de la Iustice qu'il rendoit à cette Prouince, aagé de quatre-vingts ans, lequel non seulement nous traitta auec toute sorte de ciuilitez, mais nous donna encore liberalement dequoy faire nostre dépense durant le temps que nous ferions séjour dans sa Prouince. Nous voulusmes vser enuers luy de reconnoissance, luy faisant offre de ce qui valoit mieux que tous ses presens, qui estoit l'instruction du Catechisme de la Loy Chrestienne, que nous luy donnasmes mesme écrit en lettres Chinoises, desquelles il estoit bien capable; Mais il rejetta la grace que le bon Dieu luy faisoit, & mourut six mois apres en son infidelité, s'estant rendu indigne de la faueur que Dieu luy auoit presentée. Et autant en arriua-t'il à l'hoste chez qui il nous auoit logez, où nous estions fort commodément, homme aussi fort auancé en âge, qui ne trouua pas mauuais que sa femme âgée comme luy, & la fille qu'il auoit euë de sa Concubine se fissent Chrestiennes, mais luy ne voulant point rompre l'attache du fol amour qui le tenoit engagé depuis plusieurs années, mourut peu de temps apres dans son peché, & dans son erreur.

* *
*

Nous reuenons de la Prouince de Bochin à celle de Ghean.

CHAPITRE XXX.

PEndant que nostre Capitaine s'en retournoit apres sa commission acheuée à la Ville Royale, auec des lettres de recommandation que nous luy donnasmes aux nouueaux Chrestiens pour le faire connoistre d'eux ; Nous ne demeurasmes pas oyseux au lieu où nous nous estions arrestez : Car ayans presché en la place publique, & sur le riuage de la mer, vingt-cinq Payens furent conuertys par nos predications ; entre lesquels il y auoit vn licencié sçauant aux lettres Chinoises, à qui nous laissasmes par écrit les prieres Catholiques, afin qu'il les apprist aux nouueaux Chrestiens de cette Prouince, & prit le soin de leur instruction : delà nous iugeasmes expedient pour le bien de cette Chrestienté, de rebrousser à la Prouince de *Ghean*, d'où peu auparauant nous estions sortys.

Le premier logis que nous fismes, fut la maison des feruens Chrestiens Pierre, & André, qui portez d'vn grand zele de conuertir tous leurs Patriottes à la Foy, auoient si bien disposé l'esprit de tous les habitans du lieu, que sans prendre presque aucune nouuelle peine pour leur instruction, nous en baptisasmes cent, & douze dans les trois iours que nous y fismes sejour. De

là nous

là nous tirasme vers le port principal de la Prouince appellée *Rum*, où residoit le Gouuerneur qui nous fit tres-bon accueil; Mais les habitans du lieu sur la connoissance qu'on leur auoit dōnée de nostre exil, & sur quelque opinion extrauagante qu'ils auoient prise que nous estions cause qu'il ne pleuuoit pas, ne nous voyoient pas de bon œil, tellement que nous auions peine de trouuer qui nous voulust loger en ce lieu: Mais le bon Dieu qui n'abandonne iamais les siens. effaça les apprehensions que ceux de ce Païs auoient, prises de nous, par vne grande abondance de pluye qu'il leur donna vn peu apres nostre arriuée, qui les réjouït merueilleusement, & fit qu'il nous laisserent la liberté de prescher la parole de Dieu, & la commodité aux Chrestiens de tout le voisinage de la venir ouïr, qui accouroient à nous sans apprehension depuis qu'ils eurent connoissance que nous estions sous la protection du Gouuerneur de ce lieu, & fauorisez de sa bien-vueillance. Et ce qui nous l'acquit fut l'occasion d'vne Eclypse de Soleil qui arriua en mesme temps: car en ayans precisément predit l'heure quatre iours deuant qu'elle parust, & en ayant presenté la figure, & la description au Gouuerneur auec toutes les circonstances qui la deuoient accompagner, il fut si rauy voyant qu'elle estoit arriuée punctuellement selon nos obseruations, & conceut vne si haute opinion de nous, qu'il entreprit depuis par tout nostre defense contre ceux qui blasmoient, ou combattoiēt nostre doctrine. Se seruant entre autres de cét argument. Si ces gens icy (disoit-il) sçauent predire auec tant d'asseurance, & de verité les secrets du Ciel, &

des Astres, qui nous sont inconnus, & surpassent nos capacitez ; Est-il pas à croire qu'ils ne se trompent pas en la connoissance de la Loy du Seigneur du Ciel, & de la terre, & des veritez qu'ils nous preschent, encore qu'elles soient éloignées de nos sentimens, & moins exposées à la prise de nos esprits?

Certes les faueurs que nous receusmes de ce Gouuerneur, & l'approbation qu'il donna à nostre doctrine nous mit en si grande consideration dans la pluspart des esprits, que l'on venoit à foule vers nous pour prendre instruction de la foy, & de la loy que nous preschions ; en sorte que dans le temps de nostre exil qui ne dura pas huict mois entiers, nous baptisasmes plus de six cents nouueaux Chrestiens sans compter ceux qui auient esté conuertys, & baptisez dans la necessité par les Catechistes. Le zele de nostre Ignace, qui ne nous abandonna iamais, ne seruit pas de peu à disposer les esprits de ceux qui se conuertirent: Car comme il estoit ingenieux, & bien versé en la connoissance des sectes Tunquinoises, il composa en la langue du pays vne chanson en vers elegans, & d'vn air parfaittement agreable, dans laquelle il auoit rendu si absurdes, & ridicules toutes les erreurs, & superstitions, qu'apres les auoir gaignez par les oreilles à la douceur charmante de sa voix, il les reduisoit en fin à quitter vne si honteuse profession, & à se faire instruire de la nostre. Il ne manqua pas pourtant de payens zelés pour ces sectes superstitieuses, qui entrans en rage de les voir ainsi mocquées, & abandonnées, & ne pouuans pas s'en prendre à nous, ny à Ignace, qui n'estoit pas soûmis à leurs pouuoirs pour estre

estre natif d'vne autre Prouince, déchargerent toute leur cholere sur l'hoste qui nous auoit logez, & s'estoit fait Chrestien, & trauaillerent auec tant de violence a le ruiner, que luy ayant fait confisquer ses biens, le firent encore bannir du païs, auec sa femme; ce qu'il supporta auec grande constance, & amour de la Religion, pour laquelle il estoit persecuté.

Comme Dieu par sa misericorde nous fit aßister dans les miseres, & les neceßitez de nostre exil.

CHAPITRE XXXI.

Nos ennemis estans bien informez de l'Edit de nostre bannissement, qui ne nous laissoit point la liberté de faire sejour en cette Prouince, qui estoit dans l'enclaue des Estats de Tunquin; apres auoir fait declarer tous ceux qui nous retiroient dans leurs maisons, criminels, & preuaricateurs des Edits du Prince, les faisoient punir de la confiscation de leurs biens, qui estoit la moindre peine à laquelle ils estoient condamnez. Ce que ces genereux Chrestiens souffroient auec vne ioye admirable; s'estimans heureux de pouuoir bastir leur salut, de leurs pertes, & de releuer la gloire du nom Chrestien sur les ruines de leurs propres biens. Cependant afin que nous ne fussions pas la cause de leurs maux, & des miseres

ſeres où nous les voyons reduits qui nous donnoient bien de la compaſſion; Veu meſme que les perſecuteurs s'attachoient encore à nous par beaucoup de déplaiſirs qu'ils nous rendoient, iuſques à jetter des pierres contre nous, & contre la maiſon où nous eſtions logez; nous reſolûmes de quitter la Ville, & de nous retirer dans noſtre petite barque de riuiere, où nous ſouffrions de grandes incommoditez du lieu, des pluyes, & des vents, & ſur tout de la neceſſité du viure. Car encore que partans de *Macao*, nous euſſions eſté pourueus de Viatique neceſſaire pour vn an; neantmoins dans le ſejour que nous auions déja fait de trois ans au Royaume de Tunquin, nonobſtant noſtre grande épargne, nous l'auions conſumé auec tout ce que nous auions receu de preſens du Roy, n'ayans iamais voulu eſtre à charge aux nouueaux Chreſtiens, ny receuoir d'eux les aumônes qu'ils nous preſentoient de tres-bon cœur, preſts à nous dõner meſme leurs yeux, ſi nous les leurs euſſions demandez, pour leur laiſſer cette perſuaſion que nous cherchions leurs ames, & non leurs biens. Ce qu'ils auoient en grande admiration; & ſe ſeruoient quelquefois de cét argument de l'affection deſintereſſée que nous rapportions à leur ſalut, pour perſuader aux payens la bonté, & la ſainteté de noſtre Religion, & la verité de la Foy que nous preſchions.

Neantmoins pour ne les priuer pas du merite de leur charité bien-faiſante, nous les auions exhortez d'enuoyer aux Hoſpitaux que nous auions fait dreſſer pour l'entretien des Catechiſtes de leur nation, les aumoſnes qu'ils nous preſentoient; leur faiſant entendre

tendre que nous attendions de Macao le secours qui nous seroit enuoyé pour nostre subsistance. Dont en suite les liberalitez que les Chrestiens ont faites à ces Hospitaux ont esté si abondantes qu'vne centaine de Catechistes y ont esté entretenus, lesquels ayans tout quitté pour se deuouër au seruice de Dieu, & de l'Eglise, ont operé des fruicts inestimables, & ont esté, & sont encore aujourd'huy nos aydes, associez, & vnis auec nous en mesme dessein pour la conuersion de ces peuples.

Cependant comme nous nous trouuasmes reduits à l'extreme necessité, pour ne point tenter Dieu, si nous nous opiniâtrions dauantage à ne vouloir receuoir aucun secours pour viure, de la charité des Chrestiens; Nous prismes resolution d'enuoyer nostre Antoine vers les Chrestiens de *Che ce*, auec des lettres, par lesquelles nous leur faisions sçauoir la grande necessité où nous estions tombez par le retardement du Nauire des Portugais que nous auions attendu depuis deux ans, & laquelle nous estions contraints en l'extremité où nous nous trouuions, de leur representer, les priant de nous assister de quelque petite somme, ou par aumosne, ou en prest iusques à la venuë des Marchands Portugais. Antoine porta nos lettres en grande diligence, & les rendit, non aux plus riches, mais aux plus deuots des Chrestiens qu'il connoissoit fort-bien, lesquels ayant appris nostre misere, apres nous auoir donné les larmes de leur compassion, amasserent entr'eux promptement vne vingtaine d'escus, auec lesquels ils renuoyerent Antoine vers nous, pour nous en soulager au plûtost, pendant qu'ils se disposeroient eux mesmes à venir, & à nous apporter dequoy nous tirer de toutes nos necessitez. A cette occasion vne femme deuote nommée Monique plus riche de charité que de moyens se signala sur tous, nous enuoyant dix escus en aumosne, pour nous en assister, & subuenir à nostre pauureté de ses propres dépoüilles.

Quelque prompt, & diligent que fut Antoine à nous rapporter ce secours des Chrestiens de *Che ce*, nous fusmes reduits deuant son retour à vn si pitoyable estat, à cause des pluyes excessiues qui tomberent en ce temps là, & des grands orages qui secoüoient, & agitoient furieusement nostre barque déja vieille, & qui commençoit à faire eau de tous costez, qu'il ne nous estoit plus possible de demeurer sur la riuiere, sans nous exposer à vn danger euident de perir : méme que nous y estions fort mal traittez des Payens, qui ne cessoient de nous tirer des pierres, de nous brauer, & d'insulter à nostre misere. Et cependant il n'y auoit point de Chrestiens qui osast alors nous retirer dans son logis, pour crainte des peines dont ils estoient menacez des Payens qui auoient tous conspiré nostre perte. Ce qui toucha tellement de pitié vn pauure mais deuot Chrestien, nommé Simeon, qui auoit vne cabane où il logeoit au pied de la montagne, qu'il nous la vint offrir, n'ayant d'ailleurs aucun bien à perdre, quand il seroit recherché de nous auoir retirez dans sa pauure logette, nous acceptasmes son offre ; & luy auec sa petite famille trouua moyen pour quelque temps de se loger ailleurs, glorieux d'auoir achepté vn grand, & precieux merite, par la petite incommodité qu'il souffrit.

Nous sommes tirez de nostre exil à la nouuelle arriuée d'vn Nauire des Portugais.

CHAPITRE XXXII.

IL s'estoit passé quinze iours depuis que nostre Antoine estoit party de la Ville Royale, quand il nous apporta auec l'aumosne des Chrestiens, vne lettre du P. Gaspar d'Amaral de nostre Compagnie, arriué dans le Nauire des Portugais au port de la Prouince de *Ghean*, où nous nous trouuions. Ce que nous auons toûjours reconnu auoir esté vn traict particulier de la bonté, & de la prouidence de Dieu, qui dressa la route de ce Vaisseau, pour nostre consolation, & pour nostre soulagement à ce port écarté, ou iamais ny deuant, ny apres aucun Nauire Portugais n'aborda, pour estre moins asseuré, & le plus éloigné de la Ville Royale. A cette bonne nouuelle qui nous remplit le cœur de joye, & noya tout le sentimẽt de nos miseres passées, nous sortismes de la cabane que le bon Simeon nous auoit prestée, & allasmes droit vers le Nauire qui estoit arriué, où ayans trouué nos Peres que nous auions si long-temps, & si ardemment attendus, apres les tendres embrassemens accompagnez de nos larmes, que nous leur donnasmes, & receûmes d'eux, nous passasmes le reste du iour, & vne partie de la nuict à prendre des nouuelles de nos Peres, & du reste du monde, dont depuis pres de trois ans nous n'auions non plus oüy parler que s'il n'eust point esté en nature. Et parce que nous auions déja demeuré pres de huict mois sans dire la Messe faute de matiere pour consacrer, aussi-tost que nous fusmes leuez au matin, nous priasmes les Portugais de nous preparer vn lieu propre dans le Nauire, ny en ayant point d'autre au dehors, où nous puissions celebrer. Ce qu'ils firent : & ce fut le iour de S. Simon, & S. Iude que nous eusmes la consolation de manger ce pain de vie, & d'appaiser aucunement la grande faim, & les extremes auiditez auec lesquelles nous l'auions si long-temps souhaitté.

Quelque temps apres vn Eunuque enuoyé de la part du Roy auec sauf-conduit pour faire passer le Nauire, & les Marchands Portugais à la Ville Royale, ayant fait difficulté de nous y laisser aller auec eux, pour l'Edict de nostre bannissement qui n'estoit pas encore reuoqué : Et les Marchands Portugais d'ailleurs ayant constamment refusé d'y passer si nous n'y allions en leur compagnie auec les deux Peres qu'ils auoient menez, il fut contraint, encore qu'il n'en eust point d'ordre du Roy, de souffrir que nous r'entrassions dans la Ville, de laquelle il y auoit enuiron huict mois que nous auions esté chassez.

En ce mesme temps le Catechiste André, zelé, & infatigable ouurier de la nouuelle Eglise de Tunquin, ne pouuant supporter l'impatience qu'il auoit de nous reuoir depuis qu'il nous eust perdus de veuë, estant demeuré au temps de nostre partement malade à *Che ce*, estoit descendu pour nous visiter en nostre exil, & ioindre ses trauaux aux nostres dans les employs que nous voudrions luy donner. Mais nous

ayant

ayant trouuez en estat de remonter au lieu d'où il venoit, il reprit aussi son chemin vers la Ville Royale, semant par tout où il passoit ses trauaux, & ses feruentes instructions, qui porterent en son temps de grands fruicts. Et ce fut en ce voyage que Dieu luy prepara vne belle occasion de patience; Car ayant esté attendu sur le chemin lors qu'il y pensoit le moins, il fut attaqué par vne trouppe de galans, & excedé si outrageusement à coups de baston (sans que l'on ayt sceu qu'autre les eut poussez à celà que le Diable) qu'il en demeura tout moulu, & comme mort sur la place. D'où s'estant releué apres quelque temps; & ayant prié pour ceux qui l'auoient ainsi mal traitté, il se remit en chemin, meurtry, comme il estoit par tout le corps de grandes playes, mais le cœur remply de joye d'auoir esté troué digne de souffrir quelque chose pour l'amour de Dieu.

L'autre Catechiste, nommé Ignace, qui nous auoit suiuis, marcha en diligence à grandes iournées vers la Ville Royalle, pour s'y trouuer deuant nous, & y tenir aduertis les nouueaux Chrestiens de la bonne nouuelle de nostre retour; & sur tout leur defendre de nostre part, de n'en rendre pour cela aucunes demonstrations extraordinaires, & publiques de réjoüissance qui pourroient offencer les payens, & attirer sur nous leur enuie; de ne venir point à trouppes au deuant de nous; & d'vser de grande retenuë aux premieres visites: qui fut vn aduis important, & necessaire pour moderer l'excez de la ioye qui les eut emportez à nous en rendre de plus éclattans témoignages; veu mesme que nonobstant l'aduis qu'ils receurent, ils eurent de la peine à retenir l'ardeur inconsiderée des joyes qui les transportoient à nous bien-veigner, & à s'entre-communiquer la nouuelle de nostre retour, pour lequel ils rendirent mille actions de graces à Dieu, qui nous auoit ramenez pour leur bien, & leur consolation.

Nous exerçons de nouueau nos fonctions dans la Ville Royale.

CHAPITRE XXXIII.

ENcore que nous eussions eu l'entrée dans la Ville Royale, si n'eusmes nous iamais d'accez aupres de la personne du Roy, par l'artifice, & la malice des Eunuques, qui sont les Gardes ordinaires de ses femmes, & de son Palais, qui nous en éloignerent tousiours. Cela n'empescha pas que par la permission, ou tolerance du Roy nous ne reprissions tous les employs que nous auions eu deuant nostre exil, & que nous ne nous occupassions ordinairément à Catechiser, à baptiser, & à ouyr les confessions des Chrestiens. En quoy les payens nous donnerent quelque trouble, principalement pour les Confessions des femmes, auec lesquelles il ne pouuoient souffrir que nous traittassions dans le secret, encore que ce fust en lieu public, & exposé à la veuë du monde, & qu'il y eust entre-elles, & nous (selon la coustume) vn

ais

ais de ſeparation. Dont il arriuoit ſouuent que les ſoldats que nous ne pouuions point ſans faire du bruit, empeſcher d'entrer dans noſtre Egliſe, s'approchoient des Confeſſionaux pour ouyr ce qui s'y diſoit, dans le ſecret du Sacrement. A quoy nous ne peuſmes apporter autre remede que par vn conſeil que nous priſmes de nous ſeruir de deux maiſons joignantes de nos Chreſtiens, dans l'vne deſquelles eſtoient les femmes qui y venoient pour ſe confeſſer, & nous dans l'autre pour ouyr leurs confeſſions. Et pource encore que les payens s'offenſoient du grand nombre de Neophytes, & de Catechumenes qui accouroient tous les iours à nous pour receuoir l'inſtruction, & les Sacremens, nous aduisâmes de dreſſer vne nouuelle Egliſe, éloignée plus de deux mille de noſtre habitation, où ſe partageoient les Chreſtiens, & les Catechumenes; ce qui augmentoit beaucoup nos peines, mais nous ſauuoit en quelque façon de la perſecution, & de l'enuie des payens.

Apres tout depuis noſtre retour à la Cour, la ferueur & la deuotion des nouueaux Chreſtiens fut ſi grande en tout, & principalement pour s'approcher des Sacremens de la Confeſſion, & Communion, que nous ne pouuions point ſuffire à leur donner ſatisfaction, ayant eſté quelquefois obligez de paſſer les nuicts entieres à ouyr des Cõfeſſions, auſquelles ils apportoiẽt tant de ſoin pour s'en bien acquitter, & vne conſcience ſi tendre, que ſi elle leur reprochoit quelque faute, encore qu'elle ne fuſt point grieue, ny quelquefois coupable, comme d'auoir par quelque oubly, ou ignorance mangé de la viande les vendre-

dys,

dys, ou les samedys, ils n'eussent iamais osé s'aller coucher, auant que de l'auoir confessée. Et pour la Communion, ceux que nous auions iugez capables de s'en approcher, s'y disposoient durant plusieurs iours, auec vn appareil si étudié, d'affections, de desirs, & de bonnes œuures, qu'ils sembloient estre tous fondus dans les ardeurs de leur deuotion. Et nous encore, pour les ayder à renouueller souuent le souuenir de cette saincte viande, & de l'agneau sans tâche qu'ils auoient le bon-heur de manger à la saincte Table, nous leur donnions à chacun d'eux vn *Agnus* de cire sacrée, reuestu de soye, & de canetille, qu'ils portoient pendu au col; & n'en ayans pas pour tous, Madame Catherine sœur du Roy (de laquelle il a esté parlé cy dessus) en trauailloit de sa main si artistement, qu'ils ne cedoient en rien à ceux que nous auions apportez de Macao, & qui estoient venus d'Europe.

Nous estions sut tout rauys de la tendre deuotion qu'ils temoignoient à la Passion de nostre Sauueur; estant vray que nous auons souuent obserué, qu'ils ne iettoient iamais les yeux sur vn Crucifix, qu'ils ne iettassent beaucoup de larmes que l'ardeur de leur amour fondoit, & faisoit couler par leurs yeux. Ils estoient aussi fort deuots & assidus à entendre la saincte Messe, quand elle se disoit, mesme les iours ouuriers. Et pour les iours de Dimanche, ceux qui n'estoient éloignez que trois ou quatre lieuës de la Ville, partoient si matin de leur maison, qu'ils se trouuoient à temps pour assister à la Messe, & au sermon, apres quoy ils se retiroient chez eux sans prendre aucune re-

fection

fection corporelle, mais l'esprit repeu de la parole de Dieu, & renforcé de sa grace. Mais ceux qui estoient si éloignez de la Ville, qu'ils ne pouuoient le matin s'y rendre à temps pour assister au diuin seruice, partoient depuis le samedy apres le disner, & ne s'en retournoient que le Dimanche apres auoir fait toutes leurs deuotions. Et parce que nous disions la Messe, & le sermon asés tard pour la commodité de ceux qui estoient éloignez de la Ville, & s'y vouloient trouuer: Cependant ceux de la Ville, & les autres qui s'estoient rendus à l'Eglise depuis le matin, s'occupoient deuant la Messe durant deux heures en prieres, & meditations. Qui est vn sainct entretien lequel est tellement passé en coustume par tout le Royaume de T'unquin, où il y a des Chrestiens, qu'encore qu'ils n'ayent point de Messe, ils ne laissent pas d'employer religieusement tout ce temps qu'ils ont consacré aux prieres, & s'ils n'ont point de compagnie pour les faire ensemble, ils les font dans les maisons particulieres toute la famille assemblée; ou mesme seuls, s'ils se trouuent en voyage à la campagne, ou sur la mer; tant ils sont exacts en tout ce qui concerne les exercices de la deuotion. Et pour ne se mesprendre point aux iours des festes, & des Dimanches, ils ont trouué moyen de dresser vn Calendrier, où sont marquées toutes les festes, & les ieusnes de l'année, que les Catechistes font imprimer en la Ville Royalle, & distribuer apres par tout le Royaume.

Diuerses vexations dont le Diable trauailla les Chrestiens.

CHAPITRE XXXIV.

IL y auoit dans la Ville Royale vne Chrestienne nommée Monique femme deuote, mais qui (deuant qu'elle eust receu le baptesme) auoit esté addonnée à quelques superstitions de Magie, & auoit mesme exercé l'Art diabolique de Pythonisse; auquel temps elle auoit esté souuent possedée du malin esprit, & agitée de fureurs maniaques, & renduë si redoutable à son Mary, qu'il n'osoit point dire qu'il estoit son Mary, mais s'appelloit par respect son Nourrissier, comme si c'eust esté la fille d'vn Prince, qui luy eût esté commise pour auoir soin de son entretien. Nous n'auions pas manqué de l'aduertir, comme les autres qui auoient esté auparauant engagez à la seruitude du Diable, de se garder de ce cruel ennemy, qui ne s'oublieroit pas de les guetter pour les rauir à Dieu, & qu'i feroit sans doute tous ses efforts, pour reprendre les places que Iesus-Christ auoit conquestées sur luy, & pour rentrer dans son ancien logis, apres qu'il auroit esté purgé, & nettoyé de ses ordures. Et pource nous leur auions encore recommandé de ne sortir iamais de la maison, sans s'armer du signe de la Croix, & sans prendre de l'eau benite. Ce que nostre Monique ayant laissé vn jour de pratiquer, à peine fut-elle sortie à la ruë, que le Diable

ble r'entrant dans son corps, la ietta par terre & l'agita d'vne si étrange façon, qu'il ne sortoit de ses yeux, que feu, que fureur, & que menaces. Son Mary nõmé Iean, homme deuot, aydé de quelques autres Catholiques la reména par force dans sa maison; Où (comme le Diable continuoit à la tourmenter) il nous appella pour exorciser, & chasser le Demon. Ce que i'entrepris de faire, & apres luy auoir commandé de la part de Dieu de laisser Monique en repos, & dans la liberté de son esprit, ie n'eus pas plutost demandé à la possedée si elle vouloit confesser ses pechez, que le Diable ne pouuant souffrir ce discours, se retira & abbandonna la possession qu'il auoit injustement reprise: & la bonne Monique ayant doucement respondu qu'elle desiroit grandement de nettoyer son ame par la confession, elle se reconcilia auec Dieu, renonça de nouueau à tout le commerce d'enfer qu'elle auoit eu, & fut depuis entierement deliurée du malin esprit.

Mais il arriua que ce Demon quittant la possession de Monique, & Dieu ne luy ayant point donné de pouuoir sur aucun des domestiques de Iean, qui estoient tous Chrestiens, & deuots, il s'alla saisir du corps d'vn ieune Catechumene encore Payen, cousin de Iean, qui estoit alors dans vne autre chambre de ce mesme logis (qui commença à se debattre en fureur, & à donner des signes euidens du cruel hoste qui le possedoit. On nous l'amena pour employer encore sur luy les remedes de l'exorcisme; mais Dieu ne voulut point leur donner aucun efficace, iusques à ce qu'il eust receu le baptesme, par lequel il fut deliuré quant au corps, & quant à l'ame de la possession de Sathan. Vn autre Chrestien estranger, autrefois seruiteur d'vn Portugais, s'estant enfuy, & retiré du seruice de son Maistre, viuoit parmy les Payens, non seulement dans l'oubly de sa Religion, mais dans la profession ouuerte du Paganisme, & de l'Idolatrie. Mais par vn iuste iugement de Dieu ayant esté liuré à Sathan, il fut si cruellement traitté de ce tiran impitoyable, qu'il donnoit de l'horreur & de la compassion mesme aux payens, qui prirent la pensée de le mener du Bourg où il estoit à la ville Royale, pour nous le mettre entre les mains. Ayant donc esté appellez à la maison d'vn payen où il auoit esté porté, nous le trouuasmes couché, & horriblement tourmenté du Demon, qui luy tenoit encore les yeux fermez, en sorte qu'il ne pouuoit aucunement ouurir les paupieres; encore qu'il asseurast en cét estat, qu'il voyoit vn Demon d'vne corpulence épouuentabble, qui enjamboit le couuert de la maison où il se trouuoit. Nous vsasmes des exorcismes ordinaires, & l'exhortâmes à se confesser, ce qu'il fit; & soudain apres il ouurit librement les yeux, & fut deliuré de la possession du Demon.

I'adiousteray icy vne chose memorable de la possession d'vne deuote Chrestienne nommé Elizabeth, que Dieu permit au Diable, non tant pour chastier ses pechez, que pour exercer sa vertu, & augmenter ses merites. Elle auoit esté extremement addonnée au culte des Idoles, auant qu'elle embrassast la Religion Chrestienne, & en recompense du zele, & de la deuotion ardente qu'elle auoit pour honorer superstitieusement les Demons par dessus les autres, qui fais-

soient

ſoient la meſme profeſſion, elle auoit eſté toûjours griéuement tourmentée au corps de ces cruels bourreaux. Ce qui l'auoit fait reſoudre de quitter ces maiſtres, ou plutoſt ces tyrans, qui recompenſoient ſi mal le ſeruice qu'on leur rendoit, & de ſe ranger ſous la Loy de IESVS-CHRIST, duquel elle auoit appris les diuines qualitez, & les incomparables merites aux Catechiſmes qui ſe faiſoient en noſtre Egliſe. Elle receut donc fort deuotement le bapteſme, ſans eſtre pourtant deliurée des vexations ordinaires dont les Demons la trauailloient; Dieu le permettant ainſi pour leur confuſion, & pour l'exercice de la vertu d'Elizabeth; qui ſouffroit ces peines auec tant de patience, & auec vne reſignation ſi parfaite aux volontez de Dieu, qu'elle en eſtoit deuenuë formidable aux Demons, leſquels elle chaſſoit par la vertu de ſes prieres, du corps des autres poſſedez, encore qu'elle ne peuſt, ou plutoſt ne vouluſt point les chaſſer du ſien. Ce qui n'empeſchoit pas qu'elle ne vaquaſt à toutes ſortes d'exercices de pieté, & de charité; ayant conuerty le faux zele qu'elle auoit eu pour les Idoles, en vn tres-ardent amour de Dieu, & du prochain: Car ne s'eſtant pas contentée d'auoir attiré à la Religion Catholique ſon mary, qui fut nommé Thomas en ſon bapteſme, & toute ſa famille; elle en a gaigné pluſieurs autres, tant au lieu de ſa demeure ordinaire, qui eſt vis à vis de la Ville Royale de l'autre coſté de la riuiere, comme dans ſa Patrie, qui eſt en la Prouince de *Thin hoa*, ayant baſty aux deux lieux des Egliſes, où les Chreſtiens de ce païs s'aſſemblent aux iours de feſtes, pour faire leurs prieres, & deuotions.

Nous sommes contraints de sortir de tout le Tunquin, & de retourner à Macao.

CHAPITRE XXXV.

L'Eglise de Tunquin estoit en l'estat que nous auons décrit iusques à maintenant, dans laquelle nous auions trauaillé l'espace de trois ans, auec des succez, & des accidens fort diuers. Elle comptoit déja plus de cinq mille Chrestiens, & les sainctes semences de la Foy qui auoient esté iettées dans la plus part des Prouinces, nous promettoient à l'aduenir vne tres-grande & tres-abondante moisson : Quand le Nauire des Marchands Portugais estant en estàt de s'en retourner à Macao, d'où il estoit venu, le Roy nous fit aduertir de nous tenir prests pour partir dans ce mesme Nauire ; qui fut vne triste nouuelle pour nous, & vn commandement donné à contre-temps de nos meilleures esperances, mais que nous ne iugeasmes point pouuoir faire changer ; veu la difficulté que l'on nous faisoit de nous laisser approcher le Roy, & les mauuàis seruices que les Eunuques du Palais nous rendoient aupres de luy, l'ayant toûjours sollicité de ne nous souffrir point dans son Royaume ; de crainte qu'ils auoient que le Roy embrassant en fin la Religion Chrestienne, & congediant ses femmes, ils ne fussent aussi cassez de leurs charges, & mis hors du Palais.

Il

Il nous resta neantmoins apres le mandement qui nous fut apporté de la part du Roy, cinq ou six iours deuant nostre depart, que nous employâmes à ouyr les Confessions des Payens, qui venoient à nous auec tant de presse, qu'à peine auions-nous la nuict vne heure libre pour prendre quelque repos. Il nous témoignoient tous auec leurs larmes, l'affliction qu'ils auoient de se voir encore vne fois abandonnez de nostre conduitte : mais nous les consolions comme nous pouuions, sur l'esperance de la venuë d'vn autre Nauire Portugais qui leur ameneroit de nos Peres.

Vne chose y eut-il qui nous mit en quelque soucy : Et ce fut que les Catechistes mesmes nous donnerent aduis, qu'il y auoit des Chrestiens qui les pressoient de se marier dans leurs familles, pretendans par l'alliance de ses personnes capables d'instruire les autres, & rendre particulier vn bien, qui deuoit estre commun à tous les Chrestiens. Tellement que voulans rõpre ce dessein, qui tendoit à la ruine de la Chrestienté de ce Royaume, nous trouuâmes vn moyen que nous proposâmes aux Catechistes ; qui fut de les faire obliger par serment, qu'ils ne prendroient point femme à mariage, pour le moins iusqu'à ce qu'ils vint dãs le païs quelques-vns de nos Peres, qui y peussent soûtenir le party de la Religion, & prendre la charge des Chrestiens : Ce qu'ils agréerent. De sorte que le dernier iour que nous dismes la Messe aux Chrestiens, la Messe, & les Communions acheuées, les trois principaux Catechistes, François, André & Ignace deuant tous les Chrestiens, s'estans mis à genoux, la main sur les

les Saincts Euangiles, prononcerent l'vn apres l'autre leur serment qui contenoit trois chefs; le premier que pour estre plus libres à exercer l'office de Catechistes qui leur auoit esté imposé, & detachés de tout autre soin qui les peust détourner de cette fonction, ils ne se lieroiēt par mariage auec aucune femme, iusques à la venüe de quelques nouueaux Prestres qui se chargeroient de l'instruction des Chrestiens. Le second, qu'ils n'auroient point de pecule ny de bien propre à eux; mais que les aumosnes qui leurs seroient faittes par les Chrestiens, seroient gardées en commun. Le troisiéme qu'ils obeïroient à celuy que nous nommerions pour Superieur, iusques à la venuë de nos Peres. François commença, & prononça son serment auec tant de sentiment de pieté, & d'vn accent si ferme, qu'il fit pleurer tous les Chrestiens. André, & Ignace qui suiuirent, témoignerent vne pareille deuotion. Nous leur ioïgnismes Antoine qui s'estoit depuis longtemps dedié à nous seruir dans nostre maison, & qui nous auoit fidelement accompagnez par tout, pour leur seruir de Coadjuteur aux choses temporelles, qui fit le mesme serment. Et peut-on dire que depuis ce temps-là les Chrestiens les tinrent au lieu de Peres, & de Maistres, & les honnorerent auec toutes sortes de respects: & eux mesmes se conseruerent par leur vertu, & leurs bons exemples, tant de credit dans ceste nouuelle Eglise, qu'il ne se faisoit rien que de leur aueu, & par leur authorité. Et il arriua mesme que l'exemple de leur conuersation, & de leur bonne vie, attira tant de ieunes gens à leur suite, pour s'instruire au prés d'eux, & pour les ayder aux ministeres spirituels,

tuels, & temporels, qu'il s'en fit vne Congregation de pres de cent personnes, qui ayant esté dispersez par le Royaume y ont fait des fruicts inestimables qui durent encor auiourdhuy; Dieu nous ayant voulu faire connoistre, que son Esprit qui souffle où il luy plaist, se fait des Apostres, & des Ministres de son Euangile, en quelque lieu qu'il se vueille faire adorer. Nous laissasmes des Regles, & vn ordre de leur conduite, qu'ils ont tousiours exactement obserué.

Ces choses ainsi ordonnées nous dismes le dernier adieu à nos Chrestiens, & leur laissâmes tout ce que l'amour que nous auions pour eux, nous suggera de sainctes recommandations. Nous leur demandasmes leurs prieres en lieu de toutes les reconnoissances dont ils se protestoient nos redeuables; lesquelles ils nous promirent de si bon cœur, que depuis vingt ans ils n'ont iamais cessé tous les jours le matin & le soir, de faire dans leurs maisons des prieres particulieres pour nous, & les jours de Dimanche & de feste, des publiques. Plusieurs d'entr'eux se presenterent pour nous accompagner, ce que nous accordâmes au seul François Catechiste auec lequel nous auions encore à traitter pour le bien de cette Eglise, & à peu d'autres qui nous deuoient conduire par le chemin dans leurs maisons, où ils auoient disposé quelques personnes à receuoir le baptesme.

Nous fusmes arrestez durant nostre voyage en diuers endroits pour y entendre des Confessions, & rendre les assistances, spirituelles dont nous estions requis par les nouueaux Chrestiens. Entre lesquels le deuot Paul Chebo, de qui nous auons parlé autre part, nous témoigna des ſentimens nompareils d'affection, nous ayant logez dans ſa maiſon, où nous baptisâmes beaucoup de perſonnes, & aſſigné dans ſon enclos, pour l'auenir, vn lieu capable pour vne Egliſe, & pour vn logement à receuoir les noſtres.

Continuant noſtre chemin, nous entrâmes par occaſion dans vne Ville appellée *Chebich*, ſituée ſur la mer, où nous trouuâmes dans la maiſon de Thomas, & d'Elizabeth, quatre vingts Catechumenes bien inſtruits, & qui nous attendoient pour receuoir le bapteſme. Et enfin apres auoir laiſsé par tout où nous peuſmes aborder, la conſolation, & les aduis que nous iugeaſmes propres, nous arriuaſmes au port appellé de la Reyne, où le Nauire des Portugais nous attendoit, & où il nous falut encore arreſter quelque-temps pour ſatisfaire à vn nombre de Chreſtiens des lieux voiſins qui s'y eſtoient rendus, tant pour la Confeſſion, comme pour le Bapteſme que nous donnâmes à vingt-deux Catechumenes, que le zele, & la pieté de deux Chreſtiens nommez Paul, & Antoine, venus là de la Ville Royale, y auoient diſpoſez pour noſtre paſſage. Ce fut encore là qu'eſtans preſts à faire voile, & voulans congedier le bon François qui nous auoit accompagnez depuis *Che ce*, il fut ſi ſenſiblement touché au cœur de cét adieu, qu'il ſembloit deuoir fondre en larmes, & expirer, de regret à nos pieds. Il nous conjura par tout ce qui eſt de plus ſaint, de le mener auec nous à Macao, pour y viure, & mourir en noſtre Compagnie : Mais nous luy repreſentâmes le beſoin qu'il faiſoit à l'Egliſe de Tunquin, à laquelle ſa preſence, & ſes ſoins eſtoient encore ſi neceſſaires,

qu'il

qu'il ne pouuoit l'abbandonner sans offenser tous ses deuoirs,& la grace de sa vocation. Il s'addoucit sur ce discours, & sur l'asseurance que nous luy donnâmes qu'il reuerroit bien-tost de nos Peres en Tunquin.

Lettre des Chrestiens de Tunquin, à Nostre S. Pere le Pape Vrbain VIII.

CHAPITRE XXXVI.

IE rapporteray icy la teneur de la lettre que les nouueaux Chrestiens de l'Eglise de Tunquin nous baillerent à nostre sortie de la Ville royale, pour la faire tenir à Nostre S. Pere le Pape Vrbain VIII. souuerain Pasteur de l'Eglise vniuerselle, écritte en characteres Tunquinois, que nous auions traduite fidelement en Latin sans y rien changer, & est telle.

NOus Tunquinois, tant que nous sommes de la Secte de Nostre Seigneur IESVS-CHRIST, *nos testes courbées contre terre en action de graces adorons le Seigneur du Ciel, & de la Terre, & prenons la hardiesse d'addresser cette Lettre à vostre Sainцteté, qui tient la place de* IESVS-CHRIST *en terre.*

Vostre Sainцteté par le zele qu'elle a de l'honneur de Dieu, ordonne & enuoye des Prestres par tous les Royaumes de la terre, pour les dresser au chemin de la verité. Depuis les premiers Siecles, iusques à ces derniers temps, la lumiere de la vraye Loy n'auoit point éclairé nostre Royaume de Tunquin. En fin en nostre âge, nous tres fortunez, auons veu deux Peres de la Compagnie de IESVS, *du grand Occident; qui méprisans les flots épouuantables, & les horribles tempestes de la Mer, par des routes tres-difficiles, ont penetré iusques dans nostre Royaume, & y ont publié la vraye Loy; & par leurs exhortations, & predications ont persuadé au monde la veneration, & le culte du vray Seigneur du Ciel & de la terre; Dont en suite plus de cinq mille des nostres, contens, & volontaires ont obey à la saincte Loy; & il y en a encore plus qui sont disposez à les suiure. Et encore que le Roy qui gouuerne ce pays, & quelques-vns de ces Princes (ignorans de la Verité) contredisent aux Peres, & s'opposent opiniâtrement à eux; Neantmoins la Loy qu'ils nous ont preschée, n'a pas esté condamnée: Mais pour nous, seruiteurs de* IESVS-CHRIST, *nous persistons, sans bransler en cette verité, & sommes resolus de perseuerer constamment en la Foy que nous auons receuë. Et pour renforcer & affermir cette bonne volonté que nous auons; nous*

nous osons addresser cette Lettre à Vostre Saincteté, comme au Pere commun des Fideles, pour implorer pour ce nostre Royaume vn secours fauorable; & la supplier de jetter sur nous les yeux surueillans de sa pieté, & les regards de sa prouidence Paternelle, qui encores que rudes, & mal polis; prosternez aux pieds sacrez de vostre Saincteté, attendons auec grande confiance, & auidité des Docteurs de l'Euangile; afin que par leur celeste doctrine, tous ceux de nostre pays, grands & petits, quittans leurs erreurs, s'assujettissent à la vraye Loy, se guarantissent des tourmens eternels, & joüissent en fin de la felicité eternelle.

Nous Tunquinois, soldats de IESVS-CHRIST, *nos testes abaissées iusques à terre, presentons cette Lettre à vostre Saincteté, l'an de salut* 1630.

Nous enuoyasmes cettre lettre accompagnée d'vne des nostres, au R. P. Mutio Vitelleschi, General de nostre Compagnie, le priant de la presenter au Pape de la part des Chrestiens de Tunquin; ce qu'il fit, comme il nous en asseura par vne des siennes de l'an 1633. en ces termes. *I'ay presenté moy mesme à sa Saincteté la lettre que les Chrestiens de Tunquin luy ont escritte, qui la receuë auec grande demonstration de joye. Quand nous aurons eû sa responce, nous la ferons tenir en ces quartiers d'Orient; en laquelle le S. Pere fera entendre*

 à ses

à ses deuots fideles l'amour, & la bien-veillance particuliere dont il les embrasse, & les vnit comme Souuerain Pasteur au bercail de l'Eglise Catholique, &c. Toutesfois la Responce dont il est icy fait mention, si elle a esté enuoyée, n'est point arriuée aux Chrestiens de Tunquin.

Nos Peres retournent au Royaume de Tunquin.

CHAPITRE XXXVII.

NOstre retour de Tunquin à Macao fut dans lan 1630. où nous trouuasmes le P. André Palmier, qui apres auoir fait la visite de la Mission de la Chine, s'estoit rendu comme nous au College de Macao ; & qui ayant appris l'estat de la mission de Tunquin, où tant de bons Chrestiens estoient delaissez sans l'assistance d'aucun Prestre, delibera de tenter tout moyen pour renoueller cette mission, pendant que les Chrestiens y retenoient encore leur premiere ferueur. Et parce que le P. Gaspar d'Amaral qui en estoit fraischement reuenu auec nous, se trouuoit asés instruit des mœurs,& du genie de ceux de ce païs, il l'y destina.Ce bon Pere auoit eu auparauant de grandes inclinations pour trauailler à la mission du Iapon, d'où il sçauoit fort bien la langue, & estoit souuent entré dans des Vaisseaux pour s'y rendre ; mais en vain, ayant toûjours esté empesché par quelque secret de la de la Prouidence de Dieu, qui destinoit vn si bon Ouurier à la mission de Tunquin, à laquelle ayant certainement reconnu qu'il estoit appellé de Dieu, il acquiesça de cœur à ses diuins ordres, & pour s'en rendre plus capable s'addonna entierement à apprendre la langue du païs, iusques au temps qu'il falut partir. On luy ioignit deux compagnons, le P. Antoine de Fontes Portugais, qui auoit trauaillé six ans à la mission de la Cocinchine, & se trouuoit pour lors renuoyé à Macao, & le P. Antoine Cardin, qui meditoit de passer de Tunquin au Royaume de Laos, duquel il auoit appris la langue au Royaume de Siam, qui est commune auec celle de Laos, de quoy nous parlerons plus bas.

Le Nauire marchand qui deuoit faire voile en Tunquin se trouuant prest le huictiéme de Feurier de l'an 1631. nos Peres s'y mirent dedans, & apres l'heureuse nauigation d'vn mois, prirent port dans le Royaume de Tunquin le premier de Mars de la mesme année. Leur arriuée apporta vne ioye inexplicable à tous les Chrestiens, qui triomphoient d'aise de voir reuenus pour leur secours, & pour leur consolation leurs bons Maistres qu'ils auoient si passionnement desirez. Et nos Peres ne sentirent gueres moins de ioye, voyant ces bons Chrestiens estre demeurez si fermes dans la profession qu'ils auoient embrassée. Trois choses principalement leur donnerent grande consolation; l'vne fut le zele tres-ardent des Catechistes, Francois, André, & Ignace, qui dans l'espace de dix mois que nous fusmes absens du Royaume, auoient parcouru presque toutes les Prouinces, & y auoient instruit, & baptisé

3340. Chrestiens ; & qui nonobstant qu'ils eussent limité leur serment de ne se marier point, iusques à la venuë de nos Peres, le voulurent étendre iusques à la fin de leur vie ; En quoy ils ont esté depuis suiuis de plusieurs autres, qui se sont dediez à cette mesme fonction. L'autre chose qui les consola grandement, fut la ferueur, & la deuotion des nouueaux Chrestiens, qui dans le temps de nostre absence, se trouuoient auoir basty dans le Royaume vingt Eglises, pour auoir plus de commodité de s'y assembler les Dimanches, & y faire en commun leurs prieres. Et outre cela, l'vnion & la charité qui regnoit entre eux, qui est le Caractere de l'estat du Christianisme, & la vraye marque des Disciples du Sauueur ; d'où venoit qu'ils s'entr'aymoient tous comme freres, & que les riches traittoient humblement sans dedain, & auec vne admirable condescendence auecque les pauures, qu'ils n'eussent pas auparauant daigné regarder. A quoy il faut adjouster vne grande sincerité de mœurs, & pureté de vie, dans l'exacte obseruation des loix du Christianisme : Ce qui fit dire à vn Portugais, apres les auoir bien reconnus dans leur conuersation, qu'on les pouuoit comparer, non seulement aux Chrestiens seculiers d'Europe, qui font profession particuliere de pieté, mais aux Nouices mesmes des Religions les plus reformés. Ce que nos Peres reconnoissoient encore mieux en leurs Confessions, ausquelles ils ne trouuoient point souuent de matiere suffisante d'absolution, tant ils auoient l'ame pure, & la conscience nette de peché. Nos Peres receurent en dernier lieu vne particuliere consolation de la constance que

témoigna

témoigna vn de ces Chrestiens à souffrir de cruels tourments, & la mort pour la confession de la foy. Ce que ie vay raconter au chapitre suiuant.

La constance d'vn Neophyte à souffrir la mort pour maintenir la Foy Chrestienne, & quelques miracles.

CHAPITRE XXXVIII.

CE Chrestien estoit nommé François, & n'auoit receu la foy, auec le baptesme, que depuis deux ans: mais il en auoit pris vne si profonde teinture, & estoit si bien imbu de la grace de sa vocation, qu'on le voyoit incessamment occupé aux œuures de charité, & de misericorde; & principalement à enseuelir les corps morts qu'il portoit souuent sur ses épaules pour leur donner sepulture. Cela fut rapporté au frere du Roy, homme farouche, & ennemy du nom Chrestien, au seruice duquel estoit François, & l'vn de ceux qui portoient sa littiere: lequel l'ayant fait appeller, & luy ayant defendu de continuer dans la profession qu'il faisoit du Christianisme, & dans ce sale exercice auquel il s'occupoit, disant que c'estoit chose messeante, & indigne qu'il vint toucher sa littiere, & sa chaire apres qu'il auoit manié les corps morts; François luy répondit modestement, mais courágeusement, qu'il estoit voirement Chrestien;

& que faisant profession, comme il faisoit de la Loy de IESVS-CHRIST, qui estoit saincte & necessaire au salut, il ne pouuoit ny y renoncer sans perfidie & sans crime ; ny quitter sans vn lâche mespris les œuures de pieté, & de charité qu'elle ordonne. Que pour ce qui regardoit son seruice, il ne manqueroit iamais à aucun de ces deuoirs : Mais aussi qu'il le prioit de ne trouuer pas mauuais s'il se monstroit fidele à garder la Loy de IESVS-CHRIST qu'il auoit embrassée, & à la maintenir iusques au dernier soûpir de sa vie. Cette responce n'estoit point offensante ; Et toutefois le Prince se piquant de cette liberté, luy commanda sur le champ de sortir de son Palais, & de ne se monstrer iamais deuant luy. A quoy François obeït aussi tost, & quittant le Palais, & le seruice du frere du Roy, se dedia entierement, & joyeusement au seruice du Roy des Roys dans tous les charitables employs que sa deuotion peut luy suggerer. Dequoy le Prince estant aduerty, entra en tel depit, qu'il le fit de nouueau rappeller, & luy commanda derechef de quitter la Foy & la Loy des Chrestiens. Ce que le genereux François ayant protesté ne pouuoir faire sans se soüiller d'vn crime inexpiable, & sans renõcer à son propre salut; Le Prince enragé de se voir desobey cõmanda qu'il fust fustigé, & mis en vne étroitte prison, où il fut encore cruellement tourmenté aux cuisses ; & enfin se monstrant toûjours plus constant dans les tourmens qu'on luy faisoit souffrir pour luy faire changer de volonté ; il fut decapité par le commandement de ce Tyran. Ce fut la premiere victime de IESVS-CHRIST, qui dedia l'Eglil'Eglise de Tunquin par son sang, & la premiere fleur que cette nouuelle Chrestienté presenta à Dieu ; laquelle parfuma, & réjouyt de sa bonne odeur tous les fideles de ce païs, & les nouueaux ouuriers qui y venoient d'arriuer, qui conceurent de grandes esperances des fruicts qu'ils recueilleroient à l'auenir de la semence genereuse de ce premier sang.

A la constance inuincible de ce Neophyte, qui est vn argument certain que la foy se conseruoit bien viue dans le cœur des Chrestiens de Tunquin, ie ioints icy vn autre grand argument de la vigueur de leur foy, qui est vne inestimable quantité de miracles qui s'estoient faits parmy eux, & à leur prieres ; desquels nos Peres ayans voulu tenir quelque compte, & s'informer de ceux qui s'estoient faits en la guerison des malades, & en l'expulsion des Demons du corps des possedez, il leur fut répondu qu'ils estoient innombrables. Ce qu'ils creurent facilement ayant appris qu'vn seul Chrestien d'entr'eux, nommé Pierre, occupé mesme en des charges publiques, auoit par ses prieres deliuré trente possedez du malin esprit. En la Prouince de *Ghean*, qui a esté vn theatre de semblables merueilles, il en est arriué entre autres, vne tout à fait prodigieuse, qui a mis la Religion Chrestienne dans vne tres-haute estime ; ça esté en la personne d'vne Chrestienne nommée Maure, qui auoit vn fils (aussi Chrestien) nommé Benoist, ieune homme grandement deuot, & qui auoit recherché de se ioindre aux Catechistes pour mener vne vie Apostolique ; mais on auoit iugé que les deuoirs de pieté l'obligeoient de viure auec sa mere, & de la soulager dans sa pauureté.

Cette bonne mere estant tombée dans vne grieue, & longue maladie, en fin elle en mourut: & comme l'on se disposoit à faire ses obseques, & à la porter en terre, son fils Benoist touché d'vn grand regret, non tant de sa mort, que de ce qu'elle estoit morte sans les Sacremens à l'absence des Peres, se mit à genoux, & plein d'vne grande confiance pria tous les Chrestiens qui estoient venus pour assister aux funerailles, de ioindre leurs prieres aux siennes, pour obtenir l'effet duquel il estoit dans vne saincte attente; puis se leuant ietta quelques gouttes d'eau benite dans la bouche de la defuncte; & voila soudain que Maure reuint en vie au grand estonnement de tous les Assistans Chrestiens & Payens, qui diuulguerent le miracle dont ils auoient esté spectateurs, par toute la Prouince; d'où plusieurs accoururent pour voir la resuscitée, & en suite duquel il se fit vn grand nombre de conuersions.

Et ce n'est pas merueille que Dieu opere tant de miracles par les prieres des Chrestiens qui sont ses enfans, veu qu'il en fait encore par l'entremise des Catechumenes: comme il est arriué à vn d'eux, qui ayant rencontré dans vn bois vn homme demy-mort, & n'ayant point d'eau-benite, de laquelle il sçauoit que les Chrestiens se seruoiẽt pour donner la santé aux malades, meu d'vne grande compassion de l'estat où il auoit trouué ce pauure homme, il prit de l'eau de la riuiere, & l'ayant benie auec le signe de la Croix qu'il auoit appris, & recité sur elle, l'oraison Dominicale, il en guerit sur le champ le pauure abbandonné, sur lequel il en auoit versé quelques gouttes.

Quelques notables conuersions des Payens.

CHAPITRE XXXIX.

IE mets en premier lieu celle d'vn fameux Enchanteur, & maistre iuré de superstitions, qui ayant eu toûjours l'esprit reuolté contre les veritez de la foy, & de la Religion Chrestienne, sur le bruit qui couroit des merueilles que les Chrestiens operoient, en vertu de leurs prieres, prit resolution de s'instruire premierement par soy mesme, qu'est-ce que c'estoit de cette profession; dont ayant rencontré vn Catechisme catholique, comme il se fut mis à l'ouurir pour le lire; voila que les yeux luy enflerent si horriblement auec vne poignante douleur, qu'il fut contraint de quitter le liure, & la lecture. Cestoit vn effet de l'enuie, & de la malice de Sathan qui luy fermoit ces portes par où les lumieres de la verité pouuoient entrer dans son ame; & qui ne se contentant pas de cela, commença à le tourmenter par tout le corps auec beaucoup de cruauté, en vsant ainsi pour étourdir le dessein que cét homme là auoit pris de s'instruire de la Religion Chrestienne, par les douleurs qu'il luy faisoit sentir. Mais en vain, car Dieu faisant interieurement connoistre à cét homme le mauuais estat où il se trouuoit, & qu'il estoit iustement puny pour ses pechez, & pour les injustes vexations dont il auoit persecuté les Chrestiens, il se resolut d'auoir recours à la charité de ceux qu'il auoit tant haïs, & de les prier de prendre la peine de venir chez luy, & d'employer leurs prieres pour luy obtenir le pardon de ses fautes, & la deliurance du cruel ennemy qui le tourmentoit. Ce que les Chrestiens n'eurent pas plûtost fait, & commandé au Diable au nom de Iesvs-Christ de se retirer, qu'il sortit du corps de cét homme, & le laissa en liberté. Mais ce malin esprit soudain s'estant saisy de sa femme qui estoit addonnée aux mesmes superstitions diaboliques, il fut encore contraint de quitter cette possession, par le pouuoir que les prieres des Chrestiens eurent sur luy. Cependant l'enchanteur n'ayant pas encore receu le baptesme estoit toûjours trauaillé du mal de ses yeux, iusques à ce qu'ayant esté aduerty en songe par vne venerable Matrone, d'employer ce sainct, & salutaire remede pour sa guerison, il se fit instruire, & apres le baptesme qu'il receut auec sa femme, & toute sa famille, il fut entierement guery, & éclairé au corps, & en l'ame; & depuis autant zelé à attirer les payens à la vraye Religion, qu'il l'estoit auparauant à les en retirer. Apres cette conuersion il s'en fit vne autre memorable de l'vn des principaux Seigneurs de la Cour, qui donna vn grand sujet de ioye à nos Peres nouuellement venus. Ce Seigneur auoit deja eu assés de connoissance de la foy, & de la loy des Chrestiens, ayant mesme permis à sa femme, & à sa fille qui estoit mariée auec le plus ieune des freres du Roy, de receuoir le baptesme, & de viure selon les loix du Christianisme; encore que pour luy il tint bon dans l'erreur, attaché non tant par aucunes persuasions, que par

la

la violente affection qu'il portoit à ses Concubines. Mais Dieu qui le vouloit retirer du malheur où sa passion le tenoit engagé, pour sauuer son esprit, frappa son Corps d'vne grieue, & dangereuse maladie qui le reduisit à l'extremité, & donna vne forte pensée à sa femme qui estoit Chrestienne depuis quatre ans, & auoit receu le nom d'Anne en son baptesme; de representer par cette occasion à son Mary, que puisque l'on auoit si peu d'esperance de luy sauuer la vie du corps, il mist en asseurance le salut de son ame, receuant le baptesme des Chrestiens, par le moyen duquel il le pouuoit obtenir; lesquelles paroles auec l'inspiration de Dieu qui s'y ioignit gracieusement, frapperent si à propos son cœur, que non seulement il resolut dés lors de prendre le baptesme, & auec ce de donner congé à tous les entretiens de ses folles amours; mais encore fit vœu de bastir vne belle Eglise à l'honneur du Dieu qu'il vouloit seruir, s'il releuoit de cette maladie. Tout cecy se passa, son gendre, frere du Roy present, qui approuua grandement sa resolution, & fut temoin du baptesme qu'il receut sans beaucoup de delay auquel il fut nommé Ioachin, comme aussi du meilleur estat qui parut aussi tost, de sa santé, qui le disposa à vne parfaitte conualescence. Cette conuersion remplit de ioye, & de confiance tous les Chrestiens, se figurans d'auoir acquis vn signalé appuy, & vne ferme colonne à la Chrestienté de Tunquin, principalement dans la Prouince de *Ghean* dans laquelle il estoit tout puissant.

Comment les nostres furent traittez du Roy, iusques au retour du Nauire des Portugais.

CHAPITRE XL

LA ferueur des Payens qui estoient touchez de bons sentimens de la Religion Chrestienne, & se monstroient fort disposez à receuoir la foy, parut tres-grande durant les deux mois que les nostres trauaillerent en ce Royaume, qui fut tout le temps que les Marchands Portugais qui les auoient menez, y firent de sejour, dans lequel plus de mille Catechumenes receurent le baptesme. A quoy ayda beaucoup l'opinion qu'ils prirent que nos Peres estoient agreables au Roy, sur les temoignages de bien vueillance qu'il leur rendit à leur arriuée en compagnie des Portugais, desquels il esperoit receuoir du secours en la guerre, qu'il meditoit contre le Roy de la Cocinchine: qui fut la cause qu'il leur permit d'abord de prescher librement la foy Chrestienne par tout son Royaume, & d'y donner le baptesme à tous ceux qui le demanderoient, pourueu que les Chrestiens ne brisâssent point les Idoles qui estoient en veneration dans le païs: Mais depuis qu'il eust bien reconnu, que les Portugais, qui estoient tres-fideles, & constans en leur amitié ne se departiroient point de l'ancienne alliance qu'ils auoient faitte auec le Roy de la Cocinchine, iusques

à porter

à porter les armes contre luy, il relascha aussi des demonstrations de son affection ; & fit sçauoir aux nostres, que c'estoit sa volonté qu'ils se retirassent à Macao dans le Nauire des Portugais quand il seroit prest à partir. Ce qui troubla toutes leurs ioyes, & fit qu'ils tascherent par tous moiens de faire changer cét ordre. Mais ils ne peurent obtenir autre chose du Roy, sinon qu'vn ou deux pour le plus d'entr'eux pourroit demeurer, à condition qu'ils n'instruiroient personne aux mysteres de nostre Religion.

Le Nauire donques des Portugais party, les deux Peres qui resterent sans perdre courage, prirent resolution de se comporter en sorte enuers le Roy, qu'ils se rendissent agreables à luy, & cependant luy tinsent cachez les soins qu'ils prendroient aupres des Chrestiens. Dont en suite ils s'obligerent tous les jours l'vn ou l'autre de paroistre au Palais parmy les Courtisans, & de se faire voir au Roy, pour luy laisser l'opinion qu'ils ne vaquoient point à l'instruction des Chrestiens ; encor qu'ils ne manquoient point d'ailleurs de leur rendre secrettement toutes les assistances necessaires. Ce qu'ils prattiquerent encore auec plus de commodité à l'arriuée d'vn autre Vaisseau Portugais qui mena deux de nos Peres, P. Hierôme Majorica, & P. Bernardin Regio, tous deux Italiens, & le premier bien intelligent de la langue qu'il auoit apprise durant le sejour de plusieurs années qu'il auoit fait à la Cocinchine : car depuis quelques vns d'eux se monstroient fort assidus au Palais, pendant que les autres trauailloient dans les maisons particulieres où les Chrestiens s'assembloient ; à quoy les payens ne noient pas garde, non pas mesme quand ils s'assembloient dans les Eglises pour y faire leurs prieres, où nos Peres se trouuoient rarement pour ne donner point d'ombrage aux payens.

Si ne peurent-ils pas se comporter dans cette retenuë à la feste de Noël, laquelle ils celebrerent en public auec toute sorte d'appareil, ayant dressé fort proprement vne creche, où estoit representée la Naissance du Sauueur, & tout autour les autres mysteres de son enfance; ce qui n'auoit point encore esté veu, dont le concours du monde, & des personnes de toute condition fut inestimable, non seulement des Chrestiens, mais encore des payens, ausquels par occasion en expliquoit ces mysteres; de sorte qu'en l'espace de sept mois deuant le depart de ce dernier Nauire, plus de trois mille d'eux furent baptisez. Et la ferueur des Chrestiens ne fut pas moindre durant l'octaue de ces festes, en laquelle trois de nos Peres furent incessamment occupez à entendre leurs Confessions, en la plus part desquelles à peine trouuoient-ils matiere de leur donner l'absolution, si grande est la pureté de leur conscience. Et cependant ils ne s'approchent iamais de ce Sacrement qu'aprés le ieusne rigoureux d'vn jour, & vne bonne discipline qu'ils prennent pour s'exciter à la contrition. Et c'est aussi leur coustume de se donner la discipline tous les Vendredys de l'année, en memoire de la passion de Nostre Sauueur; laquelle il n'obmettent iamais, se trouuans mesme en voyage, où sur la mer. Ce qui estonna bien vne fois vn Portugais qui faisoit voyage dans vne mesme barque, auec quelques vns de ces Chrestiens; car ayant

oüy

oüy de nuict le bruit de cette discipline, il estoit rauy que la pluye, ou la gresle tombast en vn temps, & en vn Ciel aussi serain qu'il en eust encor veu: mais ayant connu que c'estoit la gresle des coups que les Chrestiens Tunquinois deschargeoient sur leurs espaules, il ne cessa depuis de loüer par tout les exemples de leur pieté. Mais encore ce qui porte par tout la douce odeur de leur vertu, c'est l'incomparable vnion d'amour qui est entr'eux, & la charité auec laquelle ils se monstrent officieux, mesme enuers les estrangers, & sur tout enuers les miserables qui ont besoin de leur secours; voire enuers ceux qui ont esté condamnez par Iustice, lesquels auec la permission des Magistrats ils assistent dans les prisons, les instruisent en la foy Chrestienne, les accompagnent au lieu du supplice, donnent ordre qu'ils ne meurent point sans baptesme, & leurs rendent les derniers deuoirs auec l'admiration de tous, & auec la mesme liberté qu'on le prattique dans l'estat des Princes Chrestiens; qui sont toutes actions qui contraignent les plus infidelles de respecter la foy des Chrestiens, quelque haine qu'ils en ayent conceuë.

* *
*

Quelques Vierges sont persecutées pour la defense de leur pureté.

CHAPITRE XLI.

CE qui a esté remarqué par quelques Autheurs Ecclesiastiques, que la vie lasciue, & les débauches de l'Empereur Neron, allumerent les premiers feux de la persecution que souffrit l'Eglise naissante dans Rome, a esté verifié en la persecution qu'a soufferte l'Eglise naissante de Tunquin, pour la vie débauchée, sinon du Prince, pour le moins de quelques vns du païs. Vne ieune Chrestienne nommée Darie, qui dans vn corps doüé d'vne singuliere beauté, tenoit cachée vne ame encore plus belle, ayant esté sollicitée par le Seigneur du lieu de sa naissance, à luy seruir de Concubine (ce qui est ordinaire en ces païs) elle qui auoit horreur de cette deshonneste, & infame prattique, & craignoit cependant qu'on luy fist quelque violence, eut recours aux Chrestiens du mesme lieu, pour estre tirée de ce peril de son honneur, & de sa conscience, & mise en lieu de sureté. Ils le firent accortement, & dans vn grand secret. Mais ce Seigneur payen enragé, que la belle proye qu'il pourchassoit luy fust échappée, s'addressa aux Chrestiens ses sujects, à qui il s'estoit ombragé que Darie auoit communiqué le dessein de sa fuite, & leur commanda imperieusement de la trouuer la part où elle

elle s'eſtoit retirée, & de la luy amener ſous peine de ſa diſgrace. A quoy, eux tous, ſoixante qu'ils eſtoient en nombre, ayans courageuſement reſpondu, que la loy Chreſtienne ne permettoi. point à Darie de ſeruir de Concubine, ny à eux de la liurer à cette fin, quand ils ſçauroient où elle eſtoit : ce tyran impie entrant en fureur de la liberté de cette reſponſe, apres auoir deſchargé ſur eux la premiere eſcume de ſa cholere, par toute ſorte de menaces, & de reproches outrageux, les abandonna à la licence de ſes ſoldats, pour exercer ſur leurs perſonnes, & ſur leurs biens toutes les violences dont ils ſe pourroient auiſer. Leſquels obeïſſans à ce cruel, & injuſte commandement, ne ſe contenterent pas de piller leurs maiſons, & de rauir les biens qui furent expoſez à leur proye; mais ils en battirent encore cruellement quelques-vns, denonçans à tous de la part du Seigneur du lieu, de quitter la nouuelle Religion qu'ils auoient embraſſée, & de ſacrifier aux Idoles; ſouz peine aux hommes d'eſtre iettez dans les priſons du Prince, pour eſtre punys comme il ſeroit iugé, & aux femmes d'eſtre noyées dans la riuiere. Sur laquelle ſentence eſtant entrez en conſultation de ce qu'ils auoient à faire, apres auoir ſainctement iuré, & promis à Dieu, de n'abbandonner iamais la foy de IESVS-CHRIST quand il faudroit perdre les biens, & la vie pour vn ſi glorieux ſujet, ils delibererent de quitter leurs maiſons, & tout ce qu'ils poſſedoient en ce lieu, & de ſe retirer ſecrettement dans la Ville Royale, où ils ſeroient plus difficilement reconnus parmy vn ſi grand nombre de peuple qui l'habite. Ce qu'ils executerent

terent d'vn grand courage , & y estant entrez furent recueillys dans la maison d'vn bon , & charitable Chrestien qui leur donna le couuert , d'où ils écriuirent vne lettre à nos Peres , en laquelle ils leur declaroient le sujet de leur retraitte, les priant de les venir entendre en confession , deuant qu'ils se separassent pour fuir la persecution du Tyran. Nos Peres les visiterent dans cette maison , & furent rauis de l'aise qu'ils témoignerent d'auoir eu l'honneur de souffrir quelques pertes pour la pieté, & pour la gloire de la Religion qu'ils preferoient à tout l'Empire de la Fortune. Cette genereuse resolution leur attira les charitez des Chrestiens de la Ville , & toucha le cœur d'vne Dame de qualité qui retira Darie , & mit ces bons Chrestiens à couuert de la vexation , & de l'iniure qu'ils souffroient.

Vne autre ieune fille Chrestienne nommée Pie, se rencontra dans vn pareil combat pour sa pureté, mais qui luy fut d'autant plus glorieux qu'elle estoit dans vn plus violent danger de la perdre. Elle auoit receu la foy,& le baptesme à l'insceu de ses parens qui estoient payens , & du Gentil - homme mesme qui l'auoit éleuée dés son enfance dans sa maison pour luy seruir auec le temps de Concubine : Et dans les instructions qu'elle auoit prise de la sainctaeté du Christianisme , elle auoit conceu d'extremes amours pour la pureté de son corps , & de sa conscience. Ce qui luy fit rejetter toutes les des-honnestes propositions de son nourrissier, & les indignes persuasions auec lesquelles ses parens entreprirent de la vaincre, & de la porter à donner cét infame consentement. Le Gentil-homme til-homme piqué de se voir ainsi rebutté, & trompé de son attente, apres s'estre beaucoup trauaillé, mais en vain; tantost par promesses, & par flatteries, & tantost par menaces à luy faire quitter la foy qu'elle auoit embrassée à son desceu, laquelle il jugeoit bien la tenir dans l'humeur, & la resolution où il la voyoit estre, l'outragea de soufflets, la battit, & la foüetta si cruellement par plusieurs fois qu'elle fut contrainte de tenir le lict, affoiblie des coups, & du mauuais traitement qu'elle auoit receu, mais toûjours plus forte, & plus ferme de resolution. Dont le Gentil homme entra en telle rage, voyant qu'il n'auoit rien gagné aupres d'elle, que changeant son amour en haine, il se resolut de la faire mourir: Dequoy elle ayant eu quelque connoissance se déroba secrettement du logis de ce Tygre, & se retira chez vne deuote Chrestienne femme d'âge, nommée Françoise, qui luy sauua l'honneur, & la vie.

Ie pourrois fournir icy vn nombre de pareils exemples de courage, que les nouueaux Chrestiens témoignent tous les iours, pour defendre l'honneur de la vertu, & de la Religion de laquelle ils font profession. Ie ne puis taire la constance d'vn ieune garçon nommé Ignace, qui s'estant fait Chrestien contre le gré, & la volonté de ses Parens qui estoient payens, souffrit d'eux la plus dure persecution qui soit imaginable, pour renier sa Foy, mais qu'il conserua malgré les rigueurs qu'ils luy tinrent, en vn âge qui ne pouuoit auoir de resolution pour vn sujet si éloigné des sentimens de la nature, sinon celle qui luy venoit du Ciel. Ils prirent vne particuliere occasion de renouueller

leur

leur persecution au temps du Caresme, auquel le ieune garçon voulant s'abstenir des viandes que la loy, & la coustume des Chrestiens defend, & eux ayans inutilement employé toutes sortes de raisons, & d'artifices pour luy en faire manger, ils en vinrent enfin aux menaces, & aux coups, iusques à le battre cruellement, & à l'ensanglanter de verges. Auec quoy voyans qu'ils ne gaignoient rien sur sa resolution, ils luy osterent les bons accoustremens donc il estoit vestu, & luy en donnerent de vils, & tout déchirez: & non contens de cette rigueur, ayans publié vne abdication solennelle par laquelle ils le desauoüoient pour leur enfant, ils le chasserent de leur maison, & l'exposerent à la commune du lieu, pour receuoir vne confusion publique de tous les habitans, qui s'estans bandez contre luy trauaillerent beaucoup à luy persuader d'obeyr à la volonté de ses parens, & de suiure leur Religion: Mais reconnoissans qu'ils parloient à vne roche, & qu'ils perdoient aupres de luy leurs paroles, & leur temps, ils le chasserent honteusement par les espaules de leur Bourg: Et luy glorieux de ce que Dieu luy restoit pour Pere, & le Ciel pour patrie, qu'on ne luy auoit pû oster, se retira chez nous à *Chece*, s'offrant de nous seruir de valet, sans demander autre loyer que la grace de seruir Dieu en liberté dans nostre maison.

Les

Les nostres essayent d'entrer de Tunquin dans le Royaume de Laos.

CHAPITRE XLII.

LA Religion Catholique faisoit vn tel progrez dans le Royaume de Tunquin, que l'estime, & la reputation de la vertu des Chrestiens de ce païs en estoit deuenuë comme publique aux Royaumes estrangers. Ce fut aussi ce qui rendit curieux vn Ambassadeur du Roy de Laos qui se trouuoit alors à la Cour de Tunquin, de s'informer de cette Loy, & d'en prendre des instructions particulieres par la conuersation mesme qu'il prattiqua auecque les nostres, en laquelle il fut tellement gaigné qu'il leur fit offre de les conduire à son retour au Royaume de Laos. Toutefois le P. Gaspar d'Amaral qui auoit alors charge de cette Mission, ne iugea pas qu'il falust se seruir des amiables offres de cét Ambassadeur, auant que de sçauoir l'aggréement du Roy, & d'auoir quelque plus expresse declarationde son consentement. Il écriuit donc vne lettre au Roy en l'an 1634. par laquelle il luy demandoit permission d'aller en son Royaume annoncer à ses sujets la Loy, & l'Euangile de IESVS-CHRIST. Ayant neantmoins trouué bon, que deux Chrestiens Tunquinoïs bien instruits, Iean & Thomas y allassent en compagnie de l'Ambassadeur, & portassent au Roy vne belle peinture du Sauueur en present, & en gage des bonnes volontez de nos Peres. Le Roy receut la lettre, & le present auec grand témoignage d'affection; & rendit à l'Image du Sauueur (qu'il exposa en veuë des Seigneurs de sa Cour) toute sorte d'honneur, & de respects religieux. Et ne se contentant pas de cela, de l'aduis des mesmes Seigneurs, il fit sçauoir par lettre audit P. d'Amaral, la satisfaction qu'il auroit s'il vouloit prendre la peine de venir en son Royaume, & d'y publier la saincte Loy; ayant voulu que son Ambassadeur mesme fust le porteur de cette lettre; lequel retourna en Tunquin en compagnie de Thomas (Iean ayant esté retenu aupres du Roy) auec ordre que si le Pere se disposoit à partir, Thomas reuint, vn, ou deux iours deuant luy pour en donner aduis, afin qu'il fust receu auec honneur entrant dans sa Ville.

Cestoit merueille de la grande disposition qu'eust alors trouuée l'Euangile dans tout ce Royaume, où les principaux mesme de la Cour sur les discours de nos mysteres qu'ils auoient entendus aux entretiens familiers de Thomas, auoient déja témoigné d'entieres volontez d'embrasser nostre Religion, & de receuoir le baptesme à la venuë du Pere. Toutefois le Pere d'Amaral, quelque grand desir qu'il eût de s'y transporter, en fut alors retenu, pour trois raisons. La premiere, qu'ayant pris la charge de la mission de Tunquin, il ne pouuoit la quitter sans l'auoir communiqué auec ses Superieurs, qui pouuoient mettre quelqu'autre à sa place. L'autre, qu'il se trouuoit grandement affoibly, & épuisé de forces, pour les penibles, & rudes fatigues qu'il auoit prises en cette

mission

mission, où le P. Bernardin Regio son compagnon, estoit naguere mort, consumé des grands, & continuels trauaux qu'il auoit pris à satisfaire à la deuotion des Chrestiens. Et il voyoit apres tout vn grand empeschement d'entreprendre si tost ceste nouuelle mission, pour la disette des ouuriers, qui ne pouuoient pas mesme suffire aux grandes, & nouuelles dispositions qui s'ouuroient tous les jours dans le Royaume de Tunquin. Il s'excusa donc enuers le Roy sur sa maladie, s'il n'obeïssoit pas pour lors à ses commandemens; le suppliant de luy conseruer ses bonnes volontez pour la prochaine année, en laquelle il esperoit d'auoir recouuert sa santé & ses forces, pour luy aller rendre son obeïssance, & ses seruices; ioignant à sa lettre vn nouueau present de deuotion pour adoucir son esprit, & luy faire mieux agréer son excuse.

Cependant le P. d'Amaral tint aduerty de tout cecy le P. Emanuel Dias, qui auoit succedé en la charge de Visiteur au P. André Palmier decedé, & qui auoit vn grand zele pour secourir de bons ouuriers ces nouuelles missions, ayant mesme depuis peu enuoyé en Tunquin le P. Felix Morelli Romain, au commencement de l'année 1637. Lequel ayant esté instruit de nouueau de tout ce qui se passoit, destina deux bons ouuriers pour les missions de Tunquin, & de Laos, qu'il tira du College de Macao, & les choisit entre plusieurs qui se presentoient, le P. Iean Baptiste Bonel Italien, qui y auoit la charge de Recteur, & P. Raymond de Gouea Aragonois, qui y faisoit l'office de Prefect des estudes: Ausquels il adjousta le P.

Martin Coelho Portugais, tous trois pleins de courage pour trauailler en ces missions, & y consumer leurs vies au seruice de Dieu, & de son Eglise.

Le Voyage du Royaume de Laos, malheureux du costé de Tunquin, reussit d'autre part.

CHAPITRE XLIII.

LE P. Iean Baptiste Bonel estant party pour la Mission de Tunquin, de laquelle il fut nommé Visiteur, touché d'vn tres-ardent zele de secourir ces pauures Nations abbandonnées d'assistances spirituelles pour leur salut, se dedia courageusement apres quelques mois de sejour qu'il fit dans le Royaume de Tunquin, pour aller commencer la Mission de Laos, & instruire ces peuples, qu'il auoit appris estre fort susceptibles des mysteres du Christianisme. Il n'estoit lors aagé que de cinquante trois ans, encore qu'il eust le corps assez vsé des trauaux passez; mais auec le courage qu'il auoit plus grand que ses forces, il entreprit de faire ce voyage par terre, auec André le Catechiste, qu'il choisit pour l'accompagner, comme estant vn ouurier tres-zelé, & infatigable à la peine; auquel se ioignirent quelques autres ieunes Catechistes, auec Thomas qui auoit eu déja quelque connoissance de ce païs. Ils se mirent en chemin au commencement du mois d'Octobre de l'année

1638. qu'ils continuerent quelque temps, non sans beaucoup de peine, mais auec des consolations qui faisoient sentir à leur ame, qu'il y a des plaisirs mesme dans les souffrances; & qu'il n'est rien de terrible à ceux qui esperent en Dieu, & qui sont touchez du zele de sa gloire. Toutesfois deuant que le mois fust acheué, se trouuans sur les montagnes de la vaste solitude, qui separe le Royaume de Tunquin de celuy de Laos, dans des chemins qui d'eux mesmes faisoient horreur, ils commencerent à estre penetrez d'vn froid si rigoureux (principalement les nuicts, qui estoient extremement froides, n'ayans pas porté dequoy se couurir) que leurs corps en demeurerent tous gelez, & comme stupides. Le P. Bonel en fut le premier saisy auec plus de violence, à qui les forces, & la chaleur des esprits glacez de froid, ayant entierement defailly, & voyant cependant qu'il n'estoit encore arriué qu'à la moitié du chemin, dans le sentiment que Dieu luy donna que son heure estoit arriuée, il se prepara franchement, & auec vne grande douceur d'esprit à la mort; l'agreant & l'embrassant toute telle qu'elle luy estoit presentée de la main de Dieu; aussi ioyeux de mourir sur les rochers, & sur vn lict de glace, que sur vn lict de fleurs. Dont apres auoir remarqué de sa main quelques poincts qui appartenoient à son office, il conjura André (qu'il nomma Superieur des autres, & de la mission) de prendre courage, & de continuer le voyage qu'ils auoient entrepris pour la gloire de Dieu, & sous les auspices du grand Redempteur, qui ne les abandonneroit point de son secours, au dessein qu'ils auoient pris de publier sa Loy, & son Euangile. Ainsi les ayant animez, & consolez comme il peut, la chaleur luy manquant, il rendit deuotement & sans effort son esprit à Dieu, le quatriéme de Nouembre, iour dedié à Sainct Charles Borrhomée, à qui il auoit vne particuliere deuotion.

Le Catechiste André obeïssant au commandement du Pere, poursuiuit le voyage auec ses compagnons, auec lesquels il arriua enfin apres beaucoup de peines, & de grandes difficultez de la saison, & des chemins, au Royaume de Laos. Où ils commencerent tous auec vne grande ferueur d'esprit, à publier la saincte Doctrine, & la Loy de IESVS-CHRIST qu'ils auoient apprise à Tunquin: Mais le Roy, & les principaux de la Cour, considerans plus les personnes qui parloient, que les paroles qu'ils disoient, se dedaignoient de les écouter; adjoustans que cettoit de mauuaise grace, que ceux là leur decriassent le culte des Idoles, qui le leur auoient enseigné (car c'estoit du Royaume de Tunquin que l'Idolatrie estoit entrée par communication de voisinage, dans celuy de Laos.) Que s'ils vouloient, que l'on adjoustast foy à leurs paroles, ils deuoient amener auec eux quelqu'vn des Peres d'Europe qui leur auoit esté promis, à qui ils donneroient creance. Ces bons Catechistes leur respondoient qu'ils l'auoient amené & qu'il estoit mort de froid par le chemin; mais cela ne les contentoit point, & ils faisoient toûjours instance qu'ils vouloient voir quelcun des Peres d'Occident, aux paroles de qui ils vouloient deferer leurs aueus, & leur obeïssance. Ainsi les Catechistes Tunquinois ayans attendu en vain

tout

tout vn an, que quelques Peres de la mission de Tunquin les vinssent secourir (ce qui ne fut pas à leur pouuoir pour la disette des personnes qui ne pouuoient quitter l'employ qu'ils auoient) ils conclurent de s'en retourner. Mais à leur retour, le bon André, ouurier tres-precieux, & d'vn zele incomparable, à qui l'Eglise de Tunquin est redeuable de la conuersion d'vn millier de personnes, mourut de fascherie, & de peine, & auec luy Hierôme, ieune homme de grande esperance : Dieu le voulant ainsi ; que le succez de cette mission quoy qu'entreprise auec des sainctes intentions, ne reussist point alors, comme on l'auoit attendu.

Il en auoit reserué la gloire, & le merite au P. Iean Marie Leria, qui apres auoir esté chasśé de la Cocinchine, où il trauailloit ardemment à la gloire de Dieu, & au salut des ames, ayant proposé à l'auidité de son zele la conqueste du Royaume de Laos, il essaya d'y passer par le Royaume de Syam ; mais ayant rencontré par cette voye des obstacles à son entreprise, il trouua enfin l'entrée fauorable par le fleuue Cambozez, qui descendu des montagnes de Laos par Camboza, se iette dans la mer ; & s'y rendit heureusement, accompagné de quelques Catechistes Cocinchinois qu'il auoit menez pour luy seruir d'aydes. Et Dieu a tellement beny son dessein, & ses peines, qu'estant entré bien auant dans les bonnes graces du Roy, & des principaux Seigneurs de la Cour, par le moyen de quelques presens de deuotion qu'il leur a faits, & des Mathematiques ausquelles il est fort bien versé, il trauaille heureusement auiourd'huy à leur conuersion ;

vn grand nombre des peuples de ce Royaume ayant déja receu le baptesme, & embrassé la Foy Chrestienne, auec esperance que la reduction des peuples de cette contrée ira tousiours croissant, & que la Foy y sera vn iour en son regne, & la Croix auec l'Euangile du Sauueur par tout adorée.

Vne persecution suscitée par l'entremise des Chinois se conuertit à leur confusion, & à la gloire des Chrestiens de Tunquin.

CHAPITRE XLIV.

PEndant que le P. d'Amaral fut rappellé à Macao par ordre de ses Superieurs pour s'y remettre des langueurs, & des longues infirmitez qui le fletrissoient en la mission de Tunquin, qu'il gouuernoit, & reparer sa santé qui estoit si vtile à ces peuples. Les Chrestiens de la Prouince de *Ghean*, souffrirent vne persecution, de laquelle Dieu qui moissonne où il n'a pas semé, recueillit sa gloire, & les fideles de la consolation auec du merite. En cette Prouince les Chrestiens qui y estoient en assez grand nombre auoient bâty vne belle Eglise en la Ville de *Rum*, où ils faisoient leurs assemblées, & où estoient attirez tous les jours des Infideles qui se rangeoient au party de la Foy. Ce que les Idolatres ne pouuans supporter, & n'osans n'osans par eux mesmes venir aux effets de violence que leur suggeroit leur enuie, & leur rage, ils susciterent certains Marchands Chinois Idolatres qui trafiquoient à leur port, pour attenter (comme ils firent) aux personnes des Chrestiens, & au lieu dedié à leurs deuotions. Ce fut vn jour qu'ils estoient assemblez dans l'Eglise, où le P. Hierôme Majorica les instruisoit à la Foy, & à la Pieté Chrestienne selon sa coustume; & où cinquante Chinois estant entrez de furie & auec armes, blesserent, non seulement quelques Chrestiens, mais encore le P. Hierôme, lequel l'vn d'eux frappa de quelque coups de marteau sur les espaules. Ce que l'vn de nos domestiques n'ayant pû souffrir, à l'exemple de Sainct Pierre qui entreprit de vanger son maistre, rendit le coup à ce sacrilegue Chinois, & tous les Chrestiens s'animans à repousser cette violence, contraignirent les Chinois de sortir de l'Eglise. Mais il arriua que le lendemain les Chinois rapporterent le corps mort de celuy qui auoit frappé le P. Hierôme, & auoit esté refrappé de nostre domestique; & à mesme temps firent plainte criminelle au Magistrat de l'homicide commis par les Chrestiens: lequel estant mal affectionné à nostre Religion mit en prison le P. Hierôme qui auoit esté grieuement blessé, auec quelques Chrestiens. Et la chose alla si auant que le Pere fut traduit à la Cour, pour estre iugé deuant le Roy. Mais le Roy ayant pris connoissance de cette cause, & reconnu l'accusation, friuole, & frauduleuse des Chinois, leur imposa silence, & declara le Pere innocent. Cependant neantmoins que le procés criminel du Pere estoit examiné à la Cour, les Payens prenans auantage du trouble des Neophytes, demolirent leur Eglise, & continuerent de leur faire de mauuais traittemens, iusques à ce que le retour du P. Hierôme dans la Prouince rapportant du iugement du Roy vne declaration glorieuse de son innocence; abbattit l'humeur insolente de ces Idolatres, & redonna vne pleine paix aux Chrestiens. Et il arriua que non seulement les Chrestiens rendirent de grands témoignages de ioye pour son retour; mais encore le premier Magistrat de la Ville, qui ayant esté bien informé de son innocence, luy fit compliment à son entrée, l'inuita chez luy à disner, luy donna toute liberté de traitter auec les Chrestiens, & commanda que l'Eglise fust rebastie en la forme qu'elle estoit auparauant. Tellement que la serenité ayant succedé à l'orage suscité par les Chinois, qui auoit interrompu le progrés du Christianisme en cette Prouince, l'on y compta dans la seule année 1639. qui suiuit, iusqu'à deux mille quatre cents soixante & douze payens conuertys, & baptisez de la main du Pere. Et ce fut encore vn nouueau sujet de ioye, & de consolation aux Chrestiens, quand à l'arriuée d'vn autre Nauire Chinois en cette Prouince, ils virent dans leur Eglise renouuellée deuant l'image du Sauueur, le Capitaine du Vaisseau fort affectionné aux Chrestiens, auec sa suite, faire amende honnorable à genoux pour ceux de sa nation, & faire au Pere des presens qu'il auoit apportez de la Chine.

Encore ne dois-je pas icy obmettre la iuste vengeance que Dieu tira des Chinois sacrilegues, qui firent dans l'Eglise l'insolent attentat dont nous auons parlé, y adjoustans des mocqueries des choses sainctes, & s'estans reuestus par derision des habits sacerdotaux. Car ayans sceu que le Roy de Tunquin les vouloit punir de leur insolence, ils se ioignirent à quelques Marchands Hollandois, auec lesquels ils s'accorderent de passer au Iapon: Et comme la malice des meschans monte toûjours aux excez, il arriua qu'ils exercerent enuers eux durant le voyage vne si noire perfidie, que les ayant vn iour veus pris du vin qu'ils auoient beu trop largement, ils les tuerent tous, & se saisirent de toute la soye dont leur Nauire estoit chargé: de laquelle ayant fait trois portions, qu'ils mirent dans trois autres Vaisseaux pour n'estre reconnus; l'vn d'eux ayant abordé à vn port de la Chine, y fut pris, & confisqué par les Gouuerneurs de la Prouince: l'autre ayant tiré vers la Cocinchine, y fut aussi retenu, & les Marchands punys pour estre venus d'vne terre ennemie. Le troisieme enfin ayant pris la route du Royaume de Camboya, & les Officiers du Roy ayant reconnu sur les balles la marque des Hollandois, les Marchands Chinois furent appliquez à la question, & sur la confession de leur crime chastiez de mort. Ainsi la Iustice de Dieu qui veille sur les crimes pour ne les laisser impunys, attrapa tous ces sacrilegues en leur fuite, & les attacha à la peine qu'ils auoient meritée.

Les grands progrez de la Chrestienté de Tunquin ; & la perte de quelques ouuriers qui y succomberent au trauail.

CHAPITRE XLV.

QVelque opposition que l'Enfer, & la terre ayent pû apporter à la conuersion de ces peuples, les graces de Dieu au contraire ont esté si puissantes que le nombre des Chrestiens est notablement accreu, dans tout le Royaume de Tunquin ; de sorte qu'en l'année 1639. nous y comptions quatre vingts deux mille & cinq cens Chrestiens ; & en cette seule année, douze mille deux cents trente qui estoient entrés dans le sein de l'Eglise, sans y comprendre ceux qui auoient esté baptisez en la Prouince de *Bochin*. Il y auoit plus de cent grandes Eglises basties en diuers lieux, où les Chrestiens s'assembloient pour receuoir les Sacremens, & entendre la parole de Dieu, quand nos Peres les visitoient, & six vingts plus petites pour faire les prieres, les festes, & Dimanches ; outre vn tres-grand nombre d'Oratoires dans les maisons des particuliers. Dans la seule Prouince de *Ghean*, soixante dix Bourgades auoient déja receu la Foy : Et ce qui est merueilleux, & qui ne peut estre qu'vn effet de la grace abondante du S. Esprit, qui se veut consacrer parmy ces peuples des Temples viuans,

il

il n'y auoit pas vne de ces Bourgades, où il ny eust des garçons, & des filles qui auoient fait vœu à Dieu de perpetuelle Chasteté. Il y a eu de ieunes mariez qui ont fait ce vœu au premier iour de leurs nopces. Quelques autres qui auoient vescu quelques années dans le mariage, ont temoigné de grands regrets de n'auoir pas eu plûtost connoissance de la Foy, & de la beauté de cette vertu, pour en faire profession en leurs ieunes ans. Les ieunes veuues y font communement vœu de continence. Et les exemples y sont frequens de ieunes gens de l'vn, & de l'autre sexe, qui ont beaucoup souffert des estrangers pour la deffence de leur pureté, & de leurs parens mesme, pour la conseruer hors du mariage. On seroit en peine de trouuer aucun Royaume de ceux qui ont nouuellement embrassé la Foy Chrestienne, où l'amour de la chasteté ayt estably vn empire plus absolu dans le cœur des Fideles.

Mais cependant que l'Eglise de Tunquin s'accroissoit si notablement, en nombre de fideles, & en saincteté de mœurs; les grands trauaux qui accablerent alors le peu d'ouuriers qui s'y trouuoit, en diminuerẽt encore le nombre : quelques vns estant tombez dans des langueurs qui les ont rendus inutiles, & d'autres morts dans l'exercice de leurs peines. Depuis que le P. Damaral se fut retiré à Macao, épuisé des fatigues de cette Mission, le P. Emanuel Dias Visiteur, y auoit enuoyé deux ouuriers au secours, le P. Baltazar Caldeira de la premiere Noblesse de Portugal, & le P. Ioseph Maure Italien de nation. A peine y furent-ils arriuez que la Prouince de *Thin hoa*, où le nombre des Chrestiens

Chreſtiens eſt tres-grand, écheut en partage aux ſoins du P. Ioſeph ; où comme il eſtoit homme de grand zele, & d'vn naturel tres-feruent, il s'employa d'abord dans toutes les fonctions de ſon Miniſtere, à entendre les confeſſions, à preſcher, à catechiſer, & à donner le bapteſme aux enfans,& aux Catechumenes, auec tant d'aſſiduité, & ſans donner preſque iamais aucun relaſche à ſon corps, qu'il en prit deuant la fin de l'année vne fieure aiguë, qu'il ſentit incontinent eſtre la meſſagere de ſa derniere heure;dont il en dõna ſoudain aduis au P. Baltazar,qui par bonne rencontre ſe trouuoit alors en vn Bourg qui n'eſtoit pas beaucoup éloigné de luy, & qui eſtant auſſi-toſt accouru pour l'aſſiſter, nonobſtant la groſſe pluye pour laquelle on l'auoit voulu arreſter,à peine eut-il entendu ſa confeſſion, que l'ardeur de la fieure le jetta dans la reſuerie, & luy oſta bien toſt apres la vie mortelle, pour luy donner(comme nous eſperons)l'immortelle, n'eſtant encore aagé que de trente & vn an. Ce fut auſſi ce qui le fit grandement regretter, non ſeulement aux Chreſtiens de cette Prouince, pour auoir eſté ſi-toſt priuez des charitables aydes de ſon zele; mais encore à tous ceux qui connoiſſoient les excellentes qualitez d'eſprit, & de vertu dont il eſtoit doüé, auec leſquelles il pouuoit rendre de grands ſeruices au public.

Le P. Antoine Barboſa ne receut gueres meilleur traittement des peines qu'il prit en cette Miſſion, car aprés y auoir trauaillé quatre où cinq ans de grand courage, & par deſſus ſes forces, il fut enfin accueilly d'vne fieure lente, qui flétrit toute la vigueur de ſon corps,

corps, ſans diminuer pourtant celle de ſon eſprit, qui le faiſoit tenir ſans relaſche à tous les employs laborieux auſquels il s'eſtoit auparauant occupé, qu'il ne vouloit quitter qu'auecque la vie. Ses Superieurs neantmoins eurent le pouuoir de le retirer de la Miſſion, & des ſujets qui l'attachoient à la peine, pour eſſayer de le guerir dans vn autre air, & dans le repos; mais quelques remedes que l'on apportaſt pour ſa gueriſon, la fieure continuant à rauager le reſte de ſes forces, termina dans peu d'années les merites d'vne vie qui auoit eſté vsée à la gloire de Dieu, & à l'vtilité publique, & commença les recompenſes dont ſon ame alla iouïr au Ciel.

L'heureuſe, & pieuſe mort de quelques Neophytes.

CHAPITRE XLVI.

IE commenceray ce recit par la mort violente que la cruauté d'vn Gouuerneur, gendre du Roy, a fait ſouffrir au Catechiſte Iean, en la Prouince de *Bochin*, où cet ouurier infatigable auoit trauaillé ſept ou huict ans, auec des profits ineſtimables des peuples qui auoient rendu ſes peines precieuſes deuant Dieu, & deuant les hommes. Il auoit receu de Dieu vn don des gueriſons, qui rendoit ſa vertu, & ſa perſonne venerable à vn chacun; & il n'eſtoit pas iuſques aux Infideles, & au Gouuerneur meſme, quoy-

que

que payen qui en auoit éprouué les effets en sa personne, qui ne luy rendissent des honneurs, & ne recherchassent son amitié. Cela fut cause qu'vne des Concubines du Gouuerneur, pour laquelle il auoit de tres grandes passions, & qui s'estoit neantmoins declarée ennemie des Chrestiens, & de la loy Chrestienne, estant tombée en vne grieue maladie; le Gouuerneur qui l'aymoit cherement, enuoya querir Iean, pour la guerir, comme il l'esperoit, par ses prieres. Mais le bon seruiteur de Dieu s'estant formé ignoramment la conscience, qu'il ne pouuoit point employer à cette occasion la grace que Dieu luy auoit faitte, en faueur d'vne meschante femme, ennemie de IESVS-CHRIST, & qui blasphemoit outrageusement sa Loy, & son nom, refusa constamment d'aller à elle; & nonobstant qu'il fust appellé plusieurs fois, & pressé instamment, voire auecque menaces, s'il n'obeïssoit au commandement qui luy estoit fait; il protesta toûjours qu'il souffriroit plus volontiers la mort, que de faire l'action que le Gouuerneur luy commandoit, & que Dieu luy defendoit. Surquoy le Gouuerneur entrant en haute fureur, commanda à sept de ses soldats de le tirer à la campagne, & là de le tuer à coups de lances. Ce qu'ils executerent cruellement sur cét homme de bien, qui redouta moins la mort, que le peché qu'il croyoit commettre, s'il eust ployé la conscience qu'il s'estoit formée, aux volontez du Gouuerneur. Dieu aussi ne tarda pas de prendre la cause de cet innocent, & de vanger l'excez commis sur sa personne, ayant fait tomber la femme, & les enfans du Gouuerneur entre les mains du Roy

de la

de la Cocinchine, qui les enleua prisonniers, en vne course qu'il fit sur la Prouince où commandoit ce Gouuerneur: & luy mesme ayant esté arresté dans les prisons du Roy de Tunquin, vers qui il s'estoit refugié, sur quelques crimes d'estat dont il fut conuaincu, fut condamné à mourir de faim dans la prison, & son corps mort estre exposé durant trois jours à la place publique, qui est vne punition fort ignominieuse parmy les Tunquinois.

L'heureux decez de deux autres Chrestiens merite d'auoir icy place. L'vn d'eux s'appelloit Caie, homme de grand zele pour attirer les Infideles à la Foy, & tout de feu pour auancer les affaires de Dieu. Il auoit eu l'honneur d'estre pris, lié, & tourmenté pour la Religion, & de gaigner la glorieuse qualité de Confesseur de la Foy, qu'il prescha toûjours hautement parmy les tourmens qu'on luy fit souffrir. Mais estant sorty victorieux de cette rude épreuue de sa vertu, il tomba (Dieu le voulant ainsi pour augmenter ses merites) dans vne autre bien étrange, qui fut vne ladrerie si horrible, & si puante, qu'il estoit insupportable mesme à ses enfans. Il estoit playé, & pourry en tout son corps, comme vn autre Iob, & souffroit en cet estat de grandes douleurs, sans que toutefois on l'ouït iamais se plaindre de son mal, iamais dire vne parole qui témoignast la moindre impatience, toûjours doux, & muet comme le poisson, dans la mer de ses amertumes; si ce n'est lors qu'il estoit question d'exhorter ses enfans à l'amour du Sauueur, & à la fidelité inuiolable qu'ils deuoient à sa Loy, & à sa Religion. La pourriture, & les venins de son mal s'estant dans quelques iours saisys de son cœur ; & luy pressentant asés que son heure approchoit, il ordonna à ses enfans de ietter son corps puant à la voirie, où dans quelque lieu si profond que la puanteur n'en peust offenser personne : Apres quoy tournant son cœur à Dieu, & luy addressant sa parole, mourut sainctement en de tres-doux, & deuots entretiens, auec celuy qui estoit l'objet de son amour, & de son esperance, & la couronne de ses peines.

L'autre Chrestien qui auoit pareillement beaucoup souffert pour la Religion, se nommoit Ioachim. Lequel ayant basty à ses frais vne Eglise dans son Bourg pour y assembler les Chrestiens, & pour le zele qu'il témoignoit enuers la Foy, & la Religion Chrestienne, ayant esté par la faction des Infideles vexé en plusieurs façons, mis en prison, battu, banny de son païs, & ce qui l'affligeoit le plus veu son Eglise bruslée ; mourut enfin chargé d'années, & de merites en l'aage de quatre vingts ans. Lors que voyant ses enfans en soucy de luy preparer quelque robe neuue selon la coustume, pour la ceremonie des funerailles ; ne vous mettez pas en peine, mes enfans (leur dit-il) de couurir cette chair pourrie, il suffit que mon ame soit parée par la misericorde de Dieu de la robbe de la gloire dans le Ciel, où l'assigne l'esperance que m'en donne le sang qu'il a versé pour moy.

Ie dois icy adjouster le pieux trespas de trois Catechistes, Ignace, Thadée, & Thomas, ausquels la Chrestienté de Tunquin a des obligations qui ne doiuẽt iamais mourir dans le souuenir de la posterité: principalement à Ignace, le fidele compagnon de nos

Peres

Peres exilez, & l'inuincible defenſeur de la Foy, qui ayant abbregé ſes iours par ſes continuelles fatigues du corps, & de l'eſprit, & par les grandes auſteritez de ſa vie, merita de la finir en l'aage de quarante cinq anspar vne ſaincte mort.

La pieuſe mort de ces trois Catechiſtes, a eſté accompagnée de celle de trois ieunes hommes, Charles, François,& Ange.Dont le premier apres auoir preferé l'humilité de la vie Chreſtienne à vn riche,&sõptueux heritage, mourut (comme meurent les Saincts) d'vne fieure hectique qui l'emporta en la fleur de ſon aage. Le ſecond s'eſtant dedié à ſeruir les Chreſtiens, pour les neceſſitez de leur communication, dans des voyages continuels, épuiſa tous ſes eſprits, & les forces d'vn aage vigoureux dans cet employ de charité, iuſques à cracher le ſang, & les poulmons, auec des violences qui donnoient de la compaſſion aux hommes, & de l'amour aux Anges. Le troiſiéme veritablement Ange de nom, & d'effect, l'amour, & les delices de tous les Chreſtiens de la Prouince du Midy; apres auoir beaucoup ſouffert des Payens pour les demonſtrations publiques du zele qu'il auoit pour les affaires de la Religion, paſſa les dernieres heures qui deuancerent ſa mort en des entretiens ſi tendres auec le Sauueur, la S. Vierge, & les Anges auſquels il parloit comme s'ils euſſent eſté preſens, qu'il ſembloit que tout le Paradis fuſt deſcendu dans ſa Chambre.

Comme les femmes ne cedent point icy en pieté,& en ferueur de deuotion aux hommes; pluſieurs d'entr'elles apres auoir ſainctement veſcu, ſont mortes de la mort qui couronne toutes les bonnes,& ſainctes vies. Vne Dame de qualité nommée Colombe, tres-deuote à la Vierge, à laquelle elle auoit dressé vn Oratoire dans sa maison en la Ville Royale, & tres-charitable enuers les pauures, à qui, & aux Catechistes elle donnoit liberalement de ses biens pour leur entretien, estant tombée en vne griéue maladie, de laquelle elle mourut durant vn voyage quelle auoit entrepris; & auant que de mourir ayant commandé que l'on enterrast auec elle vne precieuse Croix qu'elle portoit toûjours auec soy; Il arriua qu'vn payen qui auoit eu le soin de faire les frais de ses funerailles, quarante iours aprés son decez, ayant fait ouurir son tombeau pour retirer la Croix, le corps de la Dame Colombe fut trouué aussi entier, & sans nulle corruption, comme si elle fust venuë de rendre l'ame, voire exhalant vne douce odeur qui toucha sensiblement ce payen qui en donna aussi tost aduis, & consola grandement tous les Chrestiens qui eurent la communication, & la connoissance de cette merueille.

Vne autre Dame riche de biens, & de vertu nommée Line, l'vne des premieres femmes qui receut la Foy dans le Royaume de Tunquin, apres en auoir durant dixsept-ans fait profession ouuerte, disposé, & attiré beaucoup de personnes à embrasser la vertu, & les veritez de nostre creance, & par vne tres liberale dispensation de ses moyens, orné les Eglises, secouru les pauures, nourry les Catechistes, à qui elle auoit mesme basty vne maison tres-commode, passa de ce monde auec tant de douceurs, & de sinceres ioyes de son ame, qu'elle donna sujet à tous les Chrestiens qui assisterent à son sainct trespas, de louër, & benir

benir de bon cœur le Dieu, qui ne se laisse iamais vaincre de liberalité, & d'amour. Il sembla que Dieu luy voulut donner auant sa mort, vn gage, & vn auant-goust de la felicité qu'il luy gardoit au Ciel : car comme elle tenoit entre ses mains vne image de la Vierge à qui elle parloit amoureusement, vne brillante lumiere sortit de l'image, auec vne tres douce odeur, qui remplit de sainctes delices le cœur de la malade, & l'ame des Assistans qui virent la lumiere, & sentirent l'odeur, d'admiration des bontez de Dieu, qui met la mort des gens de bien à vn prix d'honneur qui pourroit donner enuie de mourir.

Ie concluray ce Chapitre, qui n'auroit point de fin, si ie le voulois estendre, par le recit d'vne belle vision qu'eust vn bon Chrestien nommé Yues, & de la mort extraordinaire qu'il fit. Il estoit mort, comme on le croyoit par vn subit accident, & tenu de tous pour mort, sans poulx, & sans aucun signe de vie; quand apres quelques heures, il se dressa sur ses pieds, & mit en fuite tous ceux qui estoient au tour de son corps, de la crainte qu'ils prinrent de luy, comme d'vn mort resuscité. Il les rappella de la main, & de la voix, & les voyant r'asseurez de la frayeur qui les auoit saisis, leur raconta, comme dans le temps qu'ils auoient veu son corps estendu mort, il auoit esté conduit en esprit par six ieunes garçons d'vne excellente beauté par vn chemin paué d'argent dans vn païs remply de delices, où il auoit veu vn Roy venerable flamboyant des éclairs d'vne haute majesté assis sur vn thrône d'or ; & deux autres de mesme assis à ses costez, & brillans d'vne pareille gloire : & que

 ses

ses guides luy auoient fait entendre, que c'estoient là les trois Personnes de la tres-auguste, & adorable Trinité. Au dessous (disoit-il) i'ay veu de part, & d'autre en demy cerne de beaux sieges de crystal, où entre plusieurs qui y estoient assis, ie reconnus quelques vns de nostre nation qui estoient decedez depuis quelque temps, qui m'inuiterent à prendre place auprés d'eux. Mais les guides qui me menoient ne m'ayant pas permis de m'arrester dauantage en ce beau païs, me firent descendre dans vn lieu obscur, d'où ie vis vne basse, & vaste grotte, d'vne moitié pleine de flammes, & de l'autre remplie d'vn lac herissé de glaçons, où plusieurs personnes que ie ne connoissois pas, estoient tourmentées pour auoir mal vescu, & condamnées à endurer ces cruelles peines. Enfin (adjoustoit-il) i'ay esté commandé par mes guides de retourner à mon corps, de raconter à tous ce que i'ay veu, de prendre soin de mes Parens ausquels il ne reste de vie que iusques au premier iour de la nouuelle Lune, & qu'aprés leur auoir rendu les derniers deuoirs, & donné sepulture, ils m'ont asseuré qu'ils me viendroient requerir, pour me conduire au païs de lumiere, & de gloire qui m'auoit esté monstré. Ainsi le deuot Yues raconta sa vision, qui laissa dans l'esprit des Chrestiens de grands sentimens d'esperance, & de sainctes frayeurs. Et l'éuenement tant de la mort de ses Parens, que de la sienne iustifia que cette vision n'estoit point vaine, ny vne creuse resuerie. Car deux mois apres, ses Pere, & mere moururent, & furent enseuelys en mesme iour; & le lendemain le bon Yues apres auoir mis ordre à ses affaires, recommandé

mandé à sa femme la deuotion enuers Dieu, & la fermeté en la Foy, se mettant sur sa couche, & abbandonnant doucement sa teste sur le cheuet, comme pour dormir, expira sans fiévre, & sans maladie, & passa heureusement dans le Ciel, duquel il auoit veu quelque Image, comme sa ferueur, & sa bonne vie l'ont fait esperer.

l'Eglise de Tunquin souffre vne grande, & nouuelle persecution, de laquelle elle est en peu de temps deliurée.

CHAPITRE XLVII.

EN l'année 1640. la quatorziéme depuis nostre entrée dans le Royaume de Tunquin, la nouuelle Eglise comptoit déja pres de cent mille Chrestiens, & les dispositions qui estoient par tout nous promettoient encore de grands, & de nouueaux accroissemens de cette Chrestienté, à laquelle le peu d'ouuriers que nous estions ne pouuoit point suffire. Ce qui obligea nos Superieurs de Macao, d'enuoyer de temps en temps des secours de personnes Apostoliques pour trauailler en cette Mission. Le premier qui y vint alors fut le P. Thomas Rodriguez Portugais, homme infatigable, & qui attiré de la douceur qu'il goustoit à cueillir les grands fruicts de ses trauaux, se laissa en peu de temps accabler sous le faix;

laissant

à tous ceux qui auoient eu connoissance de sa vertu, où qui en auoient senty les effets, de grands regrets de sa perte. Au P. Thomas auoient succedé les Peres Pierre Albert, & Emanuel Cardozo encore Portugais; & à ceux cy les Peres Paul Calobrozi Italien, & Onophre Borgez Suisse; Tous de bon aage, & pleins de courage, & de forces pour durer dans les peines qu'il faut prendre en cette precieuse conqueste des ames que le Sauueur a racheptées auecque son sang.

Cependant d'autre part Satan, le grand ennemy du Sauueur, & du salut de ces peuples, ne cessant point auec tous ses efforts de se maintenir autant qu'il pouuoit, dans la possession d'vn païs où il auoit regné paisiblement durant tant de siecles, y r'alluma de nouueaux feux, & suscita, lors que l'on y pensoit le moins, vne nouuelle persecution contre les Chrestiens, qui les affligea plus sensiblement que toutes celles du passé. Car outre l'Edict du Roy qui fut attaché à vn pôteau deuant nostre habitation, par lequel il estoit defendu aux Chrestiens de faire desormais profession de la Loy Chrestienne, & de nous frequenter; & nous mesmes estions taxez, & condamnez de prescher au peuple des faussetez, & des mensonges: Il ordonna de plus qu'on mit dans le feu, & qu'on brûlast les Images qui auoient esté exposées, les Rosaires, & les Catechismes où estoit expliquée la doctrine Chrestienne. Ce qui fut executé. On n'en estoit pas encore venu si auant en toutes les persecutions passées: ce qui obligea nos Peres de recourir plus particulierement à Dieu, & d'implorer l'assistance, &

les prieres de la Saincte Vierge, & de Sainct François Xauier, Patron de cette Mission, pour estre secourus en cette grande, & soudaine affliction, qui les auoit surpris; A quoy ils employerent diuers ieusnes, prieres, disciplines, & autres mortifications qui ne furent pas inutiles aupres de Dieu : Car quelques semaines apres, l'esprit du Roy se trouuant soudainement adoucy (l'on ne sçait pourquoy, ny comment) il fit appeller le P. Hierôme Majorica (lors Superieur de la mission) & luy temoigna dans vne grande douceur, qu'il sentoit en son ame quelque déplaisir de la rigueur qu'il auoit tenuë à nos Peres, & aux Chrestiens, en l'Edict qu'il auoit fait publier, & particulierement d'auoir fait brusler les liures des Catechismes, qu'il s'estoit laisé aller à cette seuerité, meu des plaintes de ses sujets, qui accusoient les Chrestiens d'auoir brisé leurs Idoles: Mais qu'au reste il dõnoit permission à nos Peres de demeurer en son Royaume, & d'y viure comme deuant en toute seureté. Ce changement inesperé du Roy, & ces paroles prononcées auec vn esprit de douceur, redonnerent le cœur au Pere, & firent reuiure toutes ses ioyes. Dont apres auoir rendu de tres-humbles remerciemens au Roy, il vint soudain faire part de cette bonne nouuelle à ses compagnons, qui en loüerent, & benirent tous ensemble les bontez de Dieu, qui n'abbandonne iamais ceux qui le seruent, & se confient en luy. Cependant l'Edict du Roy demeuroit toûjours affiché contre le pôteau deuant les portes de nostre logis, comme en reproche de la Doctrine que nous preschions, & en opprobre de la Religion Chrestienne : Ce qui fit que le P. Hierôme eut le courage d'aller trouuer le Roy, & de le supplier de faire oster ce pôteau qui nous rendoit encor criminels apres la grace que nous auions receuë de sa bonté; ce que le Roy luy accorda volontiers, & enuoya aussitost des soldats qui enleuerent le pôteau, & l'Edict, dequoy les Chrestiens receurent vne ioye inexplicable, & des congratulations mesme de la part des payens.

Cette persecution auoit deja duré trois mois, pendant lesquels il ne nous manqua pas, & aux nouueaux Chrestiens, dedans, & dehors la Cour, des occasions de beaucoup souffrir. Nostre maison fut continuellement inuestie, ou remplie durant les huict premiers iours de soldats insolens, qui mirent dans le feu tout ce qu'ils trouuerent chez nous d'images, & de choses sacrées. Les Chrestiens aussi furent par tout maltraittez de leurs ennemys: A plusieurs desquels leurs biens furent enleuez, oú confisquez; & d'autres vexez d'outrages en toutes façons pour quitter leur Foy, & leur Religion. La constance que témoignerent trois ieunes filles de la Prouince qu'on nomme d'Orient, qui auoient fait vœu à Dieu de Virginité, & leur resolution à la premiere nouuelle de cette persecution fut grandement remarquable. Elles écriuirent vne belle lettre à nos Peres, dans laquelle elles leur temoignoient le courage que Dieu leur donnoit de venir se declarer Chrestiennes deuant le Roy, & de luy protester qu'elles ne gardoient pas vne goutte de sang qu'elles ne donnassent volontiers pour maintenir ce nom, & cette qualité glorieuse en laquelle elles vouloient viure, & mourir. Ces Vierges se

nom

nommoient, Monique, Nymphe, & Vitte; ausquelles Dieu prepara peu de temps apres, vne forte épreuue de leur courage, & vne belle occasion de merite. Car Vitte ayant esté surprise à l'écart, & sollicitée de son honneur par vn soldat impudent, iusques à luy tirer lespée nuë contre le sein, & à la menacer de la tuer, si elle ne vouloit consentir à ses volontez. Cette genereuse fille; sans disputer; ouy dea (luy dit elle) tu m'osteras bien plûtost la vie, que l'honneur de mon corps que iay voüé à Dieu: & luy presentant le col, & le sein; frappe, adjousta telle, où tu voudras, ie mourray volontiers, mille fois plûtost que de consentir à ta deshonneste demande, & au peché contre le Dieu que ie sers. Cette resolution estonna le soldat & sauua l'honneur à la Vierge. Les autres deux ne se monstrerent pas moins courageuses dans vne pareille épreuue où leur Foy fut attaquée. Elles s'en alloient à la Ville Royale en compagnie d'vne bonne vieille nommée Françoise, pour y receuoir les sacremens, & se fortifier contre les assauts de la persecution; & ayant esté rencontrées en chemin par des soldats payens, & interrogées de la foy dont elle faisoient profession sur la cõfession franche, & resoluë qu'elles en rendirẽt, sans s'effrayer de leurs menaces, apres quelque traittement insolent de paroles, elles furent iettées dans des fosses, cou & uertes de terre iusques au col, auquel estat elles demeurerent toute la nuict, iusqu'au matin, que Dieu voulut qu'elles fussent rencontrées par des Chrestiens, qui les tirerent de là, & les menerent dans la Ville. Depuis ces trois filles ont esté retirées dans vn lieu d'asseurance, & cinq où six autres portées de mesme resolution, & obligées par leurs vœux à garder perpetuelle Virginité, se sont iointes à elles dans vn mesme logis, où elles font vn petit Chœur de Vierges, & menent vne vie d'Anges. Ie ne puis icy omettre, la soudaine punition dont Dieu chastia la sale poursuite d'vn ieune lubrique, qui se voyant rebutté d'vne ieune veuue qui auoit fait vœu de continence, comme il se preparoit à la forcer, elle implorant dans sa detresse le secours de la Vierge, enuers qui elle auoit toûjours eu vne tres-grande, & tendre deuotion, & la priant de tout son cœur de la garantir; sa priere attira soudainement le chastiment sur cét impudique, qui fut frappé d'vne main inuisible, & tomba mort sur la place.

Dieu fauorise de beaucoup de graces les Chrestiens.

CHAPITRE XLVIII.

NOus pouuons dire auec verité que depuis que le Sainct Euangile a esté publié, & receu dans le Tunquin, non seulement les erreurs populaires ont cedé aux veritez de la foy, mais que les vertus Chrestiennes y ont encore triomphé des vices. Il y a plus, que non seulement les Chrestiens y ont esté dans la practique des vertus communes, mais encore des plus hautes, & des plus difficiles qui soient dans le Christianisme, principalement de celles qui appartiennent

nent à l'abnegation Euangelique, & à la maceration du corps, à quoy ils se portent ordinairement auec tant de ferueur, qu'ils ont plûtost besoin de frein, que d'esperon. On en a veu de bien aisez qui ont refusé de prendre deux robbes en hyuer, de crainte de se flatter par quelque sensualité; & qui ont couché sur la platte terre, sans materas, & sans paille, pour matter leur chair, & faire souffrir quelque chose à leur corps. Vn certain estant interrogé par son Confesseur d'où venoit qu'il le voyoit plus defait, & emmaigry quà l'ordinaire: C'est, luy dit-il, que vous m'auez apris, que le chemin du Paradis est étroit, & la porte petite; & pour cela ie tiens mon corps le plus abbaissé, & déchargé que ie puis, afin que i'y puisse plus facilement entrer. On pourroit apporter vne infinité d'autres exemples de patience, d'humilité, de charité, que ie laisse, capables de grossir vn volume.

Mais aussi, d'autant plus que ces bons Chrestiens s'addonnent à la pratique genereuse de toutes les vertus, Dieu les fauorise de ses benedictions, & de graces plus abondantes, iusques à leur faire part du don des miracles, & à leur donner commandement sur les Demons, & sur les bestes sauuages. Et c'est vne chose aujourd'huy assez commune dans le Royaume, que les payens estant possedez du malin esprit, en sont deliurez entrant seulement dans les Eglises où les Chrestiens font leurs prieres. On a encore remarqué, que les Tygres ayant cessé d'infester quelques Bourgs depuis que les Chrestiens y eurent basty des Eglises; y reuinrent du milieu des bois plus furieux que deuant, & y firent des grands rauages, soudain que les

Eglises durant la persecution y furent demolies. C'est chose de plus auerée, que le Seigneur d'vn certain lieu, ayant au temps de la mesme persecution, fait vn commandement, que l'Eglise des Chrestiens, fust le lendemain mise bas;la nuict deuant son fils fut trouué mort dans le lict.Dans vn autre Bourg les payens ayans bruslé vne Eglise, tous ceux qui furent du complot,& qui contribuerent à cette action sacrilegue furent punys de Dieu, en sorte que d'vne année entiere, il ne tomba pas vne goutte de pluye dans leurs champs, encore que ceux des voisins tout autour en fussent largement arrosez. Ce qu'ayant esté bien reconnu sur l'aduis qu'en donna vn sage payen nouuellement conuerty, ces payens criminels en ayant demandé pardon aux Chrestiens, & s'estants offerts à reparer tout le dommage, voire quatre vingts d'eux ayants receu le Baptesme, leurs champs ont aussi reçeu la commune benediction de la pluye du Ciel.

Iadjousteray que Dieu agrée tellement la vie innocente des nouueaux Chrestiens, qu'il donne à plusieurs les faueurs, & les graces de l'estat d'innocence. Vn bon Chrestien tres-innocent nommé Simon, du Bourg appellé *Tam dang* de la Prouince d'Occident; apres auoir religieusement obserué le ieusne, & l'abstinence du Caresme, ayant apperceu à la campagne aux Festes de Pasque, vn sanglier qui fouïlloit aupres d'vn bois, addressa dans vne grãde simplicité sa priere au Sauueur, luy demandant que puis qu'il auoit rigoureusement obserué la Loy de son Eglise, s'abstenant tout le Caresme de la viande, & qu'il estoit dans le temps auquel il luy estoit permis de manger de la chair,

chair, qu'il luy pleust luy donner la grace qu'il auoit autrefois faite, à l'homme en l'estat de son innocence, qu'il peût commander, & se faire obeir à ce sanglier qui se presentoit à luy. Ce qu'ayant dit, & auec ce fait le signe de la Croix, & recité vne fois l'oraison Dominicale, il commanda confidemment à ce sanglier de venir à luy, ce qu'il fit se laissant egorger sans resistance comme vn agneau, au bon Simon, qui en dressa depuis vn festin aux Chrestiens, auquel il appella les pauures, exhortant vn chacun à louer, & à benir Dieu de la grace qu'il luy auoit faitte.

Et il n'y a pas tant de merueille que Dieu fasse ces graces aux Chrestiens, puis qu'il les accorde mesme quelquefois aux payens. En vn Bourg nommé *Kero*, vn Gentil-homme payen durant vn temps s'estoit monstré si ennemy des Chrestiens, qu'il auoit mesme fait mourir le nourrissier de son Fils, en haine de la Foy Chrestienne qu'il auoit embrasſée : Mais depuis ayant adoucy son esprit à la veuë de tant de merueilles que Dieu operoit en vertu de la Foy des Chrestiens, particulierement par le signe de la Croix qu'ils adorent, il luy prit enuie de faire experience par luy mesme de la vertu & du pouuoir qu'il admiroit. Car ayant veu que tout son bestail mouroit sans remede à la campagne, il planta la Croix des Chrestiens au milieu du champ où ces bestes paissoient, qui en arresta la mortalité en sorte, que depuis il n'en mourut plus. Ce qui le gaigna tellement à la Religion Chrestienne en laquelle ce signe est adoré, que non seulement il voulut estre Chrestien, mais lors mesme que la persecution estoit allumée par tout le Royaume, me, & qu'ailleurs on demolissoit les Eglises des Chrestiẽns, il leur en fit bastir vne à ses frais, & en fit la dedicace solennelle.

Le pitoyable naufrage d'vne trouppe d'Ouuriers Euangeliques.

CHAPITRE XLIX.

LE P. Emanuel d'Azeuedo nouueau Visiteur de la Prouince du Iapon, & de la Vice-Prouince de la Chine, estant venu des Indes à Macao, & ayant appris les grands fruicts que Dieu operoit par les trauaux de nos Peres au Royaume de Tunquin, & la moisson qui estoit toute meure en l'Isle d'Ainan, où il n'y auoit neantmoins qu'vn seul ouurier pour la cueillir, qui estoit le P. Benoist de Mattos Portugais; destina aussi-tost sept de nos Peres, quatre pour le Tunquin, & trois pour l'Isle d'Ainan. Le Conducteur, & le Chef de cette trouppe estoit le P. Gaspar d'Amaral, qui auoit recouuert au College de Macao, la santé, & les forces qu'il auoit autrefois grandement affoiblies en la mission de Tunquin, où il retournoit de grande volonté; à qui auoient esté adjoints pour Compagnons le P. Pierre Albert Portugais, qui auoit déja trauaillé en cette mission; le P. Iean Ignace Leuiski Polonnois, & le P. François Ascanio Ruida Italien, tous intelligens de la langue Tunquinoise. Les trois restans,

restans, P. Iean André Lubelli, le P. Antoine Constantin, tous deux Italiens, & le P. Valentin Noguera Portugais, deuoient s'arrester en l'Isle d'Ainan.

Cette trouppe choisie de nouueaux conquerans des ames, partit du port de Macao le 23. de Feurier de l'an 1646. le Ciel estant déja vn peu troublé, & la mer émuë; & arriuerent le lendemain, iour de Sainct Mathias à l'Isle *Sanchoan*, ennoblie du sepulchre ancien de Sainct François Xauier le grand Apostre d'Orient, où l'on void vne grande pierre dressée de quinze palmes de hauteur, grauée de nos Caracteres, & de lettres Chinoises à l'honneur de ce Sainct. Là le Vaisseau s'estant arresté vn iour, tant pour attendre que la mer se calmast, qui menaçoit d'vne tempeste, comme pour donner du temps à la deuotion de nos Peres de rendre leurs vœux au sepulchre de Sainct Xauier, ils leuerent le lendemain matin l'anchre, les vagues de la mer où ils estoient entrez fort sujette à la violence des orages, estant encore vn peu hautes: & ne cesserent pourtant tout ce iour là, iusques vers la minuict d'aller vers l'Isle d'Ainan d'vn vent à quartier qui n'estoit point extraordinairement impetueux : Quand apres la minuict vn grand orage se forma dans les nuës, qui poussa de telle violence le Nauire contre vn écueil, que le P. Albert qui estoit couché sur la lisse du bord fut secoüé dans la mer, & soudain (ce qui fut merueilleux) relancé dans le Vaisseau par le flot qui s'esleua du choq de l'escueil. En cét accident qui ne laissa douter personne de ceux qui estoient dans le Vaisseau, d'vne perte certaine, nos Peres pensans plûtost à sauuer les ames des payens qui nauigeoient auec eux, que leurs propres vies, firent tout deuoir de les instruire sommairement à la Foy, & de les baptiser; pendant que les Mariniers effrayez, & desesperans de sauuer le Vaisseau du bris qu'il creurent estre inéuitable apres le furieux coup qu'il auoit donné, descendirent dans vne barque vuide qui suiuoit le Vaisseau, pour garantir leur vies. Ainsi le Nauire que les Mariniers auoient abbandonné, estant demy-brisé, ouuert, & faisant eau de tous costez, coula bien tost à fonds, & fut englouty des ondes, dans lesquelles le Capitaine du Nauire, nos Peres, & presques tous les autres qui se trouuerent dedans furent noyez, à la reserue du P. André Lubelli, & de fort peu d'autres, qui se sauuerent. Ce Pere apres auoir esté quelque temps balotté des flots, ne voyant nulle apparence de sauuer sa vie, se resolut de rendre quelque seruice à Dieu, auant que de mourir, en sauuant quelque ame de ceux qu'il voyoit perir auec luy dans l'eau. En effet il a asseuré depuis, qu'il auoit entr'autres donné l'absolution à vn, qui apres la luy auoir demandée, estoit coulé auec luy presques à fonds : & comme il fut reuenu sur l'eau, cherchant de subuenir à quelque autre en cette extremité, qu'il s'estoit trouué casuellement (ou plutost Dieu le voulant ainsi) sur vne piece de bois, sur laquelle il fut poussé du flot vers le bord, d'où les Mariniers qui auoient déja pris terre auec leur barque le vinrent retirer, & le porterent demy-mort auprés d'vn feu qu'ils auoient allumé; où ayant repris, & réchaufé peu à peu ses esprits, & apprenant la perte de ses chers compagnons, il la pleura, comme il deuoit, regret-

tant

tant (disoit-il dans vne de ses lettres) la condition auec laquelle il auoit esté seul sauué de ce naufrage, pour estre comme l'vn des seruiteurs de Iob, échappé seul pour raconter l'infortune des autres; où comme vn Ionas fugitif, vomy sur le riuage par la tourmente, dont par ses pechez il auoit esté cause.

Entre les autres qui se sauuerent, outre le P. André, & les Mariniers, il y eut vn ieune Chrestien Tunquinois appellé Gilles, qui auoit accompagné le P. Albert allant pour des affaires de Tunquin à Macao, & retournoit auec luy en Tunquin; lequel (comme il estoit adroit) voyant que c'estoit fait du Nauire, roula dans vne petite barque qui restoit, vne balle où estoient les choses les plus precieuses que portoient nos Peres, & se sauua la dedans, & gaigna le riuage auec vne autre qui le suiuit. De là le bon & fidele Gilles se conduisit à vn port de Tunquin, distant de cinquante milles, d'où il passa vers nos Peres, & leur fut messager du triste naufrage, & de la perte de ceux qui leur venoient au secours, ce qui les affligea grandement: encore que dans ce malheur, ils receurent quelque soulagement de la balle que Gilles leur rendit fidellement, où ils trouuerent dequoy subuenir à leur entretenement, & faire encore present au Roy de quelques raretez qui y auoient esté mises à ce dessein: ce qui ne seruit pas de peu à nous gaigner l'esprit du Roy, qui témoigna du regret, tant de nostre perte, comme de celle du Vaisseau Portugais qui venoit traffiquer dans son Royaume, qui est chose dont il fait grand estat, & qu'il desire de grande passion.

Vn sujet de grandes conuersions est fourny du costé de la Chine.

CHAPITRE L.

L'Euangile de IESVS-CHRIST faisoit iusques à maintenant de si heureux progrez dans le Tunquin, que les ministres de sa saincte parole estoient rauys de voir les grands effets de la grace de Dieu, & le succez de leurs trauaux qui surmontoit leurs esperances. Neantmoins encore Dieu qui est riche, & abondant en ses misericordes, voulut preparer lors que l'on y pensoit le moins, vn nouueau sujet qui seruit à faire accroistre de beaucoup la conuersion de ces peuples.

Vn de nos Peres nommé André Xauier Allemand, & excellent Mathematicien, estant allé l'an 1644. dans la Chine, pour trauailler à cette grande Vigne, s'estoit coulé en peu de temps par sa vertu, & par les belles experiences de sa Mathematique, dans l'estime & dans la confidence priuée d'vn Vice-Roy Chrestien nommé Luc, qui gouuernoit l'vne des Prouinces plus voisines du Royaume de Tunquin. Ce fut en mesme temps, qu'vn Ambassadeur du Roy de Tunquin retournoit à son païs de la Cour de Pequin, où il auoit porté quelques presens selon la coustume, de la part de son Roy, au Roy de la Chine. Dont le P. André desireux de proffiter cette occasion en faueur

de

de la mission de Tunquin, pria le Vice-Roy de faire honneur, & caresse à cet Ambassadeur, à dessein de gaigner son affection enuers nos Peres. Voire il luy persuada d'escrire vne lettre au Roy de Tunquin, comme il fit, dans laquelle il luy loüoit la Loy Chrestienne, dont il faisoit luy mesme profession, apres en auoir bien reconnu la saincteté, & le merite; & ensemble luy recommandoit la vertu de nos Peres qui la preschoient dans son Royaume, comme estant dignes de l'honneur de ses graces, & de sa protection. Et cette lettre il ne la voulut point donner à l'Ambassadeur, mais il la fit porter par vn de ses soldats, à qui il commanda d'aller à la suite de l'Ambassadeur, & de la presenter au Roy de sa part, auec les offres tres humbles de ses respects, & de ses seruices. Ce que le soldat executa fidellement: & le Roy lisant dans la lettre du Vice-Roy (qu'il voulut communiquer à son fils, lequel il auoit deja fait receuoir à la succession de laCouronne) de si hautes recommandations de la Loy Chrestienne, qu'vn homme de cette qualité auoit embrasée, & vn témoignage si considerable de l'estime qu'il faisoit de la vertu, & du merite de nos Peres, qu'il appelloit ses maistres, il prit vne si grande opinion de la Loy Chrestienne, & des nostres; & l'vn, & l'autre, tant l'ancien, comme le nouueau Roy, declarerent les nouueaux sentimens de leur estime par des demonstrations si certaines, que tous les peuples en ayant esté informez furent ébranslez: de sorte que dans moins de six mois, il y en eut pres de douze mille qui prirent le party de la Religion Catholique; & le seul P. Antoine de Fontes Portugais, ancien ouurier de cette miſſion, durant ce tẽps là en baptiſa quatre mille. Et le nombre depuis des nouueaux cõuertys eſt monté à vne ſi haute creüe, que l'on compte aujourdhuy dans le Royaume de Tunquin plus de deux cent mille Chreſtiens : & les eſperances par tout ſe monſtrent ſi belles, qu'elles nous promettent de voir vn iour la Foy de IESVS-CHRIST regner dans tous les cœurs, & ſa Croix arborée, & adorée ſans contredit dans tout le Royaume. Ce qui donne tant de conſolation à ceux qui trauaillent dans cette miſſion, & tant de deſir aux autres qui ont appris de ſi belles diſpoſitions, pour venir ſecourir le peu d'ouuriers qu'il y a pour vne ſi grande, & abondante moiſſon, que nonobſtant la perte de ceux que le naufrage a empeſchez d'arriuer à Tunquin où ils eſtoient enuoyez, pour les ietter dans le port du Ciel, où Dieu les auoit deſtinez, cinq autres y ſont heureuſement arriuez pour tenir leur place, ſur la fin de l'an 1646. C'eſt à ſçauoir, le P. Iean Cabral Viſiteur de cette miſſion, auparauant Recteur du College de Macao, & Vice-Prouincial du Iapon; le P. François Rongel Profeſſeur en Theologie, le P. François Figueira Predicateur de reputation, tous trois Portugais, auec les Peres François Monteſcoli, & Staniſlas Torrente, Italiens de nation, tous reſolus d'employer leurs peines, leurs forces, & leurs vies pour le ſalut de ces peuples.

* *
*

Ce

Ce que nous auons fraischement appris des Chrestiens de Tunquin.

CHAPITRE LI.

L'Histoire qui a esté continuée iusqu'icy, contient le progrez qu'a fait le Christianisme en la mission de Tunquin depuis l'année 1627. iusques à l'année 1646. Ce qui sera dit pour la suite en ce Chapitre, est pris de deux lettres; l'vne du P. Iean Cabral de qui nous venons de parler, Visiteur de cette mission écritte à nostre R. P. General, du mois d'octobre, de l'an 1647. En laquelle il luy rend compte de sa visite, & des nouueaux fruicts cueillis en cette mission. L'autre du P. Iean Barbosa ancien ouurier de cette mission, & qui en parle auec grande connoissance.

Le P. Cabral asseure en sa lettre, qu'aux deux seules années 45. & 46. l'Eglise de Tunquin est accreuë de plus de vingt quatre mille Chrestiens conuertys à la Foy. Qu'il y auoit dans le Royaume deux cents grandes Eglises, auec des maisons ioignantes pour l'vsage des nostres, quand ils resident aux lieux où sont basties ces Eglises, où qu'ils y viennent trauailler. Qu'il n'auoit trouué l'an 46. que sept des nostres dispersez en cinq Residences; & qu'encore l'vn d'eux nommé P. Paul Caloprosi Neapolitain, courageux, & infatigable ouurier, y estoit mort peu de temps apres. Qu'outre les quatre nouueaux ouuriers sus mentionnez venus.

nus auec luy, il en estoit arriué vn sixiéme, P. Philippe Marin Genois, qui s'y estoit arresté faute de commodité de passer au Royaume de Camboya où il estoit destiné : tellement qu'il auoit eu moien de dresser vne sixiéme Residence, pour seruir plus commodement ce grand nombre de Chrestiens conuertys. Qu'il a reconnu, depuis qu'il a esté dans le païs, la nation Tunquinoise plus traittable, & plus susceptible de nostre Religion, que pas vne autre des Orientales, moralement plus innocente, & moins tachée des vices qui sont communs ailleurs, & qui sont des grãds empeschemens à la Foy, & des difficultez presque insurmontables aux vertus qui doiuent accompagner la profession Chrestienne. Que les nouueaux Chrestiens y sont aussi fermes en leur creance, comme s'ils l'auoient receuë depuis plusieurs siecles, de leurs deuanciers ; & aussi éloignez d'inclination, de leurs anciennes superstitions, comme s'ils n'en auoient iamais eu de connoissance. Qu'ils sont dans la prattique des vertus Chrestiennes, & dans l'horreur des vices communs, tres-exacts en l'obseruation des Commandemens de Dieu ; fort addonnez à la deuotion, & à la priere, pour laquelle ils se leuent tous deuant le iour, y employans apres leur leuer, pour le moins vne demye-heure, & autant deuant leur coucher ; tres-obeïssans & tres-affectionnez à nos Peres, & si desireux de reconnoistre leurs peines par quelques effets de leur gratitude, qu'il n'est rien qui les afflige plus sensiblement, que lors qu'ils refusent leurs presens. Que les demonstrations de leur ioye à la venuë de nos Peres passent dans l'excez, iusques à faire des ieux,

& des

& des Festes publiques pour la témoigner.

Il dit beaucoup d'autres choses que ie laisse, pour adjouster en conclusion le gage authentique de la bien-vueillance extraordinaire que le nouueau Roy de Tunquin a voulu laisser par vne Patente expresse au P. Felix Morel, Superieur de la mission, qui nous donne de grandes esperances de voir fleurir la Chrestienté durant son Regne, & le Sauueur adoré dans toute l'estenduë de ses terres. Ce Prince auant qu'il fust declaré Roy, auoit déja quelque-fois dit au P. Morel, qu'en preuue de l'affection qu'il auoit pour luy, il le vouloit adopter pour son fils: (c'est en ce païs là vn témoignage que rendent les Grands d'vne ardente affection enuers ceux à qui ils veulent du bien) mais pour le respect qu'il portoit à son Pere, lequel il voyoit auoir conceu quelque auersion de nous, il n'auoit pas encore voulu faire connoistre publiquement cét effet de son affection. Depuis ayant esté installé Roy, & pris l'administratiō de tout l'Estat, du consentement, & de la volonté de son Pere, déja vieil, & casſé d'années; & par vne bonne rencontre nos Peres s'estants trouués en la Chine dans quelque credit aupres du Roy, pour procurer quelques faueurs aux Ambassadeurs du Roy de Tunquin, & encore quelques subuentions necessaires, à leur retour; le nouueau Roy ayant apperçeu que son Pere, sur le rapport que luy auoient fait ses Ambassadeurs des assistances que nos Peres leur auoient renduës à la Chine, commençoit à les gouster, & à les louër, & recommander comme vtiles à son Estat; Il se resolut en fin de declarer, à la façon du païs, par vne Patente

Sſ d'hon

d'honneur, l'affection qu'il auoit pour le P. Morel, de luy en laisser ce témoignage public. Ce fut donc l'onziéme de Mars de l'an 1647. qu'il luy addressa, & enuoya sa patente, peinte, & écritte en lettres Chinoises, de la teneur suiuante, fidellement traduite de l'Original.

LE Serenissime Roy Kien Thuong, Seigneur tout-puissant, & absolu dans le Royaume de Tunquin, ie t'addresse cette Patente écritte, de ma propre main, en témoignage de l'amour que ie te porte, ô Felix, premier Maistre, & Docteur de la Loy qui adore le Seigneur du Ciel, & de la terre.

Depuis le temps que tu entras dans mon Royaume, ie te pris singulierement en affection par dessus tous les Maistres estrangers qui y sont venus enseigner cette mesme Loy. Ie te considere comme vn champ planté de fleurs Solaires qui se tournent vers l'Astre qui les regarde, & qui les échauffe; & ie te regarde aussi comme mon tres-cher Fils; & pour te témoigner le grand amour que i'ay pour toy, ie te donne vne nouueau nom Pluchen, *qui signifie vn homme veritable, & de grand iugement. Partant il faudra desormais que tu n'ayes qu'vn mesme vouloir, & non vouloir auec moy, comme le doiuent faire tous ceux que l'amour a vnys d'affection; & qui n'ont*

qu'vn

qu'vn mesme cœur. Que si tu en vses ainsi, tu seras mis au nombre de ceux qui sont paruenus à vne haute reputation, & à de grands honneurs, pour auoir obserué cette Loy d'amour, & tu auras satisfait à mon affection.

Ce sont les termes de la Patente du nouueau Roy, par laquelle il adoptoit le P. Morel pour son fils; qui fut portée de sa part à nostre maison, auec l'appareil d'vne magnifique pompe de Courtisans; & receuë auec tous les témoignages d'honneur, & de reconnoissance dont les nostres se pûrent aduiser; le Capitaine des Portugais auec toute sa suitte ayant voulu assister à cette solennité; nostre maison, & tous les enuirons retentissans du son des trompettes, & des tambours, qui voulurent encore le mesme iour accompagner le Pere allant au Palais rendre ses remerciemens au Roy. Et tout cecy est extrait de la lettre du P. Iean Cabral Visiteur de la mission.

Le P. Iean Barbosa dans la sienne décrit amplement la deuotion, & la ferueur des nouueaux Chrestiens de Tunquin, comparable, comme il dit, à celle des Nouices d'vne Religion reformée; de laquelle i'ay tiré & abbregé ce que i'en vay dire. Il louë premierement, comme a fait le P. Cabral, leur diligence, & leur assiduité à la priere du matin, & du soir, qu'ils n'obmettent iamais, non plus que si c'estoit vne occupation, & vn exercice iuré: & que pour cela ils ont tous dans leurs maisons des Oratoires bien trauaillez, & embellis des plus precieux ornemens, dont ils les peuuent parer selon leurs moyens; aymans mieux soûtraire quelque chose aux necessitez de leur viure, & de leur vestir, que de manquer à cét effet de leur deuotion. Que dans ces Oratoires, outre les Images, & les Croix de matieres precieuses qu'ils font artistement trauailler d'escailles de Tortuë, & d'Yuoire, ils y ont tous vn beau vase attaché pour tenir l'eau benite, auec leurs Rosaires, & leurs disciplines appenduës, & les autres instrumens de mortification dont ils se seruent ordinairement. Voire il adjouste, ce qui est plus admirable, qu'ils ont des Oratoires portatifs, peints, & surdorez qu'ils portent auec eux quand ils font voyage, & dressent dans les hostelleries, & dans les lieux où ils doiuent passer la nuict, pour seruir à leur deuotion. Il dit de plus, qu'ils sont tellement affectionnez à entendre tous les iours les Messes quand elles se disent en nos Eglises, qu'ils voudroient tous les entendre toutes; de sorte que nous sommes contraints de les chasser, & de les departir à tour à diuers iours, & à diuerses heures, pour n'offenser les payens à la veuë de ces grands concours de Chrestiens. Que l'on ne peut qu'auec de grandes peines satisfaire à la deuotion qu'ils ont de s'approcher deux, & trois fois le mois des Sacremens de la Confession, & Communion. Qu'ils ont des respects, de l'amour, & des reconnoissances pour nos Peres qui ne sont point imaginables, n'estant rien qui les fasche à l'egal du refus que nous leur faisons de leurs biens. Qu'ils ont entre-eux vne charité, & vn amour qui rauit tous les payens en admiration, qui fait que plusieurs d'eux viuent en commun, & que tous ceux qui ont quelque peu de moyens, ont toûjours vne table pour receuoir charitablement les pelerins, & les estrangers; d'où il est quelque-fois arriué, que des voyageurs payens ont feint d'estre Chrestiens, pour estre receus, & traittez plus commodement en leurs voyages. Qu'ils sont souuent liberaux par dessus les forces de leurs moiens à faire des aumosnes aux pauures, & aux Catechistes; & principalemẽt à ceux qui ont esté dépoüillez de leur biens pour la deffense de la Foy, qui sont ordinairement pourueus de viures, & de vestemens; eux, leurs femmes & leurs enfans, sans qu'ils leur manque chose qui soit de leurs necessitez. Enfin qu'vn grand nombre de ces Chrestiens zelez (aspirans à la perfection des conseils Euangeliques) recherchent de s'obliger à nous par vœu d'obeïssance, dequoy nous les refusons à leur grand regret: qu'il s'en est trouué beaucoup qui ont donné, & distribué tous leurs biens aux pauures, pour vaquer auec plus d'humilité à leur salut, & auec plus de liberté à celuy du prochain: & vn plus grand nombre de ieunes garçons, & de filles qui ont fait vœu de perpetuelle virginité; & mesme de mariez, qui d'vn consentement mutuel ont fait vœu de perpetuelle continence, bien marris d'auoir eu si tard conoissance de la Foy Chrestienne, & de la beauté de la Virginité, qu'ils eussent (comme ils protestent) offerte, & consacrée à IESVS-CHRIST dés leurs plus tendres années. Il est adjousté dans cette lettre beaucoup d'autres-choses de la vie irreprochable, & de la netteté de conscience de ces nouueaux Chrestiens. Et cecy peut suffire pour faire comprendre quelques traicts de vertu, & de perfection, dont la ieune face de l'Eglise de Tunquin, qui ne compte encore que vingt-trois ans de ſon âge, a eſté embellie depuis qu'elle a receu la lumiere du Sainct Euangile. Plaiſe à Dieu, qu'elle aille toûjours croiſſant en perfection, & que rempliſſant la meſure de ſes graces, elle y faſſe voir vn ouurage acheué de ſa gloire.

FIN.

www.ingramcontent.com/pod-product-compliance
Ingram Content Group UK Ltd.
Pitfield, Milton Keynes, MK11 3LW, UK
UKHW012154240726
13966UKWH00002B/336

9 782012 834699